中医经典导读丛书

易　　经

丛书主编　宋　兴
主　　编　邹学熹　佘贤武
副 主 编　马烈光　张新渝　黄九龄　严石林
编　　委（按姓氏笔画排列）
刘　平　刘　渊　刘亚飞　江　花　吴潜智
何仙童　雷长国　蔡　林　陈建明　陈建杉
金　钊

四川科学技术出版社

图书在版编目（CIP）数据

易经/邹学熹，佘贤武主编. —成都：四川科学技术出版社，2008.6（2022.1重印）
（中医经典导读丛书/宋兴主编）
ISBN 978-7-5364-6500-8

Ⅰ.易… Ⅱ.①邹…②佘… Ⅲ.①周易－注释 ②周易－译文 Ⅳ.B221

中国版本图书馆CIP数据核字（2008）第062765号

中医经典导读丛书

易　经

YI JING

丛书主编　宋　兴
主　　编　邹学熹　佘贤武

出 品 人　程佳月
策划编辑　康利华
责任编辑　戴　林
封面设计　韩建勇
版式设计　康永光
责任出版　欧晓春
成都市槐树街2号　邮政编码 610031
官方微博：http://e.weibo.com/sckjcbs
官方微信公众号：sckjcbs
传真：028-87734035
成品尺寸　146 mm × 210 mm
印　　张　8.125　字数 180 千　插页4
印　　刷　河北环京美印刷有限公司
版　　次　2008年6月第 1 版
印　　次　2022年1月第 6 次印刷
定　　价　78.00元

ISBN 978-7-5364-6500-8

邮购：四川省成都市槐树街2号　邮政编码：610031
电话：028-87734035　电子信箱：sckjcbs@163.com

《中医经典导读丛书》
编委会名单

编者按:中医学在“回归自然”之理性被重新唤醒的现实社会,越来越受到人们的珍视和推崇,学习研究,蔚然成风。近年来,不断收到广大读者的来信,希望能有一套方便阅读,帮助理解的中医经典著作通俗注译本问世。读者的需要就是我们的追求,医易经典著作是荟萃我国古代百科知识的灿烂文化精品,除精妙绝伦的医药知识外,还蕴含着天文、地理、水利、军事、数术、哲学等极其丰富的百科知识,至今对养生、防病、治病、认识事物、分析问题仍有着很高的科学指导价值。为帮助读者更准确,更深刻地理解这些经典著作的精神实质,我社特组织长期从事易学和中医学研究的资深学者精心编写了这套《中医经典导读丛书》。该丛书对《易经》《黄帝内经》(分为《素问》《灵枢》两个分册)《难经》《神农本草经》《脉经》五大医易经典著作进行了全面、系统、深入的文化信息解读。学者们在完成此项工作时,以“古为今用”为指导原则,既保持了严谨的科学态度,又充分解放思想,在大量参考前人、他人研究成果的基础上,大胆注入自己的研究心得,予以阐扬发挥,因而使得本丛书具有提要精当具体,注释简明易懂,译文浅显通俗,按语新颖活泼,既有严格的科学性,又有广博的知识性,还有很强可读性等突出优点,广泛适用于中医专业工作者、中医院校师生以及对中医学所包罗的其他百科知识感兴趣的一切文化人士阅读、研习。我们把这样一套堪称近年来同类著作中难得的珍品推荐给大家,以此来答谢广大读者长期以来对我们医药书籍寄予的信任和厚望。

编者　2008 年初夏于蓉城

前　　言

中医能在现代科技日新月异的时代走向世界，走向未来，是人类健康需要之理性选择的必然结果。人们之所以选择中医，不是因为其历史悠久、内涵古老，而是因为其疗效奇特、疗效可靠。中医疗效不是虚无想象和经验的耦合，是建立在整体、恒动两大体现宇宙运动变化规律的优势理念中的。这两大优势理念，主要是通过医易经典的丰富内涵得到体现的。在中医学重新反思如何走自己的路，以期突出整体恒动理论优势的今天，强调经典著作的学习运用，正在成为共识。由于经典著作本身所存在的文字古奥，语言简练，文化信息密集，学术意蕴宏深，教难、学难、用更难的问题，一直是困扰中医学术传承发展的重大障碍。造成这一障碍的主要原因，一是由于古今时空差异，文化发展巨变，导致了经典文化信息的隐而不彰。二是由于文化发展相互渗透，文化信息错综交织，导致了经典文化信息的晦而难明。近半个世纪以来，虽然也有不少校注、语译、阐释经典类研究性成果问世，但总以随文敷陈者多，独具卓识者少，学术的真知灼见，常常被淹没在僵化的学术风气里。因此，对医易经典文化信息进行符合学术本旨，符合临床实际的解读，要求日益强烈。《中医经典导读丛书》正是顺应这一时代要求而编撰的。

中医学术殿堂是古代多学科知识综合运用的庞大体系，从天文到地理，从哲学到文学，从医学到史学，文化信息十分丰富密集。文化信息是学术内容的基本载体和具体体现，离开了对文化信息的充分解读，就无法做到对学术内容的全面了解；离开了对文化信息的深入解读，就无法做到对学术内容的深刻认知。没有全面了解，深刻认知的学术，是绝对谈不上灵活运用的。医易经典文化信息解读，是朴素还原中医学术本质，促进中医回归传统的有效方法，是沟通古今和东西方认识理念，促进中医走向世界，走向未来的重要途径。本丛书以《易经》《内经》《难经》《脉经》《神农本草经》等为研究素材，以弘扬传统为前提，以有利学术传承为目标，以充分解放思想为倡导，以深入浅出为基本要求，以阐明文化内涵为切入点，旨在通过专家对相关经典中语言文字、哲学思想、医学内涵、临床意义等各方面信息的全面研究、朴素解读，深刻揭示各门经典的复杂学术内涵及相互渗透关系，阐明其现实传承价值，运用要点，最终达到学术信息完整清晰，学术理念古今贯通，学术临床紧密结合，以古为新，古为今用的目的。

中医文献浩如烟海，汗牛充栋，为什么要选择这五大经典呢？这是首先应该回答读者的一个问题。《易经》是研究以日月为主要标志的天体运行规律，进而从古天文学引申出万事万物运动变化之理、经纬天地、博综万类的古代哲学著作，因而被历代多学科学术大师奉为百科之母、万事之则、群经之首、学问之宗，而非医学专书。医学不出万事之外，药、病皆在万物之中，理趣互通，二者紧密联系，统一于“法自然”这个朴素认识原则之下。因此，早在医学理论体系创建之初，就开始运用易理阐明医理，而成为中医理论体系之纲领，故有“医易相通”之说。后世研究中医的学者更是强调，只有以易理释医理，才能理明义畅，真正收到纲举目张的良好效果，所以，欲明医，必先知易。《内经》（分为《素问》《灵枢》两个分册）是以从医药实践经验中提炼出的医学理论知识为基本素材，并借助哲学、天文、地理、水利、军事、数术等多学科知识，深刻阐明养生、防病、脏象、病机、诊断、治疗等课题的医学专著，内容极为丰富，既是中医理

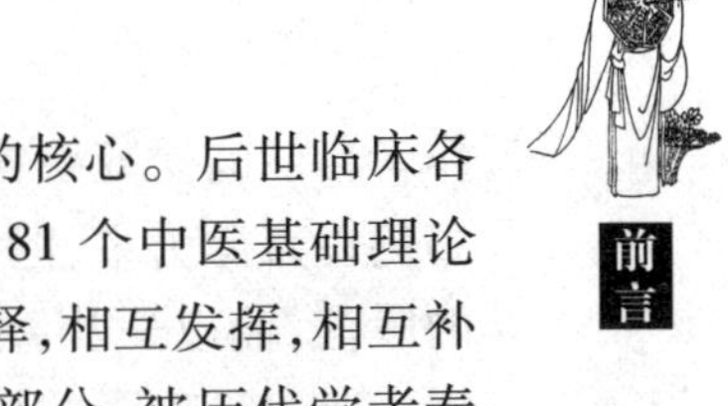

论体系的奠基性著作,也是中医理论体系的核心。后世临床各科的发展,无不以此为起点。《难经》通过 81 个中医基础理论问题的讨论,与《内经》的学术内容相互阐释,相互发挥,相互补充,是构成中医基础理论体系的必不可少部分,被历代学者奉为中医理论研究的又一津梁之作。《神农本草经》通过对 365 种药物的分类阐述,汇集古人在养生、防病、治病的长期实践中所总结的药物学知识,创造了四气五味、升降浮沉、君臣佐使等系统而又独特的药物研究方法,还总结了相须、相使、相畏、相恶、相杀等丰富的药物配伍运用经验,是我国最早的药物学专著,也是后世药物学发展的基本支架,是中医药理论体系的又一重要组成部分。《脉经》为我国现存最早的诊断学专书,书中结合临床病症,详细讨论并比较分析了临床常见脉象 24 种,求得了脉、证、诊、治的有机统一。还确立了以桡动脉为基点的寸口诊脉法,是中医理论体系完整组合不可或缺的部分。正是以上五《经》,从理论纲领到生理、病理、药物、诊疗等实质性内容,构成了中医理论的完整大体系。通过注译阐发五《经》,可以从一个较高的视角提纲挈领地把中医学精髓介绍给全社会。这就是本丛书编选的指导思想。

本丛书在体例设计上分为[提要]、[原文]、[词解]、[语译]、[按语]五个部分,各书均按原著篇章段落分段研究阐发。[提要]以篇章为基本单元,撰于篇章之首,其具体内容是对所在篇章内容和精神实质的精辟概括,力求简明具体,不讲空话、废话。[原文]选择学术界已经校勘,且公认的善本作为蓝本。不同版本内容有出入者,以择善而从为原则,直接选取其中一家之言为参考,不作版本校刊等繁琐考证。[词解]主要针对古籍中的生字、难词,进行必要的音义注释,注释内容主要是作者在参考其他文献后,提炼选择的最具代表性见解。注文力求简明通俗,不以经解经,不旁征博引,不出书证。一词多义或歧义,众说纷纭者,选择与原文意义最贴切的见解为依据,并结合作者自己的研究心得以注。[语译]为保持其严谨的科学性,本书仍以直译为主,但为增强其可读性,部分文字艰深,义曲意隐的段落,辅以适当意译,以畅明其义。力求义理准确,语言流畅,文字浅近,既有严谨科学性,又有较强的可读性。[按语]是对译文的补充发挥,主要针对文义晦涩艰深,单凭译文难以透彻阐明其义,或意蕴宏博,非译文所能包容,或本义褊狭,后世学者引申发挥颇多新意者而发。需要展开讨论的地方,则兼采百家,融会古今,不拘一格地充分展开,总以把问题说清楚,以有利阅读理解为目的。按语内容充分展示了古今学者以及作者本人,围绕某一学术命题所阐发的新颖而又深刻的见解,既有深度,又有广度。各个部分的内容皆以通、明、信、达为原则。

具体而言,五经各有特色,各有侧重。《易经》文字古奥,义理隐曲,在今天,无论医者、学者,真正有所造诣的人,为数极少。本丛书着重在阐明易学与医学的关系,易理对医理的指导价值,易理在医学中的具体运用等方面下工夫,不涉占卜预测等内容。力求释玄理为通说,化艰深为浅易,赋古义以新知,弃虚妄求实用。《内经》中的《素问》《灵枢》两个分册,都历代研究者众,注本、译本不少,但或繁征博引,或各执一偏,或附会曲说,往往令初涉者眼花缭乱,莫衷一是。本丛书以"择善而从"为原则,对其医学内容进行了通注通译,明是非于文中,发至理于文外。通过按语的充分阐扬发挥,对其他与医学相关的内容,作了丰富多彩而又生动活泼的讨论,使读者能在阅读本书时,既准确获得中医学知识,又能广泛了解该书中所涉及的其他百科知识,真正懂得,没有百科的丰富借鉴,中医学就不可能建立起运用阴阳五行提纲挈领的归纳认识方法来。换句话说,如果没有对其他各科的深刻理解、借鉴即便最大限度地放飞人们的想象,中医学对整体观的运用,充其量发展到人与地球关系的认识水平,永远无法延伸到宇宙全息大统一论上去,最终创造出天人合一的整体医学思想来,当然也就不可能实现对神

奇生命现象的深刻理解，从而完成以功能定位为基本生命单元的古代人体生理病理学术体系的构建。《难经》文简意赅，发挥颇难，本丛书集历代《难经》研究学者之不同学术见解，着重阐明了该书学术上对中医基础理论建设的巨大贡献，在内容上与《内经》相互补充，相互发挥的复杂联系，并结合临床实际，阐明了它在现实临床实践中的运用价值。《神农本草经》所涉药物知识，后世发展甚多，古今差异很大，本丛书既充分珍视该书所创建的传统中药研究方法，详细阐明各药性、味、归经、配伍、运用要点，又在按语部分大量吸收了现代药理研究成果，使古论与新知相互发挥，以拓宽读者视野，活跃读者思维。《脉经》所涉诊断学知识，自秦汉迄今，代有长足进步，本丛书继承了该书的实用主义优点，着重在阐明其运用价值方面下了很大工夫，逐一讨论了每种脉象的现实临床诊断意义，并在讨论中博综历代名家高论，结合当代实践新知，尽可能准确、深刻地阐明各种脉象的表达特点、病理本质，使读者能知其象而明其理，释其疑而得其真。

总之，在此项研究工作中，我们始终坚持的研究原则是：不唯书，只唯实，力求思想充分解放；不尚古，只尚真，力求内容朴实可靠；既为学，更为用，力求理论与实践紧密结合。旨在释玄理为通说，赋古义以新知，力求令读者耳目一新，开卷受益。

致谢：

本丛书的问世，得感谢广大读者的热情关注和大力支持，正是广大读者的渴求和期盼，给了我们编著本书的信心和勇气。得感谢四川省中医药管理局的大力扶持，是四川省中医药管理局在本书编撰的最困难时期，设立“中医经典文化信息解读”专题，予以大力支助，才使此项研究工作得以顺利完成。得感谢四川科学技术出版社的悉心指导，从选题到体例设计，都倾注了他们的大量心血。

在本丛书编写过程中，丛书主编负责拟定选题，编写大纲及样章，审订各分册稿件；分册主编负责各个分册的编写及审稿改稿；分册副主编协助所在分册主编的稿件编写及审改；编委负责完成所承担部分的稿件编写及校改；学术顾问负责丛书编撰过程中的解难答疑。本丛书是全体同仁十易寒暑，无怨无悔，甘苦与共结出的丰硕成果，在此一并致谢。

《中医经典导读丛书》编撰委员会
2008 年初夏

目　　录

总　论

各　论

第一部分　周易大传

第二部分　周易本经

目录

总 论

《易经》亦称《周易》,这部古典,年代久远,文字深奥。为了帮助中医对阴阳五行学说的理解,对易学规律的运用,现将其全文语译,以供参考。要研究易学易经,就必须破除迷信,因易学易经长期被人利用,被人曲解,被人涂上许多乌烟瘴气的色彩,所以必须为这门学术洗去迷信的污迹,披上时代的新装。易这门学术,《易经》这部经典,绝非占卜之书,故而孔子才把它列为五经之首,孔子拒绝谈论怪、力、乱、神,他是坚决反对迷信的。

《周易》共24 070个字,分《大传》和《本经》两部分,现分为第一部分周易大传、第二部分周易本经,语译如后,力求深入浅出,以供研读。

为了达到在理论上“医易相通”,在总论中将讨论两个问题:

一是论“天人一理,医易相通”;二是解答医易学中重要的疑难问题。现分析如后。

论"天人一理，医易相通"

历代易学家和医学家得出这样的共通结论："天人一理"、"医易相通"。为什么说"天人一理"呢？古人说：易学是"推天道以明人事"的书。所谓"天道"，是说易学是古人在观测天文、气象中发现的一整套观察、分析、处理事物的规律和方法，有人把它称之为"宇宙代数学"。易学里的八卦、河洛、太极等图象，则被认为是这部代数学里的万能公式。易学规律又是怎样运用于人事的呢？因古人觉得，既然天体运行、气象变化都是按易学规律进行，那么，在天体当中受气象影响的所有事物应该也具有相同规律，所以就把它推广运用于各种事物中，证实了天人之间不仅气化相通，而且还存在着共通律，这样才得出了"天人一理"的结论。为什么说"医易相通"呢？因为易学是中医学的理论渊薮，而中医学则是易学原理在实际运用中的典范。更明确地说，"医易相通"就是指的《易经》和《内经》在原理上的相通。《易经》比《内经》古老，文章如神龙出没，见首不见尾，多假借符号图象或寓言性的词句以示之，究其实际，皆暗有所指，而意在言外。所以王弼在《周易略例》中说："故言者所以明象，得象而忘言；象者所以存意，得意而忘象。"《内经》虽比《易经》稍晚一点，但《内经》在文法上熔神气于一炉，从气化原理、医学大法，一直论述到人身疾病的具体变化。由此可见，《内经》的行文，有限制亦若无限制，灵动异常，而且内容博大精深，涉及的学问很广。如《灵枢·针解篇》说："一天、二地、三人、四时、五音、六律、七星、八风、九野，身形亦应之。"这就是把大自然的天象变化与人身气化活动结合起来看问题，这也就是它的防病治病的理论依据和指导思想。中国医学能有这样的成就,是和它背后的文化分不开的,如果没有《易经》,没有阴阳五行的理论,没有长期临床诊治疾病的经验积累,没有文学、艺术的熏陶,中国医学能发展起来吗?如果不是在历史中形成一个独特而完整的理论体系,中国医学能站立得稳吗?明代医家张介宾亦在《类经图翼·医易义》中说:"宾尝闻之孙真人曰:不知易,不足以言太医。"予故曰:"易具医之理,医得易之用。学医不知易,必谓医学无难,如斯而已也,抑孰知目视者有所不见,耳听者有所不闻,终不免一曲之陋。知医不知易,必谓易深玄,渺茫难用也。"由此可见,易学是中医学理论研究的一盏明灯。

一、八卦与阴阳学说

八卦的"卦"字从圭从卜。圭,指土圭;卜,测度的意思。古代立八圭于四正四隅以测日影的阴阳变化,就形成了八卦图象。由于土圭测影有很多不便,后来就以八尺标竿代替了。古人白天用土圭、标竿观测太阳,晚上看不见太阳,古人就从太阳对面的月亮去观测,则以天空北极、北斗和二十八宿等为标志。卦的基本单位就是爻,所以阳爻用"—"符号表示,阴爻用"--"符号表示。八卦的每一卦有三爻,代表天、地、人三才,太阳属于天部,月亮属于地部,北斗代表人部。所以八卦图有三种,即先天八卦图、中天八卦图和后天八卦图,它分别反映了连山易、归藏易和周易这三大学派的思想。

(一)先天八卦图

先天八卦图(见图1),传说是伏羲(xī 希)所画,由神农衍为六十四卦,因伏羲、神农皆起于群山连绵之中,故名"连山易"。连山易首艮,因艮为山。观测方法以寅月为岁首,夏代人继承了这一派人的易学思想。寅月就是农历正月。先天八卦

讲对应，它把八卦代表的天[乾(qián)卦]、地(坤卦)、风[巽(xùn 迅)卦]、雷(震卦)、山[艮(gèn)卦]、泽[兑(duì 对)卦]、水(坎卦)、火(离卦)八类物象分为四组，以说明它的阴阳对应关系。《周易·说卦传》说："天地定位，雷风相搏，山泽通气，水火不相射。"就是指的这类事物之间的对应。天地是一对阴阳，以人定位，人之上为天，人之下为地。《内经》讨论了这个问题，如《素问·五运行大论》说："地之为下否乎？岐伯曰：地为人之下，太虚之中者也。帝曰：冯乎？岐伯曰：大气举之也。"这就是说，地不是宇宙的最下面，而只是人的下面，因为古人已观察到地也是天空中悬浮着的一个星球，是由大气把它衬托着。雷风是一对阴阳，雷动则风生，风大则雷声愈烈。山泽是一对阴阳，山是最高的，泽是最低的，二者气化相通，互相影响，最高的山也有泽，泽之底亦为山，所以互相通气。水火不相射，即水火不相容，水盛则火灭，火盛则水涸，这又是一对相互对立的阴阳。

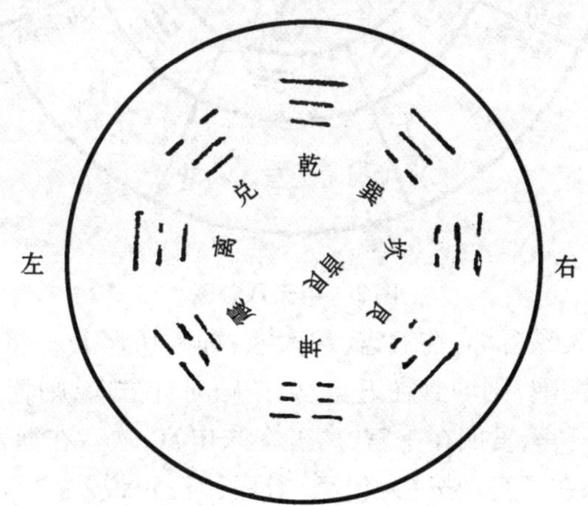

图1　先天八卦图

(二)中天八卦图

中天八卦图(见图2)一直失传至今，笔者根据先师们提供的线索，从北周卫元嵩《元包经》六十四卦八经卦排列次序（见附表：卫氏卦次目录第一行－坤、乾、兑、艮、离、坎、巽、震），结合古代“三正”之学而绘成。图绘成后乃发现它确实客观地反映出了“归藏易”的思想内容。传说“归藏易”起于黄帝，商代人继承了这一学术思想，讲阴阳平衡。现全面剖析如下：

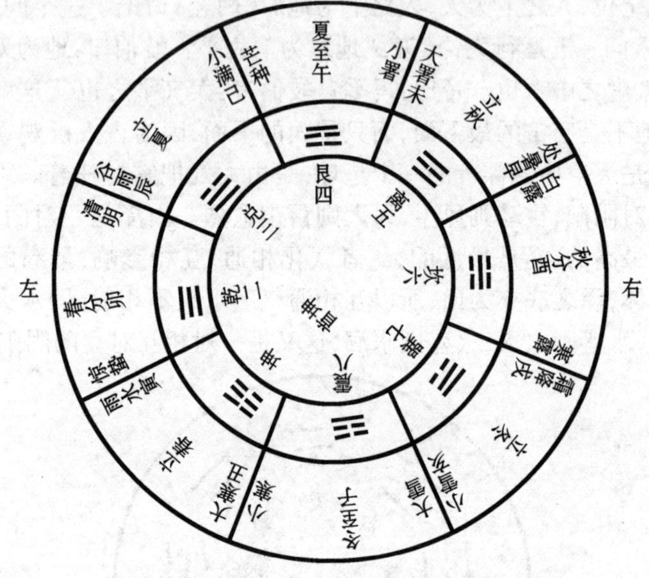

图2　中天八卦图

1. 中天易首坤，在丑宫，起大寒，即农历腊月。将十二地支分属四正四隅，则坤卦在丑寅宫，按顺时针方向，则乾二在卯宫，兑三在辰巳宫，艮四在午宫，离五在未申宫，坎六在酉宫，巽七在戌宫，震八在子宫。按《元包经》卦序，“三正说”之“地辟于丑”，从丑宫起大寒，按顺时针方向轮转一周，则构成中天八卦图。

2. 从坤一起大寒，首腊月丑宫为始点，发现中天八卦图内中外三圈，每相邻两爻都是一阴一阳，而且二十四爻的十二对排列，恰好六对阳在前、六对阴在后。而且从坤一起，每相邻两卦，都是一阴一阳。

内圈—阴阳、阳阴、阳阴、阴阳
中圈—阴阳、阳阴、阴阳、阳阴
外圈—阴阳、阴阳、阳阴、阳阴

八卦排列：乾（父）、坤（母），兑（少女）、艮（少男），离（中女）、坎（中男），巽（长女）、震（长男），皆阴阳配偶和谐。实际上《元包经》按上述八卦卦序排列的六十四卦，每相邻两卦都是一阴一阳，由此我们可以体会到“一阴一阳之谓道”的深刻意思了。

（三）后天八卦图

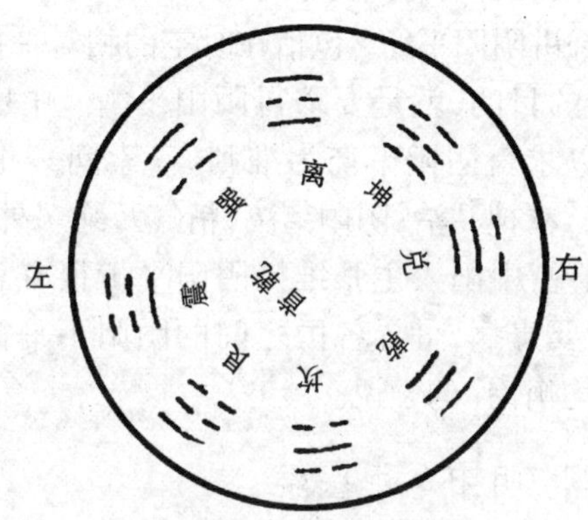

图3　后天八卦图

后天八卦图（见图3），传说为周文王所绘。《周易·系辞传》说：“易之兴也，当殷周末世，周之盛德邪？当文王与殷周之事邪？”这就是指殷纣囚文王羑（jiǔ 久）里演《周易》的事。后天易首乾，因乾在后天八卦图上处西北方，以当时文王为西北侯的缘故。后天八卦图起子宫，以农历冬月为首月。后天八卦图讲流行，即讲阴阳的相互依存。《周易·系辞传》说：“万物皆出乎震，震东方也；齐乎巽，巽东南也……离也者，明也，万物皆相见，南方之卦也……坤也者，地也，万物皆致养马，故曰致役乎坤；兑正秋也，万物之气悦也，故曰说言乎兑；战乎乾，乾西北之卦也，言阴阳相薄也；坎者水也，北方之卦也，万物之所归也，故曰劳乎坎；艮东北之卦也，万物之所成终而所成始也，故曰成言乎艮。"从《系辞传》这段文字可以看出，万物自春天开始活动、生长，至冬天而成终、成始，每周天三百六十日有奇，八卦用事各主四十五日，这些顺时针方向运转的后天八卦图象，是从天象的四正四隅观测出来的，是记录天体八节的符号，八卦计二十四爻，即代表一年二十四个节气。

综上所述，指出先天八卦讲对应，是从空间上来说明事物有阴阳对立的一面，即阴阳有"相反"的一面；后天八卦讲流行，是从时间上来阐明事物有阴阳依存的一面，即阴阳有"相成"的一面；中天八卦讲阴阳平衡，包括在时空的相对平衡，因为研究阴阳学说最终的目的，就是要求得阴阳平衡。中医探讨病理，分析疾病，皆以求得阴阳平衡为准则。《素问·生气通天论》说："阴平阳秘，精神乃治；阴阳离决，精气乃绝。"外国有位名人在讲课时强调说：中国人主张维持阴阳平衡很有意思，人身的阴阳不平衡就要患病，世界各国之间的阴阳不平衡就要打仗，据此提出了"均衡论"的学说。

（四）八卦、阴阳与中医学

举凡中医运用八数赅括的项目，皆本八卦而来，如体有八虚、气有八风、证有八纲、治有八法、方有八阵等。八卦以乾坤为父母而统三男三女，八纲则以阴阳为总纲而统表里、虚实、寒热六子，公式都是一样的。至于从八卦基础上所产生的阴阳学说，则贯穿于整个中医理论，如人身有形，不离阴阳，阴阳调和，则为健康，阴阳失调，则生疾病。在辨证上，凡八纲辨证、六经辨证、三焦辨证、卫气营血辨证皆属阴阳之推衍。如六经，不外在阴阳的基础上加了太、少、明、厥四个系辞罢了！三焦，则上焦辨心肺，中焦辨脾胃，下焦辨肝肾而已！在治法上，不外阳病治阴，阴病治阳。假设寒热、虚实、阴阳有假象，

则当寒因寒用，热因热用，通因通用，塞因塞用。甚或寒之而热者，则当壮水之主，以制阳光；热之而寒者，则当益火之源，以消阴翳。总起来说，有正治法，有反治法，也不外阴阳两端而已！下面再举清末医家郑钦安的例子来验证：郑钦安以坎离二卦象心肾，并统一在水火的关系上来阐明人体的生理、病理，从而创立了不少独特的治法。郑氏提出，就卦象而言，则以坎为水、离为火，坎上离下为水火既济（"䷾"），离上坎下为水火未济（"䷿"）。结合生理、病理，若心火下交，肾水上承，则为心肾相交，为生理之常；若心火上炎，肾水下流，则为心肾不交，乃病理之变。如郑氏在所著的《医理真传》中说："人禀天地之正气而生，此坎离所以为人生立命之根也。因肾中真阳，肇自坤元，乾坤彼此互为其根。心火下交于肾，肾水上济于心，一升一降，往来不穷，性命于是乎立。"本此理论而创立补坎填离丹，用治心阳虚，以大辛大热之桂附为君，补坎中真阳，用蛤粉补离中真阴，加姜草调中，以交通上下之枢机。又取交泰丸，象天地交泰之义，以治心肾阴阳上下不交之痞证。方中故用黄连之苦寒，直折其火使下降；用肉桂之辛热，鼓舞肾气之上升。如此一补一泻，一清一温，调其坎离水火、心肾阴阳之升降，则天地交泰，痞证自除。

二、河洛与五行学说

河洛，指河图、洛书。河图乃据五星出没而画成（见图4、图5）。五星运行各自出没季节，一般按木、火、土、金、水的顺序，相继出现于北极天空，每星各行七十二天，五星合周天三百六十度。

火星每年七月、二月与日月相会于南方，故曰："地二生火，天七成之。"

木星每年三月、八月与日月相会于东方，故曰："天三生木，地八成之。"

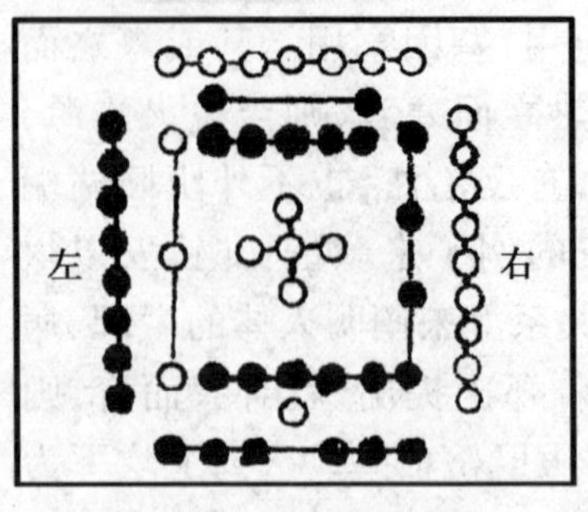

图4 河 图

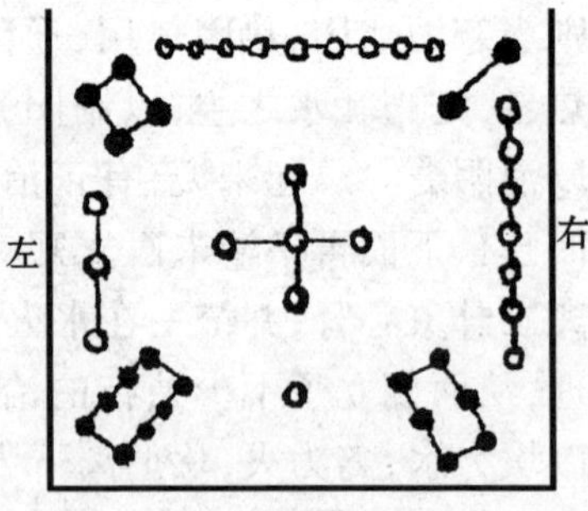

图5 洛 书

金星每年九月、四月与日月相会于西方，故曰："天四生金，地九成之。"

水星每年十一月、六月与日月相会于北方，故曰："天一生水，地六成之。"

土星每年五月、十月与日月相会于中央，故曰："天五生土，地十成之。"

河图绘制成后，古人发现了五行的规律。三月春分，木星见于东方，草木萌芽生长，所谓"春到人间草木知"，木行的概念就是这样形成的。七月夏至节后，火星见于南方，地面上一片炎热，火行的概念就是这样形成的。九月秋分，草木开花结果，老而枯萎，金属乃古代杀伐之器，以物过盛而当杀，金行的概念就是这样形成的。一月水星见于北方，地面最冷，冰、雷、水一片，水形的概念就是这样形成的。五月土星见于天中，表示长夏湿土当令，又木火金水皆是以土为中点观测出来的，所以土居中央而布四旁，土行的概念就是这样形成的。

中医将五行的理论，套入了它的五脏学说，在临床上形成了"以五脏论杂病"的辨证体系。现分类列表如下，以供参考（见表1、表2、表3所示）。

表1　本脏自病表

病变 五脏	太过		不及	
	阴	阳	阴	阳
肺 （金）	风寒束肺 （太阳表实） 风泽中孚	热邪壅肺 （邪热壅肺） 雷风恒	肺阴不足 （阴虚肺燥） 泽泽兑	肺气不足 （肺卫不固） 天泽履
心 （火）	心血瘀阻 （瘀血发烧） 雷山小过	心火亢盛 （心烦懊侬） 火天大有	心阴不足 （血虚心悸） 风山渐	心阳不足 （阳虚心悸） 泽地萃
脾 （土）	食滞胃脘 （中焦痞塞） 山山艮	湿犯中道 （湿困脾阳） 水地比	胃阴不足 （胃燥阴伤） 泽山咸	脾虚气陷 （中气下陷） 地山谦
肝 （木）	肝血瘀阻 （左胁血瘀） 山风蛊	肝气郁滞 （痰气郁结） 风雷益	肝阴不足 （血虚胁痛） 风风巽	肝气不足 （胆虚不眠） 雷雷震
肾 （水）	肾水上泛 （阴证水肿） 地水师	相火偏亢 （实热阳强） 泽天夬	肾阴不足 （肾虚遗精） 地雷复	命门火衰 （火衰阳痿） 山地剥

表2　五脏相生关系失衡病变表

病变 五脏	太过		不及	
	母病及子	子病犯母	母不顾子	子盗母气
肺 （金）	金病及水 泽水困 （肺风水肿）	金病及土 天山遯 （肺病生痰）	金不生水 天水讼 （肺肾阴虚）	金虚土弱 地天泰 （脾肺气虚）
心 （火）	火盛及土 火地晋 （热积胃府）	火病及木 火风鼎 （热极动风）	火不生土 火山旅 （五更泄泻）	火衰木病 火雷噬嗑 （血不养筋）
脾 （土）	土盛及金 山天大畜 （脾湿犯肺）	土病及火 地火明夷 （脾湿化热）	土不生金 天地否 （脾虚肺燥）	土虚火衰 山火贲 （小肠虚寒泄泻）

续表

五脏＼病变	太过		不及	
	母病及子	子病犯母	母不顾子	子盗母气
肝（木）	木旺生火 风火家人 （怒动肝火）	木病及水 风水涣 （郁火伤阴）	木不生火 雷火丰 （胆虚不眠）	木衰水亏 雷水解 （肝肾阴亏）
肾（水）	水盛及木 水风井 （寒滞肝经）	水病及金 水泽节 （水饮凌肺）	水不涵木 水雷屯 （阴虚肝旺）	水虚金病 水天需 （阴虚肺燥）

表3　五脏相克关系失衡病变表

五脏＼病变	太过		不及	
	相　乘	相　侮	反　乘	反　侮
肺（金）	金行乘木 天风姤 （肺燥肝热）	金旺火郁 天火同人 （肺热化火）	火旺金囚 火泽睽 （心热肺燥）	木旺金伤 风天小畜 （肝火侮肺）
心（火）	火行乘金 雷天大壮 （心火伤肺）	火旺水枯 雷泽归妹 （热盛伤阴）	水胜克火 泽火革 （水饮凌心）	金冷火衰 泽雷随 （寒滞胸痹）
脾（土）	土行乘水 山水蒙 （脾病及肾）	土盛木郁 山雷颐 （肝胆湿热）	土败木贼 地风升 （脾虚肝旺）	土不制水 山泽损 （脾虚水肿）
肝（木）	木行乘土 风地观 （肝病传脾）	木火刑金 天雷无妄 （肝火犯肺）	木衰金盛 泽风大过 （肝弱肺旺成痿）	木不疏土 雷地豫 （肝脾不调）
肾（水）	水行乘火 水火既济 （寒水冲心）	水泛土崩 水山蹇 （肾病水肿）	土旺克水 地泽临 （泻致癃闭）	水虚火盛 火水未济 （心肾不交）

三、太极是阴阳五行的公式图

什么是太极呢？“太”有至的意思，“极”有极限的意思。“太极”就是至于极限，无与伦比，但这个极限，包括大而无外、小而无内的时空极限在内。庄子说：“大而无外，谓之大一；小而无内，谓之小一。”即言可以大于任意量而不能超越圆周和空间，小于任意量而不等于零和无。太极包括阴阳两方（见图6）。为什么说太极是阴阳五行的公式图呢？宋代有位学者周敦颐在他所著的《太极图说》中解答了这个问题。他指出“无极而太极”，即太极是有形之体，但宇宙间的一切都是从无到有的，所以认定“有生于无”；因怕人误解“无”就是空无一物，故补充说：“无极之真，二五之精，妙合而凝。”即言“无极”就是这个形形色色的有形之体存在的规律，这些规律就是“二五之精”。二，指阴阳；五，指五行。这就表明了太极就是阴阳五行巧妙结合在一起以进行推理的公式图。太极公式图（见图7）的外圈，可代表宇宙或一个物体；公式图的内圈，由一条斜线将阴阳分开，并表明易学上讲阴阳，不是一分为二，而是一分为三。《三统历》说：“太极元气，含三为一。”大而宇宙，小而一草一木，都存在着阴阳两个方面，但不同的阴阳，就有不同的特性，必须要有一个确定阴阳性质、划分阴阳界限的标准存在，而且这些标准要因事物的不同而异。古人把宇宙这个统一体分为天、地、人三才，指出要划分天地的阴阳，就要以人为标准。人身以精、气、神为三宝，精属阴，气属阳，精气的阴阳变化，则以神为主宰。六经分三阴三阳，亦本阴阳一分为三而来：太阳是阳气多，少阳是阳气少，阳气的多少是从阳明来划界的。阳

图6　太极图

明是阳气极盛，太阳是阳多的阶段，多到阳气极盛的阳明阶段之后，就进入阳气减少的少阳阶段了。太阴是阴气少，厥阴是阴气尽，阴尽则阳生，所以阴方是以阴气极衰的厥阴阶段来划界的。《素问·至真要大论》说："阳明者，两阳合明也；厥阴者，两阴交尽也。"由三阴三阳形成六经，就是中医学对易学太极含三为一的理论的体现之一。公式图的中圈，则按木火金水出现在东南西北的位置排列。《素问·天元纪大论》说："水火者，阴阳之征兆也；木金者，生成之始终也。"即言水火是阴阳对立最明显的现象，这表明了阴阳有相反的一面；从木到金就是一个春生秋实的连续过程，这表明了阴阳有相成的一面。土居中央而布四旁，一般放在右上角（见图7），从右上至左下角贯穿了一条斜线，这是表示"土"是木、火、金、水这两对阴阳的划界标准。两对阴阳再加上它的划界标准，阴阳就一分为三了，这就是太极的含三为一法，此公式图本左为阳、右为阴的太极图而来。土加在右上角，形成了五行生克的方便公式，公式图中凡相邻位置的两行是相生，隔一位则为相克。中医本此理法则将五脏套入公式图，以肝配木，心配火，肺配金，肾配水，脾配土。历史上曾经有人想从《内经》开刀来否定中医理论，抓住《内经》有"左肝右肺"之说，因而结合现代人体解剖，攻击中医理论太荒谬了。实际上它不知道《内经》这些理论皆本《易经》而来，这里所说的"左肝右肺"，不是指的形体上的左右部位，而是指的在太极这个公式图上的左右。肝配在东方主春天，为气化之始点，肺配在西方主秋天，为气化之终点，所以就成为"左肝右肺"了。推而言之，肝气主升，肺气主降，心气主浮，肾气主沉，土布四维，都是从这张公式图上看出来的。不然，肺位最高，为五脏之华盖，为什么不说肺气主浮呢，由此可见一斑了。

太极公式图还进一步把"阴阳五行"和"天人合一"融为一体，下面就通过这张简单的五行类属表（见表4）来加以说明：

图7 太极公式图

表4 五行类属表

自然界					五行	人身体				
五色	五味	五气	五时	五方		五脏	五腑	五体	五官	五志
青	酸	风	春	东	木	肝	胆	筋	目	怒
赤	苦	暑	夏	南	火	心	小肠	脉	舌	喜
黄	甘	湿	长夏	中	土	脾	胃	肉	口	思
白	辛	燥	秋	西	金	肺	大肠	皮	鼻	忧
黑	咸	寒	冬	北	水	肾	膀胱	骨	耳	悲

表中横排所列的称为属，同属的东西都存在着内在联系，能相互影响，它们之间存在着“天人相应律”，即天人之间能相互感应，息息相通，如自然界的风产生对人体的侵害，首先会引起肝、胆、筋、目等部的病变，反过来又可用色青、味酸等类的药去调治，这就是因为天人之间存在着相互感应规律的缘故。《素问·阴阳应象大论》说：“在天为风，在地为木，在体为筋，在藏为肝，在色为苍……在味为酸。”表中纵排所列的称为类，同类的东西都存在着“天人共通律”，如五行各有特性，五行之间存在着相生相克的规律，推而言之则五脏亦各有特性，五脏之间亦存在着相生相克的规律。注意，凡要看类属表的哪一项才把哪一类套入太极的公式内。这就是说，天地是一大天地，人身是一小天地，天地与人尽管现象不同，但存在着共通规律。还要注意，各类之间的项目不可互相取代，木火土金水是一类，肝心脾肺肾又是一类，木不等于肝，只是肝有木的性质而已，否则，就发生了概念转移。

易学是中华民族古代文化的结晶，在今天仍在科学研究上起到了扩展思路、启迪智慧的作用。本文通过上述“天人一理”、“医易相通”的大量例证，说明了八卦、河洛、太极等易学规律，是研究中医理论的灯塔，它不仅是一条研究中医理论的康庄大道，而且也是使中医理论得以规范化的依据。但本人学识有限，尚望医易两界的朋友，共同努力，探本穷源，使中医学得以发扬光大，走向世界，走向未来，为保障人类的健康作出应有的贡献！

解答医易学中重要的疑难问题

为了普及易学知识，现将人们对易学上的一些疑难问题，提出来逐个加以解答，其中除讨论了不少的学术性、知识性问题外，还涉及了很多趣味性的问题，值得同大家一起来探索。也就是说要给易、易学、易经下一个定义：

什么是“易”呢？在金文中，易字的写法是“[illegible]”，它的上面是一个“日”字，下面是一个“月”字。也就是说，易是古人在观测日月上下互易中发现这套规律的，所以把这门学术命名为“易”。郑玄说：“易者，日月也。”许慎引《秘书》说：“日月为易，象阴阳也。”后世对“易”字又有三种解释：

（1）不易：不易指事物之定理。因为“易”是从古天文、古气象的观测中发现的，古人认为，既然天体运行、气象变化都按照这些规律在进行，那么，在这个天体当中受到气象影响的所有事物，是否互相感应、具有共通的规律呢？古人通过各方面实践，证明确是如此，才把它肯定下来的，作为分判一切事物的准则，所以不易就是指“易”包含了一切事物的定理。

（2）交易：交易也称变易，即交互变易的意思。交易指“演绎”的方法。交易包括对信息的了解、对事物变化的预测等。黄宗炎说：“易者，取变于虫，其色一时一变，一日十二时，改变十二色，即今之蜥蜴也。”蜥蜴又称变色龙，它每一个时辰要变一种颜色，一天十二个时辰要变十二种颜色，古人以此来比喻易可随时位变化的情况。

（3）简易：简易指“归纳”的方法。因为人的生命有限，天

下之事理无穷，必须通过易的方法来以简驭繁，以一对万，以静制动，由博返约。也就是说，套入易学的公式去分析，就可以使宇宙间的一切事理皆备于吾心，处事接物自然得心应手。《周易·系辞传》说："易则易知，简则易从……易简而天下之理得矣，天下之理得，而成位乎其中矣。"

什么是易学呢？易学就是古人在观测天文、气象中，发现的一整套认识、分析、处理事物的规律和方法。易学的规律和方法，可以适用于宇宙间的一切事物，反映了宇宙间一切事物总的规律和方法，所以有人把它称为"宇宙代数学"。而八卦、河洛、太极这三大规律，就是这部"宇宙代数学"里的万能公式。广义地说，易学还包括了古今中外研究易学的派别、成果及文献在内。至于古人，他们为什么要去观测天文、气象呢？当中国古代进入渔猎时代和农耕社会以后，人们经常受到自然灾害的侵袭，不断造成人畜和庄稼的灾害，为了保护人畜和庄稼，迫使古人去观测气象，通过长期了解，发现气象变化与天体活动密切相关，所以古人开始了对天文、气象的观测，从观测纪理的过程中，发现了易学的规律。

什么是易经呢？易经就是易学的经典，古有《连山易》、《归藏易》、《周易》三部易学经典留存于世，现在能够较完整地保存下来的易学经典就只有《周易》了，所以初学者常误认为《周易》就是易经，这是不全面的。因为汉代扬雄《太玄经》保留了《连山易》的内容，北周卫元嵩《元包经》保留了《归藏易》的内容。再谈谈我们现在所见到的一部内容最完整的易经——《周易》。

《周易》分"本经"和"大传"两部分。"本经"指六十四卦内容，包括上经三十卦，下经三十四卦。"大传"指春秋时为"本经"所作的传。传，不是经文的注释，而是反映作者学习经典后的真知灼见，包括对经旨的分析、认识和发挥等，以资启发后学之人的思路。关于"经"和"传"的区别，"经"指纵线，引伸为学术上最高准则的书；"传"指横线，指专门发挥经义一类的书。

整个《周易》。包括“经”与“传”共24070个字。《周易》共12篇，包括上下经两篇，羽翼经文的十翼十篇。唐代学者孔颖达说：十翼是“上彖(tuàn)一，下彖二，上象三，下象四，上系五，下系六，文言七，说卦八，序卦九，杂卦十。”下面分别介绍一下卦辞、爻辞、文言、彖辞、象辞、系辞、说卦、序卦、杂卦的内容。

卦辞：卦辞主要从时位上来确定一卦的性质。如乾卦的性质是元亨利贞，坤卦的性质是元亨，利牝马之贞。

爻辞：爻辞在于表明一卦中不同时位的六爻变化情况。

文言：文言有以为是文王之言；有以为是依文而言其理；有言文言有“子曰”二字，乃孔门弟子记述孔子论易之辞，例同论语；有说文言只乾坤两卦才有，以为乾坤乃纯体之卦，爻不相杂，人们将疑为无文，所以加文言以发明，其余各卦无不阴阳相杂，因此文辞也相杂，故不提文言了。但在实际上，文言仍当解为文王之言为妥。

彖辞：彖辞主要阐明一卦的宗旨。《周易略例》说：“夫彖者何也？统论一卦之体，明其所由之主者也。”即言不管一卦的变化多么复杂，但都有一个统帅全局的思想，都有一个主体，这就是彖辞所述的内容。

象辞：象辞是用一个形象的比喻来说明一个深刻的道理。《周易略例》说：“夫象者，出意者也；言者，明象者也。”又说：“夫言者所以明象，得象而忘言；象者所以存意，得意而忘象。”也就是说，深刻的道理是通过形象的比喻来描绘的，懂得了所喻的道理以后，就不必拘泥于象的描绘，也不必受象所用的语言文字的束缚。如有人说，我们单位有三种人：一种人是牛，终日劳累，还要被鞭子抽；一种人是猪，只吃不做；一种人是狗，吃了还要咬你。只是说单位上有这三种现象，但并不真正存在猪、牛、狗。1943年11月，英、美、俄三巨头在伊朗首都德黑兰会谈，会谈完后，似乎松了一口气，开始开玩笑。斯大林说：“我爱红的颜色，因为太阳的颜色是红的。”意思是说要把共产主义

红旗插遍全球。丘吉尔马上针锋相对地说:“我爱蓝的颜色,因为天的颜色是蓝的。”最后,罗斯福感到很为难,皱了好几次眉头才说出来:“我爱多种颜色,因为彩虹是多种颜色。”这就是说,不管红的、蓝的我都包容了。

系辞:系辞是对“本经”六十四卦总的论述,不仅提纲挈领对《周易》作了总结,而且还对经旨进行了分析和发挥。上下系辞虽然各有十二章,但从上系首章的乾坤刚柔开始,到下系末章的乾坤健顺结束,都阐明了易理是前后相承、一脉贯通的。

说卦:说卦十一章,是阐明卦爻之文何以要如此取象的意思。古人仰观俯察,远取近譬,从具体的事物中把卦象概括出来,它可以说是一种抽象符号。它主要运用了“类族辨物”的方法,把简单的物象归纳起来,别其异同,辨其德性,使人们能因其所喻的物象,以推知其事物的体用、吉凶、咎悔,这也就是“八卦以象告,爻彖以情言”的道理,这也就是“比类取象”的方法。

序卦:序卦主论六十四卦之间的内在联系以及按顺序发展的规律。从上经三十卦看,不仅一环套一环地向前发展,而且始乾坤而终坎离,包括了先天之四正卦。从下经三十四卦看,亦是一环套一环地继续向前发展,而且始咸恒而终既济未济,包括了先天之四隅卦。

杂卦:序卦讲六十四卦相成的一面,杂卦则讲六十四卦相反的一面。《周易》六十四卦之间就有三十二对卦相互对峙,一彼一此,一往一复,阴阳互见,错综其义,或以同相类,或以异相明。如乾刚坤柔,比乐师忧;革去故也,鼎取新也。又不相邻的两卦,亦互文见义,如随无故也,丰多故也;同人亲也,讼不亲也等。

各论

各论介绍《周易》原文语译。《周易》分“大传”和“本经”两部分。本书第一部分语译周易大传，第二部分语译周易本经。大传有系辞传、说卦传、序卦传、杂卦传四传，本经有六十四卦，现均按原编次语译如下，以利学者研讨。

第一部分　周易大传

系辞传

上　篇

第一章　天尊地卑

【提要】本章重点阐述易学规律是自然法则的体现。

【原文】天尊地卑，乾坤定矣；卑高以陈，贵贱位矣；动静有常，刚柔断矣；方以类聚，物以群分，吉凶生矣；在天成象，在地成形，变化见矣。是故刚柔相摩[1]，八卦相荡[2]。鼓之以雷霆[3]，润之以风雨，日月运行，一寒一暑。乾道成男，坤道成女。乾知大始，坤作成物。乾以易知，坤以简能。易则易知，简则简从，易知则有亲，易从则有功。有亲则可久，有功则可大。可久则贤人[4]之德，可大则贤人之业。易简而天下之理得矣，天下之理得，而位乎其中矣。

【词解】[1]相摩：相，相互；摩，切磋、摩擦。指相互切摩。[2]相荡：荡，推荡，即相互推荡。[3]雷霆：霆，雷之余声。雷霆形容雷声霹雳。[4]贤人：泛指可为典范的人。

【语译】乾卦如天尊在上的位置，坤卦如地卑在下的位置。由于天地之间，万物从卑下到高尚，杂然并陈，形成了卑者为贱，尊者为贵。从它的内含力量来看，动则刚健，静则柔和，故可根据它动静的常态，以判断其刚柔的性质。善与善相聚，则阴阳调和而生吉；恶与恶为群，则阴阳乖戾而召凶。在天上可以发现有可见而不可及的物象，如日月星辰等，在地下可以发现可见又可及的物体，如山川人物等，人们便可通过这些物象和物体，以了解宇宙间的各种变化。古人把宇宙万类分为八种物象，八种物象又不外阴阳两种性质，若八种物象两两配对，相互切摩，以使万物生育无穷，从而产生八卦，八卦就是刚爻与柔爻相互推荡而形成的。这八种物象的变化，则不外雷霆的鼓动，风雨的润泽，日月的推移，寒暑的往来所形成的。学易的人效法自然，作为自己的言行规范，得乾卦阳气之健者则为男，得坤卦阴气之顺者则为女。只能感知的气机活动皆由乾开始，有形的物质基础则由坤来完成。乾得造化之良知，很容易施行创始万物的使命；坤得造化之良能，很容易做到作成万物的事情。保持良知以处事接物，则便于了解一切，有如乾之易；保持良能以行事，则知职责所在而便于遵从，有如坤之简。便于了解，则和自己同心的人都会来依附，这样才能深得人心保持长久，这才是道德好、威望高的典范；便于遵从，则和自己协力共事者众，这样才能收到功效，力量才能不断壮大，才能成就富有、安详的事业。如果能掌握易简之道则可得天下之理，领悟了天下一切事物之理，就可在天地间建立人的地位，以天地的自然法则为规范，与天地并立为三了。

【按语】天尊地卑一章，重点阐明易学的规律，是宇宙自然法则的具体体现。人是宇宙的缩影，人世间的万事万物，包括人的生老病死等问题，都可以按这些规律和法则去解决，所以有人说易学是一部宇宙代数学，各门学科都可以代入它的公式里去分析研讨。

天尊地卑一章，还强调了以下一些观点：第一，强调了天高在上，地卑在下，是以人在中央来定位的，人才是宇宙的主宰者。第二，指出高卑是讲本体，天永远在人之上，地永远在人之下；卑高是讲运用，结合人事以论，社会上的地位，上贵下贱，易卦六爻之位，也是上贵下贱。如上为退位之帝王将相，五为君，三、四为近君之臣，二为封疆大吏，初为民等。事物都是从卑到高杂然并呈，卑者地位为贱，尊者地位为贵的。第三，从“乾知大始，坤作成物”开始，则阐述了乾坤两卦的特性、功能和发挥的效用，所以古人总结说：“易基乾坤”，如果掌握了乾坤，就自然掌握了整个阴阳学说的应用。

第二章　圣人设卦观象

【提要】圣人设卦观象，是为了通晓易理以掌握宇宙变化情况，预卜吉凶，以趋吉避凶。

【原文】圣人设卦观象，系辞焉而明吉凶。刚柔相推而生变化。是故吉凶者，失得之象也；悔吝[1]者，忧虞[2]之象也；变化者，进退之象也；刚柔者，昼夜之象也；六爻之动，三极[3]之道也。是故君子所居而安者，易之序也；所乐而玩者，爻之辞也。是故君子居则观其象而玩其辞，动则观其变而玩其占[4]。是以自天佑之[5]，吉无不利。

【词解】[1]悔吝(lìn 蔺)：悔，内心惭愧；吝，溺于安乐，即沉溺于安乐。[2]忧虞：忧，忧虑；虞，通娱，欢娱之意。[3]三极：在此指天地人三才。郑玄注：“三极者，三才也。”[4]占：占有预测之意，但不是卜卦预测，而是根据卦象与事实近似而推断。清代陈梦雷在《周易浅述》中说：“有象即有占，本义分龙马日月之辞为象，吉凶悔吝之辞为占，然占即在象中。

盖龙马日月之辞，象也，即占也；吉凶悔吝之辞，占也，亦卦爻中有此象也。”[5]自天佑之：自，按照；天，在此指自然规律；佑之，按照自然规律所获得的反应。

【语译】古代圣人用《易经》之卦来象征万事万物，为了使人容易通晓卦象才系之以辞，加上文字的解释以便了解卦象的吉和凶。但卦爻只有刚柔两类，由刚柔两类卦爻的推衍，便产生了各种卦象的变化。卦爻的吉与凶，就是成功和失败的象征。悔是内心感到惭愧而忧，能知忧患的卦象是表示自凶趋吉之象；吝是溺于安乐，这表示自吉趋凶之象。柔爻变刚爻乃进之象，进则化生而盈；刚爻变柔爻乃退之象，退则变缩而消，所以进退是变化不定之象。刚属阳，白昼之象，柔属阴，黑夜之象。六爻的刚柔转换，仍统于天、地、人三才的阴阳变化规律。所以一个学易的人，要从《易经》的卦序排列中，求得长久安身之理；从每卦六爻的变化中，反复玩味所系之辞以掌握祸福相依之象。因此学易的人，平时则观其卦象、玩味卦辞而不麻痹大意，若有巨大变动时则不为所惊，而胸有成竹的应对，就可以预测情况，趋吉避凶，所以不动则已，动必符合天理，一切按客观规律办事，则无往而不吉利。

【按语】圣人设卦观象一章，指出使人们通晓易卦，是为了具体掌握宇宙变化情况，好预卜吉凶，才好趋吉避凶，则无往不利。但不是求神来预卜吉凶，而是靠易学这门学理来分析判断，这就有迷信和科学的不同。

当然，造成人们对易学、易经惶惑不解的，还有文字的古奥、学术的混乱等问题。古代无书写工具，只在竹简、木简上刻字，所以只好把文字缩减又缩减，年代一久，就让后人对古典难以理解了。再加上秦始皇烧书给中华文化带来了巨大混乱，唐代诗人章碣有《焚书坑》一诗指出了这一点：“竹帛烟消帝业虚，关河空锁祖龙殂；坑灰未冷山东乱，刘项原来不读书。”如果一个国家民族的文化被毁灭了，会给这个国家民族带来不可弥补的损失。下面我们将通过词解、语译给学者阐明这些问题。

第三章　彖者言乎象者也

【提要】本章主要阐述彖、卦、爻等辞所表示的内容以及吉凶、悔吝、无咎等之所主。

【原文】彖者言乎象者也，爻者言乎变者也。吉凶者，言乎其失得也；悔吝者，言乎其小疵[1]也；无咎[2]者，善补过也。是故列贵贱者存乎位，齐大小者存乎卦，辨吉凶者存乎辞，忧悔吝者存乎介[3]，震无咎者存乎悔。是故卦有小大，辞有险易。辞也者，各指其所之。

【词解】[1]小疵：疵，病也。小病喻小过失。[2]无咎：咎(jiù 就)，过错。无咎即不会有过错，或不会犯错误。[3]存乎介：介，纤介，即细微之意。存乎介，就是对细微的事(包括过失)也引起注意，有“见微知著”的意思在内。

【语译】彖辞主要说明一卦的宗旨，这就是卦象的意义，爻辞主要说明一卦在不同时位的变化。卦爻中的吉凶等辞，是告诉人们或有所得、或有所失的情况。小有过失欲改为悔，小有过失不改为吝。若有过失而能即时改正，这就可以补过免灾。六爻分列，其贵贱是本上下不同位置而定的；卦虽有阴阳大小之别，但在判定得失时是根据卦的具体情况而定的。若卦爻之辞暧昧晦涩者多凶，明畅平易者多吉。要经常忧虑悔吝等小过错的发生而纠正之，才不致铸成大错。内心震动戒惧，随时改悔以保持不犯错误。卦所象征的事物虽有大小，辞所包括的含义虽有险易，但都是指导人们辨明方向以趋吉避凶。

【**按语**】“象者言乎象者也”一章，主要述彖辞、卦辞、爻辞所表示的内容以及吉凶、悔吝、无咎等判词所判断的意义。

在本章里，想再把一些易经上容易误解为带有封建迷信的名词，作重点地提示和说明，以供在读易学易经时的参考：

占——是判断的意思，这个判断是通过卦象所示的规律来判断，而不是搞封建迷信的人，把概念转移为求神来判断，这一点必须明确分辨清楚。

卜——是观测、预测的意思，但也是根据天象来观测，根据卦象、卦理来预测。如古人发现当时社会情况极度混乱，有蛊卦之象，要制止混乱，就必须拨乱反正，来一番整顿，才能得到治理。不是通过龟壳、蓍草求神来占卜。

龟、蓍（shī 诗，同筮）——古人尚无书写工具时，为了制图，所以烧灼龟壳，以制成八卦图象。又蓍草一节长，两节短，可将长的一节作阳爻，短的两节作阴爻。封建迷信的巫师，则说成可借龟、蓍以通神灵上帝。

第四章　易与天地准

【**提要**】本章指出易学包含天地万物的规律，学者当本此以处事接物，则无往不利。

【**原文**】易与天地准，故能弥纶[1]天地之道。仰以观于天文，俯以察于地理，是故知幽明之故，原始反终，故知死生之说；精气[2]为物，游魂[3]为变，是故知鬼神之情状。与天地相似，故不违；知周乎万物而道济天下，故不过；旁行而不流，乐天知命，故不忧；安土敦乎仁，故能爱。范围天地之化而不过，曲成万物而不遗，通乎昼夜之道而知，故神无方而易无体。

【词解】[1]弥纶：弥，指万殊一本；纶，从一本推至万殊。[2]精气：指阴精阳气，精气聚合则成为有生命的东西。[3]游魂：气升为魂，精降为魄，游魂指阴精阳气溃散。

【语译】易学的规律是以天地的道理为准则的，既能把天地间一切道理条理化，使万殊归于一本，也可把它的规律推广运用于万事万物，从一本推至万殊。从空间上看，仰观天文所见的日月星辰的运行，俯察地理所接触的山川草木，其规律不外一幽一明，亦阴阳而已。阳极阴生而渐幽，阴极阳生而渐明，一日之天地如此，终古之天地亦复如此。从时间上看，上推源到万物的开始，下追查到万物的终了，其规律不外从生到死的周期而已。阴精阳气聚合则生命从此开始，阴精阳气溃散则生命由此终结。由此可见，神指始点，鬼指终点，鬼神不过是一个时间周期始终点的代名词。易所讲的阴阳变化，是不会违背天地阴阳变化规律的。易学的方法能利济天下，用以解决各种实际问题而不会发生偏差。易理可以适用于各种变化情况，但又无任何弊病。乐于天理之正，深知命运有定，不为利害动心，所以遇事处之坦然。安于自己处境，保持诚挚宽厚的本性，故能博爱众生。易学之道概括了天地万物的变化规律，但不偏离中道；间接成全万物生长发展，就算细小的地方都没有遗漏；易从昼夜交替的现象，全面通晓了阴阳变化之理；北斗不断变换方向来辨方定时，以成为天象变化的主宰者，易学也掌握分阴分阳这个标准，不拘一格地去处事接物。

【按语】“易与天地准”一章，说明易学包括了天地万物运动变化的道理，所以学习易学的人，都可以按易理去处事接物，利济天下。

中国古典中的字，要从形、声、义三方面去理解。如本章中的“神”字，就要从它的本义和引伸义去理解，才能全面掌握它的意义。“神”字的本义是指的“北斗”。“神”从示申，是一个

会意字。"示",篆文有"⼆",即上字;下"川"三垂,指日、月、星,言天上的日、月、星,"申"指十二地支的申方,当斗杓在申方,斗柄即指寅方,此夏小正"斗柄回寅,天下皆春",为一年的开始。以此会意北斗为天体运行、气象变化的主宰者。后来宗教家引伸"天神"为宇宙的主宰者,中医学上以"神"为人体的主宰者。《史记·天官书》说:"斗为帝车……分阴阳,建四时,均五行,移节度,定诸纪,皆系于斗。"由此可见"神"的本义是指"北斗"了。

第五章　一阴一阳之谓道

【提要】本章阐述了一阴一阳的变化法则,是天地万物的普遍规律。

【原文】一阴一阳之谓道。继之者善也,成之者性也。仁者见之谓之仁,知者见之谓之知,百姓日用而不知,故君子之道鲜[1]矣。显诸仁,藏诸用,鼓[2]万物而不与圣人同忧,盛德大业至矣哉。富有之谓大业,日新之谓盛德,生生[3]之谓易,成象之谓乾,效法之谓坤,极数[4]知来谓之占,通变之谓事,阴阳不测之谓神。

【词解】[1]鲜:少也。[2]鼓:鼓动。[3]生生:有生而又生、生于无穷之意。[4]极数:指卦爻六九之数。

【语译】任何一个统一体都存在着阴阳两个方面,这就是宇宙的法则。继承这一方法去处事接物就是善良的开端,当人成形之后,这种天道便赋予在人性中了。仁爱的人见到易学所讲的天道,就说天道是博爱大众,精明的人见到易学所讲的天道,就说天道是明辨是非,一般的人在生活中天天运用易学中的天道，却一无所知。由此可见，能够体会作易的君子所讲述的易学之道的人，实在是太少了。春生夏长有似天道普施仁爱于万物之象，秋收冬藏有似天道把功能隐藏于效用中之象。天道鼓动万物，其造化功德完全出于无心，不同于圣人要忧虑吉凶与民同患。圣人有心独任其忧，这可以说是最高的德行、最大的事业，已达到无以复加的地步，其事业已达到长久不殆的程度。阴生阳，阳生阴，生生不息，这就是“易”的功能；表明天的功能，只有气化活动而成象的称为“乾”；效法天的功能，完成有形可见的实体名曰“坤”；通过卦爻九六之数以预卜吉凶，这就叫做“占”；通晓阴阳变化之理，把它利用到行动中去，有助于事业的成功这叫做“事”；阴阳之义象日月，日月的周期长短不一，变化莫测，就只有靠北斗斗柄——“神”来辨识它，分判它的时间和方位了。

【按语】“一阴一阳之谓道”一章，明确提示天地万物之理不外阴阳而已，大而宇宙，小而一草一木，莫不存在一阴一阳，由此可见，阴阳就是道，就是规律和方法。

八卦图的基本符号，就是一阴一阳，以阳爻“—”代表太阳，以阴爻“- -”代表月亮。盖天派的古天文家，他们通过长期观测，发现宇宙运动变化的原动力来自太阳，就用土圭测影 去观测太阳，但晚上看不见太阳，就去观测太阳反光过去的月亮。古人将宇宙分为天、地、人三部，太阳属天部，月亮属地部，北斗是日月的主宰者属人部。盖天派是人站在地面上去观测天体，认为“天如覆釜，地若平盘”，白天太阳转到地面以上就测太阳，晚上月亮转到地面以上就测月亮，易学就是从日、月上下互易中发现易学规律的，八卦也是记录天、地、人三部和一年二十四节气而画出来的，所以说易学图象古怪虽然古怪，但真实确实真实！

第六章　夫易广矣大矣

【提要】本章指出天地万物不外阴阳而已，易卦故以乾坤概其阴阳之广度和深度。

【原文】夫易，广矣大矣。以言乎远则不可御[1]，以言乎迩[2]则静而正，以言乎天地之间则备矣。夫乾，其静也专，其动也直，是以大生焉。夫坤，其静也翕[3]，其动也阚[4]，是以广生焉。广大配天地，变通配四时，阴阳之义配日月，易简之善配至德。

【词解】[1]不可御：《释言》："御，禁也，禁有止义。"[2]迩：《说文》中说："迩，近也。"[3]翕：《释诂》中说："翕，合也"，即收容内敛之象。[4]阚，有开辟、开放、承受等义，所以表现为动则开放、并能承受一切之象。

【语译】易学之理，所含者广，所包者大。以远而言，天高虽没有止境，但仍存在着阴阳的规律；从近而言，地广虽静而不动，但仍存在着刚柔变化；从天地间而言，则万事万物变化无不具备阴阳刚柔的特征。乾有天的作用，它自身的特性是专一，在变动时则刚直不阿，所以无所不包。坤有地的作用，它自身的特性是包容内敛，在变动时则能承受一切，所以无所不容。易卦乾坤之广大，亦如天地之广大；易理阴阳之变通，亦如四时交替之变通；易道阴阳之特性，亦如日月之特性；易学所言易简之理的完美性，亦如圣人至高无上的德行的完美性一样啊！

【按语】"夫易广矣大矣"一章，指出天地万物不外阴阳，在易卦阴阳就基于乾坤，所以易卦以乾坤来概括其阴阳的广度和深度。

易以道阴阳,易卦的阴阳就基于乾坤,如果掌握了乾坤的阴阳变化的性质,也就掌握了整个易卦阴阳变化的性质。乾坤既是易卦的缩影,也是天地的缩影,乾有天的作用,天之大虽无止境,但都存在着阴阳变化的规律;坤有地的作用,所以地也就存在刚柔变化的规律。天是动而不息,动则开放,并能承受一切;地是静而能合,静则不动,并能包容内敛一切。

第七章　易其至矣乎

【提要】说明易理是道德的根源,要崇尚道德,才能光大自己的事业。

【原文】子曰:易其至矣乎。夫易,圣人所以崇德而广业也,知崇礼卑[1],崇效天,卑法地。天地设位,而易行乎其中矣,成性存存[2],道义之门。

【词解】[1]知崇礼卑:知,指智慧、知识等;礼,指礼仪,即谦虚下人的礼仪。知崇,是言智慧要效法天的崇高才好;礼卑,是言礼仪要效法地的卑下才好。[2]成性存存:成性,指天赋予人性中的良知良能;存存,即言要永远保持人性中存在的良知良能。

【语译】易经的道理已经达到至高无上的境界,古代圣人就是运用易经之理,来提高自己的德行,扩大自己的事业的。要提高德行,必须增进智慧。所以智慧贵乎高明,就是效法高高在上的天而来;要扩大事业,必须从谦卑的礼仪着手,谦则受益,就是效法低而在下的大地而来。“知”法天阳之性质,“礼”法地阴之性质,抓住这两大纲领,有如把天在上、地在下的位置固定起来,人处其间自然就可以把易学的道理推广运用了。永远保存人性中存在的良知良能,道义自然由此而出,道义由此

而出，则德不期崇而自崇，业不期广而自广了。

【**按语**】“易其至矣乎”一章，重点突出易是理的根源，是德的最高境界，乃指导人们工作和事业的灵魂。

本章特别举出了“知崇礼卑”为例证，所以阐述说：智慧贵乎高明，就是效法高高在上的天而来；礼仪贵在谦让，就是效法地的卑下而来。也就是说：“知”是法天阳之性质，“礼”是法地阴之性质。对此，应勤加思考。

第八章　圣人有以见天下之赜

【**提示**】本章卦辞、卦象从人的语言、行为、地位提供了信息，使预为警觉以趋吉避凶。

【**原文**】圣人有以见天下之颐[1]，而拟诸其形容，象其物宜，是故谓之象。圣人有以见天下之动，而观其会通，以行其典礼[2]，系辞焉以断其吉凶，是故谓之爻。言天下之至赜而不可恶也，言天下之至动而不可乱也。拟之[3]而后言，议之[4]而后动，拟议以成其变化。鸣鹤在荫[5]，其子和之；我有好爵[6]，吾与尔靡[7]之。子曰：君子居其室出其言善，则千里之外应之，况其迩者乎。居其室出其言不善，则千里之外违之，况其迩者乎，言出乎身加乎民，行发乎迩见乎远。言行，君子之枢机[8]，枢机之发，荣辱之主也；言行，君子之所以动天地也，可不慎乎。同人先号咷[9]而后笑。子曰：君子之道，或出或处，或默或语，二人同心，其利断金[10]，同心之言，其臭[11]如兰。初六，藉用白茅，无咎。子曰：苟错诸地[12]而可矣。藉之[13]用茅，何咎之有？慎之至也。

夫茅之为物薄，而用可重也，慎斯术也以往，其无所失矣。劳谦君子有终吉，子曰：劳而不伐，有功而不德，厚之至也。语以其功下人者也。德言盛，礼言恭，谦也者，致恭以存其位者也。亢龙有悔。子曰：贵而无位，高而无民，贤人在下位而无辅，是以动而有悔也。不出户庭，无咎。子曰：乱之所生也，则言语以为阶。君不密则失臣，臣不密则失身，几事[14]不密则害成，是以君子慎密而不出也。子曰：作易者，其知盗乎？易曰：负且乘[15]，致寇至。负也者，小人之事也；乘也者，君子之器也。小人而乘君子之器，盗思夺之矣。上慢下暴，盗思伐之矣。慢藏诲盗，冶容诲淫[16]。易曰：负且乘，致寇至。盗之招也。

【词解】[1]颐(yí 夷)：人事之杂莫多于口中饮食，颐指饮食在口，形容至多或繁杂之象。[2]而观其会通，以行其典礼：会，指事势凑合，凑合则有善有恶；通，指融合贯通，若合于理则会而通，不合于理会亦不通。典，指常规常法；礼，指制度；典礼，即指规范性、经常性的节制或制度。[3]拟之：模拟之意。[4]议之：分析讨论。[5]荫：指树阴之处。[6]爵：酒器，在此引伸为酒。[7]靡：醉也，指醉酒。[8]枢机：枢，户枢；机，弩机。[9]号咷：哭声。[10]断金：有斩金截铁之意。[11]臭：臭通气，指气味。[12]苟错诸地：苟，或也；错，置也。言假若把白色茅草放在祭器下面的地方，意义就特殊了。[13]藉之：藉，凭借、垫上。即言垫上白色茅草。[14]几事：几通机，几事即言机密之事。[15]负且乘：负，指劳役负重；乘，王公大臣华丽之车曰乘。[16]慢藏诲盗，冶容诲淫：慢藏，指保藏东西漫不经心；诲，教诲；冶容，指过分打扮自己。即言漫不经心的保存东西，这是教人家来盗窃；轻浮的动作，妖艳的打扮，这是教人家来玷辱。

【语译】研究易学的圣人看到天下事物之繁杂，于是模拟其形容，恰如其分地象征其物体，这就是卦爻中用来作比喻的

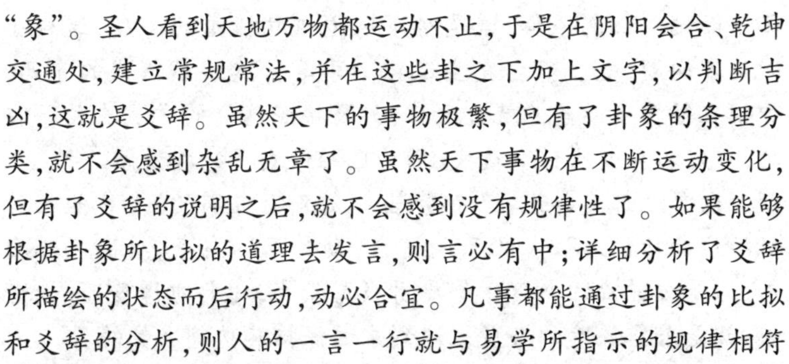

“象”。圣人看到天地万物都运动不止，于是在阴阳会合、乾坤交通处，建立常规常法，并在这些卦之下加上文字，以判断吉凶，这就是爻辞。虽然天下的事物极繁，但有了卦象的条理分类，就不会感到杂乱无章了。虽然天下事物在不断运动变化，但有了爻辞的说明之后，就不会感到没有规律性了。如果能够根据卦象所比拟的道理去发言，则言必有中；详细分析了爻辞所描绘的状态而后行动，动必合宜。凡事都能通过卦象的比拟和爻辞的分析，则人的一言一行就与易学所指示的规律相符合了。

一个有地位的人的言行，对社会是会有巨大的影响和作用的。中孚卦九二爻辞说：一个老白鹤在树荫里叫唤，它的小鹤皆闻声而至，因为老白鹤说，我有好酒，我们共同来一醉方休吧！孔子结合人事阐述说：一个有相当地位的人，在你宫室里发号施令，如果能给大家带来好处，则远近皆会响应；如果会给大家带来损害，则远近皆会反对。号令虽从上面的人口中发出，但却施加在民众身上；行为虽在近处发生，但可对远处发生巨大的影响。人的言行，就像门轴和弩机，户枢一开有或出或不出，弩机一发有或中或不中。至于所取得的是荣誉或耻辱，就要看言行的内容了，和则致祥，异则致乖。由此可见，君子的一言一行，小则关系到一身的荣辱，大则可出现惊天动地的变化，这能够不慎重吗？

同人卦九五爻辞说：与人相处，开始互不了解，彼此猜疑，不能真诚合作，但只要能与人为善，经过一段时间的了解，一旦消除隔阂，就会亲密无间的。孔子阐述说：君子这种“始异终同”的转机，就在于彼此出处默语，都能真诚相待，自能感动对方，而取得同心协力以斩金截铁之利，气味相投就会有像兰花一样的香味。

大过卦初六爻辞说：祭器下面铺满白色茅草，这就能避免任何过失。孔子阐述说：祭器本来可以放在地上，现在还在祭器下面铺以白色茅草，这是对事情抱极端慎重的态度，这样小心处理问题，就决不会发生过错。茅草虽然是不值钱的东西，但铺在祭器下面意义就重大了，如果按照这样的方法去处事接物，一定不会发生什么过失，因为已经做到了极端谨慎。

谦卦九三爻辞说：只有劳苦功高又不自满的人，才能始终保持他的功德名位。孔子阐述说：勤劳而不自夸，功高而不自居，这是极谦恭的态度。德要讲兴盛崇高，礼要讲谦逊下人，劳谦，就是采取谦恭的态度来达到永远保持其功德名位的。

乾卦上六爻辞说：龙过于高亢了会倒霉的。孔子阐述说：把“亢龙有悔”比喻到人事上来，例如一个领导人，哪怕你再高贵，但你高高在上，大家都反感你；你虽然自尊自大，大家都不拥护你；忠诚能干的人你都远离他们，而身边无人辅佐。所以你一行事就会遭到很大的阻力，这就是“物极必反”的缘故。

节卦初九爻辞说：不要走出你的家门，就不会有过错。孔子阐述说：祸患的发生，言语常常起到媒介作用。上级言语不慎，随便发号施令，就会失去人心；下级妄议上面的是非，更会遭到生命危险；机密的大事泄漏了，就会造成整个事业的失败。所以立身处事的君子，要特别注重自己的言论。

解卦六三爻辞说：有人问孔子，研究易学的人，能知道强盗什么时候来袭击他吗？孔子回答说知道！例如一个负荷劳役的人，而乘坐一辆极其华丽的车子，必遭来盗寇的争夺。因为负荷劳役是穷苦的人的事，华丽的车子是尊贵人的东西，由于你的行为与你身份不符，所以会遭来盗寇的争夺。对上轻漫，对下残暴，定会遭来强盗的侵犯。有珍贵之物而漫不经心，保存于不妥善的地方，这是教人家来盗窃；装饰妖艳，举止轻浮，这是教人家来玷辱。所以易经上说：负荷劳役的人却乘坐着一辆极其华丽的车子，导致盗寇来争夺，这是当事者自己招来的祸患。

【按语】“圣人有以见天下之赜”一章，强调了要本卦中文辞的道理而动，才可趋吉避凶，因为卦中之辞给人从语言、行为和所处的地位方面提供了趋吉避凶的信息，就可预知其结果，而从早决定当行或当止了。

本章是将易理与信息学说结合起来。“信息”在易经中称为“消息”，《周易·丰卦》有“天地盈虚，与时消息”之词。也就是说，人——自然——社会是一个互相感应的系统，易学通过人的地位、人的语言、人的行为就可了解到信息。如本章所举中孚九二爻辞，就是从语言来了解信息；乾卦上九爻辞，就是通过人处的地位来了解信息；同人九五、解卦六三、大过初六、谦卦九三、节卦初九，都是通过人的行为来了解信息。因为“合抱之木，起于微末；祸福之彰，始于微兆”，具体指出了微末的微兆虽见于此，但祸福的显著结果将现于彼，若能见微知著，就可以趋吉避凶了。

第九章　天一地二

【提要】本章重点讲天地数、生成数、大衍数和万物数。

【原文】天一地二，天三地四，天五地六，天七地八，天九地十。天数五，地数五，五位相得[1]而各有合。天数二十有五，地数三十，凡天地之数五十有五。此所以成变化而行鬼神也。大衍[2]之数五十，其用四十有九，分而为二以象两[3]，卦一以象三[4]，揲之[5]以四以象四时，归奇于扐[6]以象闰，五岁再闰，故再扐而后卦。乾之策[7]二百一十有六，坤之策百四十有四，凡三百有六十，当期之日，二篇之策，万有一千五百二十，当万物之数也。是故四营[8]而成易，十有八变而成卦[9]，八卦而小成。引而伸之,触类而长之,天下之能事毕矣。显道神德行,是故可与酬酢[10],可与佑神[11]矣。子曰:知变化之道者,其知神之所为乎。

【词解】[1]得:“得”在此有“加”之义。[2]大衍:大,指大禹;衍,指洪水泛滥。言大禹治水所用之数。[3]象两:指以象两仪。[4]象三:指以象三才。[5]揲之:揲(shē 设),屈也,这里指屈指头。[6]归奇于扐:奇,余数;扐(lè 勒),小指。即言将四时余数以小指纪之。[7]策:指筹策,古代计数所用,每一策代表一个数。[8]四营:指四时。[9]十有八变而成卦:即古天文求 18 度朦限影,以推算节令之法。[10]酬酢:指宾主对应,在此指易卦与任何需求对应。[11]佑神:神指北斗,佑神就是指易卦像北斗星一样,帮助人们辨方定时,了解吉凶情况。

【语译】天一、地二、天三、地四、天五、地六、天七、地八、天九、地十,在这河图十数中,有五个天数,五个地数,分别加起来的合数是:天数二十五,地数三十,天地的合数总计五十有五,这从数理上揭示了天地变化、四时终始的规律。大禹治水所用之数为五十,虚天一不用只用四十九数,是为了消除误差。分而为二以象奇偶、正负,每卦三画是象征天地人三才,屈四个指头以象四时,四时余数以小指纪之以计算闰月,一般五年有两个闰月,所以又用另一手的小指纪之。乾卦体系卦爻之数是 216 策,坤卦体系卦爻之数是 144 策,乾坤两系卦爻之数合计 360 策,相当于一年的日数,余数则用置闰的办法解决,还有通过十有八变的方法求 18 度朦限影,以推算节令之法。但要完全消除误差而回到原来的周期,就必须推至 11520 策之数,这称为万物数。万物数是怎样推算的呢?是以当期日数 360 乘 4,4 指四时,再以此数乘 8,8 指八卦,如此便得出 11520 的数字来了。如果将八卦引伸,则为六十四卦,三百八十四爻;如果把卦爻之辞触类旁通,则天下事物的变化规律,就都包括在里面了。隐微的道理,都可以通过卦爻之辞显其吉凶以告人;显著

的德行，都可以通过易卦的数理来指导方向。所以易卦象数之学可以对应各种需求，可以像北斗一样确切地辨方定时。孔子最后说：掌握了易经卦爻象数规律的人，他的聪明才智就会像天上北斗星一样，彻底了解吉凶祸福发生的所以然了。

【按语】“天一地二”章着重讲易数，这里涉及了易经的天地数、万物数、大衍数。大衍数是言大禹运用此数理治理黄河洪水泛滥，大衍数即今之勾股定理，以此丈量计算。

易数除上述之外，还有很多，好些已达数理、数性阶段。古代除八卦算、河洛算、太极算之外，还有干支、音律、方圆、方程、九宫、太乙、六壬、皇极、开方、奇门遁甲等等。《周礼义疏》还举出了各种算法的用途：“一曰方圆，以御田畴界域；二曰差方，以御交易变易；三曰差分，以御贵贱廪税；四曰少广，以御积幂；五曰商功，以御积实；六曰均输，以御远近劳责；七曰方积，以御错揉正负；八曰赢不足，以御隐杂互见；九曰勾股，以御高深广远。”《后汉书·律历志》还谈了算术的兴起：“然则，天地之初，人物既著，则算术之事生矣，纪称大挠作甲子，隶首作数。”

第十章　易有圣人之道四焉

【提要】本章分别讲述辞、变、象、占四者之理论根据，都与神道无关。

【原文】易有圣人之道四焉，以言者尚其辞，以动者尚其变，以制器[1]者尚有象，以卜筮者尚其占。是以君子将有为也，将有行也，问焉而以言，其受命也如响[2]，无有远近幽深，遂知来物，非天下之至精，其孰能与于此。参伍以变[3]，错综其数[4]。通其变，遂成天地之文，极其数，遂定天下之象，非天下之至变，其孰能与于此。易无思也，无为也，寂然不动，感而遂通天下之故，非天下之至神，其孰能与于此？夫易，圣人所以极深而研几也。唯深也，故能通天下之志；唯几也，故能成天下之务；唯神也，故不疾而速，不行而至。子曰：易有圣人之道四焉者，此之谓也。

【词解】[1]制器：指制造、设计、排兵布阵、书画、文章。[2]如响：即桴之应响。桴是鼓槌，鼓槌打在鼓上，必然出现响声。[3]参伍以变：指天地各五数，奇偶互相参杂，以形成的复杂变化。[4]错综其数：一左一右谓之错，一上一下谓之综，即六爻之数发生上下左右的变化。

【语译】圣人把易经的方法总括为辞、变、象、占四方面。用来说理论事时，就可取卦爻所系之辞为主；用来指导行动时，就可取爻画的刚柔变化为主；用来设计制造、排兵布阵、行文书画，就可取易经图象为主；用来预卜未来，决胜千里，则取卦象所喻之理、卦辞所断吉凶为主。研究易学的人，如果有大的行动时，可先对易理分析后再进行，其效果有如桴鼓之应的得到满意答案。无论古老的、现时的、隐微的、深沉的，都能推断出来，这不是天下最精之理，怎么能有如此高的水平呢？阴阳爻画相互参杂以表示发生的各种情况，卦的位置上下左右错综合以究极奇偶的数理。掌握阴阳爻的变化，就可以对天地变化所示的文辞作出全面的理解；究极数理，就可以对天地变化之象加以证实。如果易学这些内容都不是天下变化无穷的道理，那还有什么能具有这种"唯变所适"的能力呢？易经卦爻及其所系之辞，没有一毫主观成见，一毫矫揉造作，一切取法自然，一切按客观规律办事。易经本身并没有什么神秘，但只要人们掌握了它的卦爻变化及其所系之辞，便可以通达天地间万事万物之理，如果它没有掌握概括一切、主宰一切的方法，怎么能有这种至高至大的妙用呢？易学是古人穷极事物深奥之理，研究事

物微妙变化的一门学问，由于易能究极事理的深奥，所以能启发天下人的思想和认识水平。由于易能从事物微妙变化的征兆中测知其吉凶悔吝的不同结果，所以能使天下一切事业都取得成功。由于易经掌握了事物变化的基本规律，所以看不到它的快速就能迅速把事情完成，看不到它的行动就能迅速把事情办好。孔子说：易有圣人之道四焉，指此。

【按语】"易有圣人之道四焉"一章，分别讲述了辞、变、象、占四者内含。辞是用来论述道理的；变言卦爻刚柔变化之道，可用于设计制造，排兵布阵；象指卦的形象比喻，帮助人们预卜未来，决胜千里；占是判断的意思，即言可以根据卦象卦理提供的信息来判断吉凶。

辞，包括卦辞、爻辞，卦辞主要述一卦的性质，爻辞主要介绍一卦中六爻时位变化的情况。此外，还有文言、彖辞、象辞等。

变，即言卦、爻的性质是刚是柔；或刚变柔，柔变则；或刚柔互相较量、力量互为消长等等。

象，指本卦之象像什么，或卦爻中之辞，常用一个形象比喻来启发、暗示读者，使能通晓此理。

占，即根据辞、变、象所示，来判断未来，决胜千里，以趋吉避凶。

第十一章　夫易何为者也

【提要】本章指出易学是一部启发未知者预测其吉凶、帮助未能者成全其事业的著作，其中涉及了八卦、河洛和太极三大基本规律的内容。

【原文】子曰：夫易何为者也。夫易开物成务[1]，冒[2]天下之道，如斯而已者也。是故圣人以通天下之志，以定天下之业，以断天下之疑。是故蓍之德圆而神[3]，卦之德方以知[4]，六爻之义易以贡[5]。圣人以此洗心，退藏于密[6]，吉凶与民同患。神以知来，知以藏往[7]，其孰能与于此哉！古之聪明睿知神武而不杀者乎[8]？是以明于天之道，而察于民之故，是兴神物以前民用。圣人以此斋戒[9]，以神明其德夫！是故阖户谓之坤，辟户谓之乾[10]，一阖一辟谓之变，往来不穷谓之通，见乃谓之象，形乃谓之器，制而用之谓之法，利用出入、民咸用之谓之神。是故易有太极，是生两仪，两仪生四象，四象生八卦，八卦定吉凶，吉凶生大业。是故法象[11]莫大乎天地，变通[12]莫大乎四时，悬象著名[13]莫大乎日月，崇高莫大乎富贵，备物致用、立成器以为天下利，莫大乎圣人。探赜索隐，钩深致远[14]，以定天下之吉凶，成天下之亹亹[15]者，莫大乎蓍龟。是故天生神物，圣人则之；天地变化，圣人效之。天垂象，见吉凶，圣人象之。河出图，洛出书，圣人则之。易有四象，所以示也；系辞焉，所以告[16]也；定之以吉凶，所以断[17]也。

【词解】[1]开物成务：开物，就是人所未知者启发之，如预测吉凶之理。成务，就是帮助成就其所想成就的事业，如怎样去趋吉避凶。[2]冒：这里是概括的意思。[3]蓍之德圆而神：蓍，蓍草；德，在此指蓍草功用；圆而神，圆在此有不固定之义，神在此言运用起来能作为预测的工具。古代没有文字，古人利用蓍草来摆成卦象，摆卦之前，并不固定摆某一卦象，如结合实际情况摆出卦象，就可借以推断这件事的吉凶了，故曰“圆而神”。[4]卦之德方以知：方，言卦有定体；知，言所系之辞有定论。即言卦的功用是根据固定的格式，告知人如何去趋吉避凶的。[5]贡：这里是告知的意思。[6]圣人以此洗心，退藏于密：洗心，指心纯于理，别无所系。

退藏于密,指平时寂然不动,无一毫人欲之私,就便于发现问题,因能随感而应;若祸患已成,则能杀身成仁,舍生取义,与民众同患难。[7]神以知来,知以藏往:蓍草仅仅是一个摆卦工具,但它结合实际事物摆出卦象来,就可本此推理,预卜吉凶,这就是"神以知来"。从八卦到六十四卦,都有固定的形体,固定的系辞,它是前人智慧的结晶,可以告知人如何去趋吉避凶,这就是"知以藏往"。[8]聪明睿智、神武而不杀者乎:即聪明智慧,勇武决断,而又坚持不懈去奋斗的人。不杀,不懈也。[9]斋戒:在此喻消除思想上一切主观成见。[10]阖户谓之坤,辟户谓之乾:户,门户也;阖,闭也;辟,开也。阖户有坤之象,辟户有乾之象。[11]法象:指自然之本象。[12]变通:在此指变化流通,周而复始。[13]悬象著名:指高悬、显著而有光辉的象徵。[14]探赜索隐,钩深致远:赜,繁杂;隐,秘密;钩,反复推考;致,多方了解。即言要探讨事物繁杂之象,求索事物隐秘之理,必反复推考以了解事物根本法则,多方设法以求得伟大成就。[15]亹亹(wěi 尾):《释诂》中说:"亹,勉也。"形容勤勉不倦。[16]告:使人知之。[17]断:即决断,使人无所疑虑。

【语译】孔子自设问答说:《易经》是一本什么样的书呢?《易经》就是能启发人所未知,帮助人所未能之事,能概括天下事物之理,不过如此而已的一部著作。易能启发天下人如何预测未来的吉凶,易能帮助天下人成就他想成就的事业,易能够决断天下人在行动上的一切疑虑。蓍草的作用,仅仅是一种摆卦的工具,它没有固定形式,但结合实际的事物摆出卦象来推理,就可以预测未来。卦有固定的形体和所系之辞,但它是前人经验的总结,智慧的源泉,能使你不知来者视诸往。所以一卦六爻的意义,就在于告知你如何趋吉避凶。古代圣人就是本此易理,而无一毫人欲之私,寂然不动,无思无为,便可随感而应,一旦发生祸患,便与人民患难与共。圣人的精诚可以前知未来,圣人的智慧又全面总结了历史经验,谁有这个水平呢?只有古代聪明智慧、勇武决断而又坚持不懈的圣人才能做到啊!这是明白了天道的阴阳刚柔消长盈虚的规律,详察了民众爱恶情伪相攻相感而产生吉凶的原因后,才兴起易学这门学术来指导百姓日常应用的啊！圣人就是运用易学这种方法来消除人们的主观成见，神而明之地去按照客观规律办事以成其德行啊！闭户不见为坤，开户相见为乾，如卦画有奇偶之象。门户能开能合而不固定，有如卦画有刚有柔变化不定之象。门户往来不断为通，有如卦画九六往来之动。门户有形迹可见之象，有如卦爻有太少阴阳的状态。门户形状有一定规矩方圆，有如卦爻存在刚柔动静之别。门户高下皆有一定尺度可循，有如卦爻错综皆有法度。百姓只知利用门户往来出入，却不知道它还有以上那么多神奇的功用啊！太极就是统一体的代名词，太极都有阴阳两仪，由两仪的阴阳相交而生出四象，由四象在天地人的阴阳变化而生出八卦，通过八卦来确定吉凶祸福，懂得趋吉避凶才能成就大业。可供效法之象的最大者莫过于天地，变化穷通周而复始的运转者莫大于四时，高悬显著光芒四射的东西莫过于日月，崇高的地位莫大于富贵，准备丰富的物资以备民众享用，建立起良好的社会制度使天下人都得到利益，莫过于圣人伟大的智慧了。探讨事物繁杂之象，求索万物隐秘之理，反复推考以了解事物根本法则，多方设法以求得伟大成就，从而为天下人推断吉凶指示目标，促成天下人奋勉努力，莫过于从蓍草龟甲所示的卦象了。天生蓍草灵龟，圣人用来制成卦图；天有昼夜寒暑，地有山川草木的变化，圣人效法建立了唯变所适的阴阳学说；天象有循度和失度的变化，圣人取法用卦爻之象以判断吉凶；从孟河发现河图，从洛水得到洛书，圣人据此而建立了五行学说。易有辞变象占四象，皆取法自然而来；在卦爻下加上系辞，是为了告诉人们怎样去研究易学的方法；卦爻示以吉凶，是帮助人们如何去判断吉凶和趋吉避凶。

【按语】“夫易何为者也”一章，指出《周易》是一部启发对未知之事的人如何预卜吉凶，对未能之事成全其技艺和事业的成功的著作，它包含了八卦、太极、河洛三大规律，一切事物只

要套入这些公式,都可得到启发和解决。现将易学三大规律的功用,再简述如下:

八卦——先天八卦讲阴阳对立,后天八卦讲阴阳依存,中天八卦讲阴阳平衡,就形成了阴阳学说。由八封与八卦的相重,而形成六十四卦,则将天地万物的变化,都概括进去了。

河洛——指河图、洛书,这是五行学说的来源,是阴阳学说的进一步推衍和具体化。

太极——是宇宙的模型,是阴阳五行的公式图。

第十二章 自天佑之吉无不利

【提要】本章提出要顺应天道,明确卦爻之象所喻之理,掌握用六用九以推六十四卦的阴阳变化及“形”是宇宙万有存在的本质等内容。

【原文】易曰:自天佑之,吉无不利。子曰:佑者,助也;天之所助者,顺也;人之所助者,信也。履信思乎顺,又以尚贤也。是以自天佑之,吉无不利也。子曰:书不尽言,言不尽意。然则圣人之意,其不可见乎。子曰:圣人立象以尽意,设卦以尽情伪,系辞焉以尽其言,变而通之以尽利,鼓之舞之以尽神。

乾坤其易之缊[1]邪!乾坤成列,而易立乎其中矣。乾坤毁,则无以见易;易不可见,则乾坤或几乎息[2]矣。是故形而上者谓之道,形而下者谓之器,化而裁之谓之变,推而行之谓之通,举而措之[3]天下之民,谓之事业。是故夫象,圣人有以见天下之赜,而拟诸其形容,象其物宜,是故谓之象。圣人有以见天下之动,而观其会通,以行其典礼,系辞焉以断其吉凶,是故谓之爻。极天下之颐者存乎卦，鼓天下之动[4]者存乎辞。化而裁之谓乎变，推而行之谓乎通，神而明之存乎其人，默而成之，不言而信，存乎德行。

【词解】[1]组：指包含内容。[2]息：停止之意。[3]举而措之：举，指取此变通之理；措之，作为具体措施之意。[4]鼓天下之动：鼓，在此作指导解；动，行动。言指导天下行动之意。

【语译】《周易·大有·上九》爻辞说：得到天的帮助，这个吉祥的兆头，是无往不利。孔子阐述说：佑，是帮助的意思。天所帮助的对象，是顺应天道的人，人所帮助的对象，是诚实而讲信用的人。如果处在高位的人，能实践诚信，处处顺应天道，又能尊重和任用贤能的人，天才会帮助你，使你无往不利。孔子说：以文字写成的书，不能完全表达所要说的话，因为语言文字是无法完全表达人的意思的。那么圣人的心意就了解不到了吗？孔子又说：正因为语言文字不能完全表达人的思想，所以圣人才用一种形象的比喻，来表达他深刻的意思，并设立八卦及六十四卦，将事物真伪交织的复杂变化尽情显露。进一步在卦的下面加上系辞说明，尽量发挥语言文字的作用，尽量使易理变化流通，广泛运用，成就天下的事业，使天下得利，从而如奏乐起舞，随处取用卦理来决心中之疑，以趋吉避凶，这就完全掌握了阴阳不测之“神”的规律了。

由于乾坤的九六交错，排列而形成六十四卦，而易的阴阳变化便确立在其中了。如果乾坤这种九六交错、奇偶排列的形式毁掉了，也就不可能了解易的变化规律了，那么，乾坤所代表的作用也就几乎终止了。凡超乎形之上，无声色臭味的事理、方法等称为道；凡有声色臭味的物质、工具等则称为器；根据实体中所存在的道理加以化裁，以便掌握阴阳转化的规律，以适应变化的需要；进一步推行这些道理去解决实际问题，以便流

通运用;取此变通之理作为具体措施,来使天下人使用,则称为事业。圣人看到天下繁杂的变易现象,模拟形容加以象征,因而称为象。圣人看到天下一切事物都处于不断运动中,乃观察其融会贯通的法则,并使之规范化,这就是"会通"和"典礼"的意思。根据每一爻的系辞来判断吉凶,这就是"爻"。天地万物复杂多样,但莫不存在于易经的卦象中。天地万物的事理千变万化,至为灵活,都可以从爻辞中得到启发。按阴阳转化之理裁度,则存在于人的变通中。裁度已定,推而行之,则在于人的旁通。能灵活掌握,有效发挥,不拘泥于一卦一爻之辞,就在于你的具体运用了。能内心领悟易理而取得成就,身教先于言教,而使人深信不疑,这就在于人的修养水平了。

【**按语**】"自天佑之吉无不利"一章,作了如下几点提示:一要顺应天道,任用贤能,才能得上下之助;二要从卦爻之象去理解文字所不能表达的东西;三要从乾坤九六以推六十四卦的阴阳变化;四要明确宇宙万物都离不开"因形察气",不管形而上的无形之道,或形而下的有形实体。现在还要把上述二、三、四的问题,再深入探讨一下:

1. 要从卦爻之象去理解文字所不能表达的东西。因《易经》和其他书不同,它除了有文字系统外,还有一套符号系统,这就是八卦、河洛和太极,符号系统的东西,有些是不能用文字就能够完全说明的。

2. 从乾坤九六以推六四十卦变化。乾用九、坤用六,是本五行数而来,五行木火土金水五数,以阴数一、三、五相加为九,故乾阳之爻皆用九;以阴数二、四相加为六,故坤阴之爻皆用六。

3. 凡无形态可见的规律、方法、称为形而上之道;凡有形态的工具,称为形而下之器,都可以因形体而察其气化活动,因为规律和方法,都是从具体事物中抽象出来的。

下　篇

第一章　八卦成列

【提要】本章提出卦、爻、系等辞的意义、功用与形成，乾坤两卦给人的启示，人当见机而作，趋吉避凶。并指出要有德位方能将易理推行于天下。

【原文】八卦成列，象在其中矣；因而重之，爻在其中矣；刚柔相推，变在其中矣；系辞焉而命[1]之，动在其中矣。吉凶悔吝者，生乎动者也。刚柔者，立本者也；变通者，趣[2]时者也。吉凶者，贞胜者也；天地之道，贞观者也；日月之道，贞明者也；天下之动，贞夫一者也。夫乾，确然[3]示人易矣；夫坤，隤然[4]示人简矣。爻也者，效此者也；象也者，像此者也。爻象动夫内，吉凶见乎外，功业见乎变，圣人之情见乎辞。天地之大德曰生，圣人之大宝曰位，何以守位曰仁，何以聚人曰财，理财正辞、禁民为非曰义。

【词解】[1]命：在此指系辞的指令。[2]趣：有追随、趋向等意思。[3]确然：刚健之貌。[4]隤（tuí 颓）然：柔顺之貌。

【语译】以三画排成的八卦整然有序，宇宙万象就包含在内了；将八卦互相重叠而形成六十四卦，则每卦六爻，六十四卦三百八十四爻都包含在内了；由于刚爻和柔爻的互相错综，则承乘比应、上下往来的各种变化就都包含在内了；每卦每爻都加

上文字,以表述其变化的道理和结果,则宇宙间的一切活动就包含在内了。卦辞爻辞吉凶悔吝的产生,完全是根据卦的刚爻柔爻在不同时位运动变化的结果,人的活动必以此为指导以趋吉避凶。刚爻柔爻,就是一切卦的本体;变通要随着时势转移,要具体问题具体分析:善必得到吉的结果,恶必得到凶的结果,要趋吉避凶,必须坚持正道;天地则经此阴阳之道示人,使能推天道以明人事;日月常以此光明昼夜普照,人亦当法此要做事光明磊落;天下之动虽变化万千,但能以正而无私,诚而无欲,则处事接物,自然动而得中。乾就是以它刚健的性质,反映它所昭示的道理是很平易的;坤就是以它柔顺的性质,反映它所昭示的道理是很简明的。"爻"就是效天地简易理法而制作的;"象"就是模仿天地万物的形象而设置的。爻画、卦象的活动,主要给人以内心的启示;或吉或凶,就要看趋之避之的情况了。见到吉凶之兆,如果能见机而作,则丰功伟业就可在这种善于变通的情况下出现了。至于圣人仁民爱物的思想感情,也就在以上这些系辞中反映出现了。天地的最大德行,就是它生生之机,有此生机才能生成万物。圣人最可贵的法宝,就是他崇高的政治地位,要保住崇高的政治地位,就要有博爱之心,才能得到民众拥护。要把民众团结起来和睦共处,就要有一定财富,才能丰衣足食。所以要得民心、安社会,必须要理财以养之,正辞(有法令、有礼节、有规章制度)以教之,禁止民众胡作非为,犯者必刑之,做到这三项才算合于事理之宜。

【按语】"八卦成列"一章,可分三段:第一段言卦爻和系辞的形成、意义及功用;第二段言乾坤两卦之辞富含哲理,观之者当见机而作;第三段言易道要行天下,必须要有德有位,才能完成理财、正辞和名法之举。下面还要专门谈一下卦爻这个符号系统。

从八卦到六十四卦的系统,《周易》和《归藏易》都有,《归藏易》的内容见北周卫元嵩先生的《元包经》。但连山易虽见于杨子云《太玄经》,但有八十一卦,研究者只作为八十一数看待。

从八卦到六十四卦,再到三百八十四爻,皆从古天象学计日之数而得。因土圭测影,每日移行一度,360 度而形成圆周,所余二十四爻,代表 24 个节气,所以前人以六十卦应周天 360 度,以乾坤坎离四卦二十四爻为纲,应一年 24 节气。

第二章　包羲氏之王天下

【提要】本章主要介绍"制器尚象"十三卦,这就是中国古代的科技发明创造的历史。

【原文】古者包羲氏之王天下也,仰则观象于天,俯则观法于地,观鸟兽之文,与地之宜,近取诸身,远取诸物。于是始作八卦,以通神明之德,以类万物之情。作结绳而为网罟,以佃以渔[1],盖取诸离[2]。包羲氏没,神农氏作,斲木为耜,揉木为耒[3],耒耜之利,以教天下,盖取诸益[4]。日中为市,致天下之民,取天下之货,交易而退,各得其所,盖取诸噬嗑[5]。神农氏没,黄帝尧舜氏作,通其变,使民不倦,神而化之,使民宜之。易穷则变,变则通,通则久。是以自天佑之,吉无不利。黄帝尧舜垂衣裳而天下治,盖取诸乾坤[6];刳木为舟,剡木为楫[7],舟楫之利,以济不通,致远以利天下,盖取诸涣[8];服牛乘马,引重致远,以利天下,盖取诸随[9];重门击柝,以待暴客,盖取诸豫[10];断木为杵,掘地为臼[11],臼杵之利,万民以济,盖取诸小过[12];弦木为弧,剡木为矢[13],弧矢之利,以威天下,盖取诸睽[14];上古

穴居而野处，后世圣人易之以宫室，上栋下宇[15]，以待风雨，盖取诸大壮[16]；古之葬者，厚衣之以薪[17]，葬之中野[18]，不封不树[19]，丧期无数。后世圣人易之以棺椁[20]，盖取诸大过[21]。上古结绳而治[22]，后世圣人易之以书契[23]。百官以治，万民以察，盖取诸夬[24]。

【词解】[1]结绳而为网罟，以佃以渔：网，捕兽的工具；罟（gǔ 古），捕鱼的工具。网罟皆由绳结成，非后文"结绳记事"之义。[2]盖取诸离：离卦中空似网罟；离有附丽之义，象征渔猎之物在网上。[3]斲木为耜，揉木为耒：斲（zhuó 斫）木，就是对木加工；耜（sì 饲），指犁柄。揉木，即砍削木材；耒（lěi 累），指犁头。[4]盖取诸益：益卦上巽下震，上巽为木，象征耒耜，下震为动，中间三爻为坤土，象征耒耜入土耕田之状。[5]盖取诸噬（shì 是）嗑（hé 合）：噬嗑卦上离下震，上离为日象征日中（太阳当顶），下震为动，象征众人在市场活动。中爻坎水艮山，象征市场聚有山海之货，群珍无不出于山海。[6]盖取诸乾坤：上体为衣，乾居上覆盖万物，有衣之象；下体为裳，坤居下载物，有裳之象。[7]刳木为舟，剡木为楫：刳（kū 枯）木，将木剜空；舟，船也；剡（yǎn 眼）木，将木削尖；楫，划船的桨。[8]盖取诸涣：涣卦上巽下坎，巽为木象征舟楫，坎为水象征河流。[9]盖取诸随：随卦上兑下震，象征牛马驯服后能悦从人而动，即随之之义。[10]盖取诸豫：豫卦上震下坤，上震象敲击有声的木梆，下坤为户象重重的门。从卦义上讲，敲梆巡守，以防盗贼，即有豫之象。[11]断木为杵，掘地为臼：断木，截断木棒；杵，捣粮食时所用工具；臼，掘地为坑称臼，粮食放内杵之。[12]盖取诸小过：小过卦上震下艮，上震为动象杵，下艮为止象臼不动。[13]弦木为弧，剡木为矢：弦木，用丝弦套在木上使之弯曲为弧，弓也；剡木，将竹木之头削尖为矢，箭也。[14]盖取诸睽：睽卦上离下兑，上离为火象在上者赫赫之威，下兑为悦象在下者悦服其威；中爻互坎离，坎为弓矢，离为戈兵，即言要服之以弓矢之威。[15]上栋下宇：上栋，指屋梁托住的房顶；下宇，指屋柱及四周墙壁。[16]盖取诸大壮 ：大壮卦上震下乾，上震有风雷动于上之象，下乾有栋宇覆于下以避风雷之象。[17]厚衣之以薪：衣，覆盖也；薪，柴草也。本句言将死者厚覆盖以柴草。[18]中野：指野外地方。[19]不封不树：封，垒土；树，植树。即言对死者尸体上不垒土,不植树。[20]棺椁:古代棺木有两层,外层称为椁,内层称为棺。[21]盖取诸大过:大过上兑下巽,中间四阳爻相当于坚固的棺椁,上下二阴爻相当于用土埋葬。[22]结绳而治:指上古以绳记事或作验证之合同,如以绳结两头,中间割断,各持其一,以为他日对验的依据。[23]书契:书,文书;契,契约。[24]盖取诸夬:夬(guài 怪)卦上兑下乾,上兑为口,有语言文字之象,下乾为健,有书契之象。又夬五阳决一阴,有决断之义。

【语译】伏羲氏治理天下,仰观于天见日月星辰之象,俯察于地见山川草木之形,观鸟兽皮毛之花纹,和草木等植物生长的地利,近处取法人体之象,远处模仿万物之形,于是始画成八卦,以用来通晓万事万物变化的性质,归纳万事万物的情状。从伏羲氏开始,将绳结成捕兽的网,捕鱼的罟,网罟就取法了离卦之象。伏羲氏死后,神农氏兴起,砍木削尖做成下方的犁头,把木弯曲做成上方的犁柄,使天下百姓得到耕种的便利,这是取法益卦之象。规定中午为集市贸易时间,招徕天下的百姓,聚集天下的财货,互相交换,各得所需而归,这是取法噬嗑卦之象。神农氏死后,黄帝、尧、舜相继兴起,随人们进步需要,开辟改变生活方式的途径,不强迫实行,如此变通,以使人民不致倦怠于改进,在不知不觉中潜移默化,使各得其利。《易经》告诉人们一条规律,天下事物到了穷极的时候就会变化,变化才能得到通达,才能保持长久,如此就会得到天道规律的佑助,这是吉的现象,是无往而不利的。黄帝、尧、舜在衣裳穿着上定出尊卑贵贱的制度,从此进入文明社会,这是取法乾坤两卦之象。将木剜空做成船,将木削锐做成浆,船桨的便利,可以通行水上,到达远方,可使水上交通得到便利,这是取法涣卦之象。将牛穿鼻驯服,用以载重;将马络首,驾之以行远路,可使陆上交通得到便利,这是取法随卦之象。设置重重的门,击木敲梆巡夜,以防盗贼侵袭,这是取法豫卦之象。截断木棒作杵,掘地为坑作臼,用杵臼捣粮食皮壳,改善生活工具以济民用,使人民得

利，这是取法小过卦之象。将丝弦引在木上使之弯曲而成弓，将竹木之头削尖做成箭，以弓箭为利器威服天下，这是取法睽卦之象。上古时代，人民住在洞穴里，夏天露宿野外，后世圣人修建房顶、房柱及墙壁，上栋下宇以避风雨，这是取法大壮卦之象。上古丧葬，以很多柴草覆盖尸体，埋在荒野中，不垒土为坟，不植树作标记，服丧无一定期限，哀尽则止。后代圣人以棺椁装着尸体，这是取法大过卦之象。上古结绳记事，后世圣人发明了文字，以文书契约来代替，以便百官决断万民之事，万民也以此为依据以便核查，这是取法夬卦之象。

【按语】“包羲氏之王天下”一章，主要介绍制器尚象十三卦，以实例说明古人本易卦之理，在科技方面发明创造的成果，这就是中国历史上最早的科学技术史，可资后人借鉴。下面再举例说明，以加深印象。

伏羲氏在渔猎时代，本离卦卦象，离中空，两离卦相重，而悟出以绳编成捕兽的网、捕鱼的罟。网罟皆网孔相连，而且中空，故可捕捉兽类和鱼类。

神农氏本益卦上巽下震之象，巽震皆属木，巽木有耜象，即犁头，震木有耒象，即犁柄。这反映了当时进入农耕社会，对农具的发明创造。

黄帝、尧、舜，则乾坤之义而制衣裳；本大壮卦之象，而修房屋以避风雨；法随卦驯服牛马以载重远行；本涣卦之义造船以利水上通行等等，这些都是重大科技改革。

第三章　易者象也

【提要】本章阐述了象、彖、爻等词的功用是一个统一的整体，彼此之间是相互为用的。

【原文】是故易者，象也。象也者，像也[1]。彖者，材也[2]。爻也者，效天下之动者也。是故吉凶生而悔吝著也。

【词解】[1]像也：像，指仿佛近似，不是绝对的像，不是天地万物真实之象，读者切勿“心生于物而死于物”，把寓言当成真实。[2]材也：材，原意指端直成材的树干，可作为房屋的栋梁，在此比喻彖辞反映一卦本质的东西，有如一篇文章的主题或主要论点。

【语译】易书是通过卦爻来取象万物，只能仿佛近似，借形象的比喻来说明所包含的道理。彖辞是对全卦卦理卦德的论断，它就像房屋的栋梁。六爻是根据事物运动变化而反映出的各种表现，以明白吉凶产生的原因，发现悔吝的蛛丝马迹了。

【按语】“易者象也”一章，给象、彖、爻等名称和内容下了确切的定义，事情发展的吉凶悔吝，都是从这些辞中得到信息的。

易学的三大规律都是天地万物的公式，若有近似之处，则可套入公式中去分析，所以说易是一部宇宙代数学。也就是“易者，象也，象也者，像也。”彖辞是讲述一卦的主题、主心骨。爻辞是讲一卦六爻的时位变化及其相互关系的辞。掌握了这三类辞，才能正确判断吉凶悔吝，以趋吉避凶。

第四章　阳卦多阴阴卦多阳

【提要】本章主要讨论卦的阴阳关系及其主从问题。

【原文】阳卦多阴，阴卦多阳。其故何也？阳卦奇，阴卦偶[1]。其德行何也[2]？阳一君而二民，君子之道也。阴二君而一民，小人之道也。

【词解】[1]阳卦奇,阴卦偶:这里是阳卦只有一个奇爻,阴卦只有一个偶爻,是本"以少制多"的公理而来。[2]其德行何也:其,代表阴卦、阳卦;德行,指阳爻的性质相当于君主,阴爻的性质相当于民众,德性就是性质的意思。

【语译】阳卦反多阴爻,阴卦反多阳爻,这是什么道理呢?答复是:八卦中震、坎、艮三个阳卦,都是一个阳爻,两个阴爻,巽、离、兑三个阴卦都是一个阴爻,两个阳爻,这是本"以一对万"的公理而来,因为不管多大的集团,多大的机构,无不是少数领导人在起支配作用。那么一卦的德性是什么呢?答复是:阳爻的性质相当于君主,阴爻的性质相当于民众。阳卦一君二民,有一君使万民归心之象;阴卦二君一民,有二君争夺一民之象,必然互相倾轧,陷于混乱。

【按语】"阳卦多阴阴卦多阳"一章,指出从卦象、卦德中怎样分辨阴阳的主从关系,包括自然和社会的关系。下面对阴卦、阳卦还要说明两点:

1. 乾为阳卦,震一索而得男,坎再索而得男,艮三索而得男;坤为阴卦,巽一索而得女,离再索而得女,兑三索而得女。此本后天八卦以用为先,故阳卦多阴爻阴卦多阳爻,至于其余的五十六卦,则以先天以体为言,仍然阴卦多阴,阳卦多阳,这是应该明确的。

2. 卦的类别还有很多,现将其名称列下:

有比应卦、互体卦、旁通卦、卦气、纳甲、爻辰等。此外还有经卦、别卦、内卦、外卦、贞卦、悔卦、消卦、息卦、飞卦、伏卦、对卦、覆卦、错卦、综卦、半卦、交卦、支卦、互卦、相易卦、色卦、像卦、命卦、应声卦等。

第五章 憧憧往来朋从尔思

【**提要**】本章举爻辞帮助学易的人如何了解信息，触类旁通，见机而作，趋吉避凶。

【**原文**】易曰：憧憧往来，朋从尔思。子曰：天下何思何虑？天下同归而殊途。一致而百虑，天下何思何虑？日往则月来，月往则日来，日月相推而明生焉。寒往则暑来，暑往则寒来，寒暑相推而岁成焉。往者屈也，来者信也，屈信[1]相感而利生焉。尺蠖[2]之屈，以求信也。龙蛇之蛰[3]，以存身也；精义入神，以致用也；利用安身，以崇德也。过此以往，未知或知也。穷神知化，德之盛也。易曰：困于石，据于蒺藜[4]，入于其宫[5]，不见其妻，凶。子曰：非所困而困焉，名必辱；非所据而据焉，身必危。既辱且危，死期将至，妻其可得见耶？易曰：公用射隼[6]于高墉[7]之上，获之无不利。子曰：隼者，禽也；弓矢者，器也；射之者，人也。君子藏器于身，待时而动，何不利之有？动而不括[8]，是以出而有获，语成器而动者也。子曰：小人不耻不仁，不畏不义，不见利不劝，不威不惩。小惩而大诫，此小人之福也。易曰：屦校灭趾[9]无咎，此之谓也。善不积不足以成名，恶不积不足以灭身。小人以小善为无益而弗为也，以小恶无伤而弗去也。故恶积而不可掩，罪大而不可解。易曰：何校灭耳[10]，凶。子曰：危者，安其位者也；亡者，保其存者也；乱者，有其治者也。是故君子安而不忘危，存而不忘亡，治而不能乱，是以身安而国家可保也。

易曰:其亡其亡,系于苞桑[11]。子曰:德薄而位尊,知小而谋大,力小而任重,鲜不及矣。易曰:鼎折足,覆公悚[12],其形渥[13],凶,言不胜其任也。子曰:知几其神乎。君子上交不谄,下交不渎[14],其知几乎。几者,动之微,吉之先见者也。君子见几而作,不俟终日。易曰:介于石[15]不终日,贞吉。介如石焉,宁用终日,断可识矣。君子知微知彰,知柔知刚,万夫之望。子曰:颜氏之子,其殆庶几乎?有不善未尝不知,知之未尝复行也。易曰:不远复,无祇悔[16],元吉。天地絪缊[17],万物化醇[18]。男女构精,万物化生。易曰:三人行则损一人,一人行则得其友,言致一也。子曰:君子安其身而后动,易其心而后语,定其交而后求。君子修此三者故全也。危以动,则民不与也;惧以语,则民不应也;无交而求,则民不与也,莫之与伤之者至矣。易曰:莫益之,或击之,立心勿恒,凶。

【词解】[1]屈信:屈,弯曲,在此有屈而退之意;信,陆德明说:"信,古伸字。"在此有伸而进之意。[2]尺蠖:《说文》:"尺蠖(huò 货),屈伸虫也。"[3]蛰:潜藏之意。[4]蒺藜:有刺的灌木。[5]入于其宫:宫,在此只作"地"解,即入于这个境地、地方的意思。[6]隼:指鹰鹞等凶的飞禽。[7]高墉:墉,城墙,在此指宫庭外高大的城墙。[8]动而不括:括,姚配中说:"括,闭也。"闭,是闭塞而不灵活,不闭,即灵活自如之象。[9]屦校灭趾:屦,指足上;校,木制刑具;趾,足指。屦校灭趾,即戴着木制刑具遮没了受刑人一双足面。[10]何校灭耳:为什么戴上大的木制刑具都遮没了受刑人的两耳。[11]苞桑:指嫩的桑树枝,最易折断。[12]覆公悚:覆,倾倒;悚,加米的肉粥之类。指把王公大臣鼎中食物倾倒地上。[13]其形渥:渥,面红耳赤。自己也难堪得面红耳赤之貌。[14]上交不谄,下交不渎:谄,谄媚;渎,虚伪。言上交宜恭敬但恭敬不宜到谄媚的程度;下交宜谦逊,但不要过于嫌逊到虚伪的程度。[15]介于石:指划界之石,坚固而不许移动,喻为人操守要坚定而不可动摇。[16]不远复,无祇悔:知道迷途不远,发现后立即回头,故曰"不远复"。随时觉察自己之过而改之,所以不会有大的后悔,故曰"无祇悔"。[17]天地絪缊:缊,指气化相交纽结之状态。天地絪缊,即天地之气相交纽结之象。[18]万物化醇:醇,凝厚也。形容气化相凝而成形体之貌。

【语译】咸卦九四爻辞说:心中疑虑不定以计功谋利,感应之机自然窒息,只有少数与你同私利的朋党,才会给你的想法一致了。孔子阐述说:天下的人到底在怀疑什么呢?忧虑什么呢?天下人求生存的目的本来是一致的,但由于各人情况不同,而产生了不同的想法和做法,走上了不同的道路。天下的人为什么要怀疑、要忧虑呢!太阳落下去了,月亮就升起来,月亮落下去了,太阳就升起来,太阳和月亮互相交替出现,光明就产生了。冷天过去,暑天就到来,暑天过去,冷天就到来,由于寒来暑往的四时推移,一年四季的周期形成了。离去的收缩而退藏,到来的伸展而前进,收缩退藏和伸展前进相互运动不停,则万物皆各得其利了。譬如尺蠖虫的屈缩,是为了下一步的伸直前行;龙蛇的潜伏冬眠,是为了保存自己的性命;聚精会神研究精微的义理,是为了达到致用的目的;恪守天理安定身心,是为了提高自己的德行。除此之外,就不知道还有别的道理了。若能穷究事物神妙的作用,通晓事物变化的规律,人的德行就会达到十分高尚的境地。困卦九三爻辞说:前进有大石阻碍,后退遍布有刺的蒺藜,进入到这样的境地,乃大凶之兆,怎么能见到自己的妻子呢?孔子阐述说:不应去的地方而强去,名声必遭毁坏,不应在那里停留的地方而强留,生命必遭危险,自己已经身败名裂,死期将至,家何能保,怎么还能见到自己的妻子呢?

解卦上六爻辞说:大人君子要射王宫高墙上的鹰鹞,必须一射而中,乃能大获全胜。孔子进一步阐述说:鹰鹞,是凶猛的飞禽,必须要用弓箭等利器,还要选择善射的人。因为猛禽在

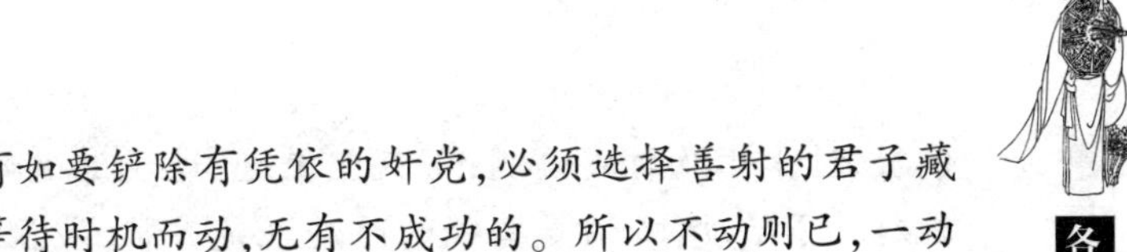

王宫墙上，有如要铲除有凭依的奸党，必须选择善射的君子藏弓矢于身，等待时机而动，无有不成功的。所以不动则已，一动而中，达到消除害物的目的，这就得到巨大收获了。

噬嗑卦初九爻辞说：用木制的刑具加于足上，把整个双足都遮没了，这样用刑是为了帮助他悔过自新，不再犯错误。孔子阐述说：犯小过错的人，开始就应当众揭露他的罪过，才能痛改前非；并要予以重罚，使其极端震恐；还要指明前途之利，才能动其心而改其行，所以要以威严才能达到惩罚的目的，小过错以大惩罚，使之引以为终身之戒，这岂不是犯罪人的幸福吗！故《易经》上说："屦校灭趾，无咎"。此之谓也。

噬嗑卦上九爻辞说：有罪犯肩上扛着大木枷，遮没了耳朵，这是凶兆。孔子阐述说：小善不积累不足以成就大名，小恶不积累就不会发展到处死的程度。小人认为，小的善行不会有什么益处就不去做，小的恶事不会有多大害处就不改正，以致罪恶累累发展到不可掩盖的地步，犯罪大到不可饶恕的程度，这就是《易经》上说的"何校灭耳，凶。"

孔子本易理推论说：发生危险，是由于苟安现状而毫无戒备所致；导致灭亡，是自以为它永远存在所致；出现动乱，是因为自己认为治理得很好所致。所以治理国家的君子，要居安思危，存不忘亡，治当防乱，这样才能自身安泰，国家可保，这就是否卦九五爻辞所说的：危险啊！危险啊！人物之重，国家之大，是系在一根最易折断的嫩桑枝上的道理。

孔子说：一个人才德差而处高位，力量小而贪功好大，智慧差而去参与大谋略，后果是不堪设想的。并举鼎卦九五爻辞所说的道理：三足之鼎若折去一足，必然将鼎中为王公大臣所煮的食物倾覆于地，自己也难堪得面红耳赤，这是一个严重的事件，必受重刑，这也就和上面说的勉强去做自己力不胜任的事一样，败坏大事，必然遭祸。

孔子说：能见微知著，就可预测吉凶祸福。如为人上交宜恭敬,过于恭敬则成谄媚;下交宜谦逊,过于谦逊则成虚伪,这就超过了限度,哪怕是些微的限度也是异常,即显示出吉凶的先兆了。研究易学的人,如果能及早发现这些微末的征兆去行动,则可以在不候终日的短暂时间里,便可判断出事情的吉凶祸福了。所以豫卦六二爻辞上说:操守坚定,如划界之石之不可移动,不为外物所吸引,所以就能精审明察,不候终日的短暂即可预见其事,但必处豫道之中正乃为吉兆。由于静如介石之坚定不移,所以才不候终日之速,则判定事理。学易的人,必须知道微末的征兆虽见于彼,而严重的后果将显于此,必须知道处事接物当刚则刚,当柔则柔,要刚柔相济,才能成为大众景仰的人物。

孔子说:颜回这个年轻人,他的行为堪称典范了,有过失,能立刻察觉,察觉后,就不会重犯。就像复卦初九爻辞所说:迷途不会走得太远即知回头,就不会造成大的后悔,这是最大的吉利。

天地二气交泰,则万物变化成形;两性的形体交合,则万物演化而生生不息。所以损卦六三爻辞上说:三人一起行动,但主张不同,意见分歧,在这种情况下,至少要排出一种成见。若一个人单独行动,反会得到志同道合的伙伴。三则损之,一则益之,这说明事物虽有万端,不外阴阳而已。

孔子说:治理国家的君子,必须以身作则然后才能管教人民,深思熟虑然后才能发号施令,有了交情然后才能求助于人,君子能做到以上三项修养,待人处事才能完美。本身就是行险侥幸,人民不会随从的;以言语恐吓,人民不会响应的;没有建立交情而去过高要求,人民不会支持的。得不到人民支持,你就完全失败了。所以益卦上九爻辞说:不分散上面恩惠以安定人心,反剥削民财专利自益,苛求于人,这是存心不讲信用,如此行事乃是凶兆。

【按语】“憧憧往来朋从尔思”一章，举卦爻之辞帮助学易用易的人如何了解信息，触类旁通，见机而作，把事情办好。所以本章举了若干卦为例，使学者能见微知著，早作定夺。但本章所举的各卦，都是从不同角度来了解信息的。

困卦九三、损卦六三、否卦九五，是从人处的地位来了解信息的；豫卦上六、噬嗑卦初九和上九、鼎卦九五、豫卦六二、复卦初九、益卦上九，都是从人的行为来了解信息的。

第六章　乾坤其易之门耶

【提要】本章举乾坤两卦以概括阴阳刚柔及六十四卦之变化，从而根据卦象、卦辞所喻，以判断吉凶得失及其因果关系。

【原文】子曰：乾坤其易之门耶！乾，阳物也；坤，阴物也。阴阳合德而刚柔有体，以体天地之撰[1]，以通神明之德。其称名也，杂而不越[2]，于稽其类[3]，其衰世之意耶。夫易，彰往而察来，而微显阐幽[4]。开而当名辨物[5]。正言断辞，则备矣。其称名也小，其取类也大，其旨远，其辞文，其言曲而中，其事肆而隐[6]，因贰以济民行，以明失得之报。

【词解】[1]以体天地之撰：以，用也；体，体现；撰，为也。言用乾坤刚柔两种爻画，以体现天地的作为。[2]杂而不越：杂，言系辞或言物象或言事理，可以说很杂乱。越，逾越、超出。不越，但都没有超出天地的作为和神妙的变化。[3]于稽其类：稽，考也；类，各类事物。言考察各类事物。[4]而微显阐幽：从上句“彰往而察来”的体裁看，本句应改为“微显而阐幽”才合拍。即显现细微之征兆，阐发幽隐之事理。[5]开而当名辨物：开，开列，言《易经》开列出了六十四卦的卦名。“当名辨物”，这是古人的一种治学方法，当名就是正名，名不正则言不顺，名正则言顺，就可根据名称而明确所包含的内容，故有“循名核实”、“顾名思义”等说。[6]其言曲而中，其事肆而隐：曲，委曲；中，中肯。肆，放纵；隐，隐藏。《易》所言虽委婉曲折但却中肯，虽放纵无边无际但却隐藏着深刻的道理。

【语译】孔子说：乾坤两卦就像易书的门户一样啊！乾，包括了所有属阳的内容；坤，包括了所有属阴的内容。乾坤之德性为阴阳，阴阳合则其情相得；乾坤之实体为刚柔，其质各不相同。《易经》就是运用了乾坤两种爻画，去体现天地创造万物的作为，去通晓宇宙变化之奥妙。易卦名称包罗甚广，非常复杂，但都没有超越范围。考察卦爻中所述的各类事物，都说的殷周之际的忧患限险的情况。《易经》的主要宗旨，是把历史上的兴亡成败公诸于众为借鉴，以帮助人们去察知未来，使微茫的征兆显露，以利人们察觉，使隐秘难知之理得以阐明，以决人心之疑虑。《易经》还列出了六十四卦名称，以辨别各类事物的性质；根据卦爻所系之辞，可以直言不讳地去判断吉凶，这就完备无缺了。卦爻之辞多取细小之物作比喻，但取象本于阴阳之理，就可以用来类比大事了。其旨意似乎深远难测，但词句的表达却文明昭著，一看便知。其语言表达虽然委曲婉转，但却中肯；所述之事无不详备，但深刻的道理却贯穿于中。以上这些都是为了帮助那些处事疑虑而二心不定的百姓，使他们明白吉凶得失的因果关系及其怎样结局等用的。

【按语】“乾坤其易之门也”一章，是举乾坤以概六十四卦的阴阳刚柔的变化，所以说乾坤是易卦的门户，从而也可根据卦象卦辞之所比喻，以判断吉凶得失进退的因果关系。

本章再次强调“易基乾坤”，六十四卦乃八卦的推衍，八卦则一乾坤而已。八卦就是阴阳学说的来源，从符号上看，不过一个阳爻“—”、一个阴爻“- -”；从文字上看，不过乾为阳、坤为阴而已。

第七章 易之兴也

【提要】本章主要举出九卦，以作为人当坚持和奉行的德行。

【原文】易之兴也，其于中古[1]乎！作易者，其有忧患乎！是故，履，德之基也；谦，德之柄[2]也，复，德之本也；恒，德之固[3]也；损，德之修也；益，德之裕也；困，德之辨也；井，德之地也；巽，德之制也。履和而至，谦尊而光，复小而辨于物，恒杂而不厌，损先难而后易，益长裕而不没，困穷而通，井居其所而迁，巽称而隐[4]。履以和行，谦以制礼，复以自知，恒以一德，损以远害，益以兴利，困以寡怨，井以辨义，巽以行权。

【词解】[1]中古：指殷周之际。[2]柄：把柄。[3]德之固：固，巩固。必须坚持操守，才能使之巩固下来。[4]巽称而隐：称，称量事物轻重，隐，指痕迹不显。言巽有称量事物轻重，随宜断制而不露痕迹。

【语译】易卦文辞的兴起，是在中古的殷周之际啊！因为作易的人，遇到了忧患！履卦教导礼仪，礼仪是衡量德行的标准，所以说履是德行的基础。谦卦卑己尊人，就像扶手一样帮助人的德行上进，有如物体之把柄。复卦、因执礼谦恭，其德日进，然后才能复归人性之本善，就像根深而叶茂、源远而流长的道理一样，故为德之根本。恒卦是教人对待事业要坚持不懈，才能巩固下来，所以说恒卦是道德稳固的必备条件。损卦是损其人欲而复天理，克制再克制，则德日进。益卦是增益其善念美行，则其德自然日益充裕。困卦指出要从困难中才能辨别出一个人的德行。井卦的意义，是说要处穷困而不失其守，如井深蓄而无穷，才能含其德普施天下，像大地一样生养万物。巽卦言能深入细致地研究义理，达到自制，所以处事接物无不合宜，这是德行已达到操守自如的境界。

履卦能修德以礼，使尊卑有序，故顺乎人情，又合乎天理。谦卦谦逊，反而使人尊敬，品德更加光辉。复卦以一阳之微小，而辨在上五阴之不善，而自己复归于善。恒卦虽有杂乱之时，但始终坚持永不懈怠。损卦须克制私欲故先难，私欲去而天理复故后易。益卦是教人增益其德行，使日益充盈，而无虚伪造作之情。困卦虽穷困不通，但能坚持德行，终必亨通。井卦须位置固定不动，但其井水可以源源不断地施惠于人。巽卦有因时制宜之能，故不见所为而已为。

履卦的运用，可以调和人与人之间的关系，才能合于天理，顺乎人情，提高道德修养。谦卦的运用，可以调节礼节太严的拘束。复卦的运用，在于人能自觉反省，恢复善良的本性。恒卦的运用，是对待事业要始终操守如一。损卦的运用，是要离开人欲的损害。益卦的运用，是要不断增长德行，则好处自然而然地表现出来了。困卦的运用，是教导人在困境中要善于斗争，不必怨天尤人。井卦的运用，是井水养人无私，以此辨别施恩者义与不义。巽卦的运用，是权事制宜，临机应变，而处置问题无不得当。

【按语】“易之兴也”一章，主要举九卦，即履、谦、复、恒、损、益、困、井、巽等卦为例，作为人在忧患中必须坚持的德行。

九卦对人的培养是才德并重的。外国格言有“有学问而无道德，如一恶汉；有道德而无学问，如一匹夫。”因为人处险中，必须才德兼备，乃可应对各种场面，克服忧患，度过危难，把事情处理好。

从纵向来看，以九卦培养才德，是由浅向纵深方向推进，乃能成功事业。

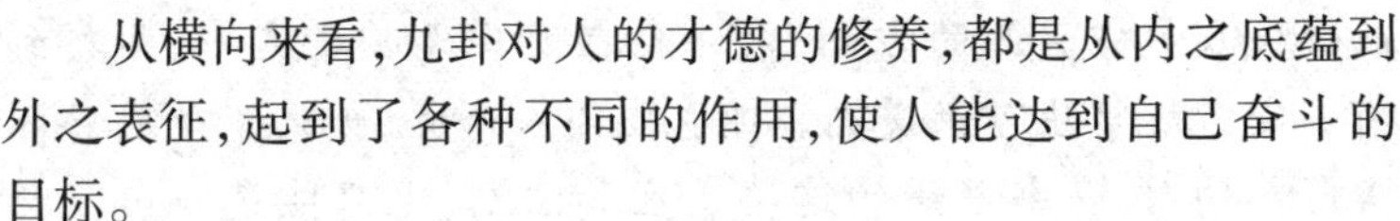

从横向来看，九卦对人的才德的修养，都是从内之底蕴到外之表征，起到了各种不同的作用，使人能达到自己奋斗的目标。

第八章　易之为书也不可远

【提要】本章指出易理是言行的准则，是常法，但又是权事制宜、唯变所适的变法。

【原文】易之为书也不可远，为道也屡迁。变动不居，周流六虚[1]，上下无常，刚柔相易，不可为典要，唯变所适[2]。其出入[3]以度，外内[4]使知惧。又明于忧患与故，无有师保，如临父母。初率其辞，而揆其方，既有典常，苟非其人，道不虚行。

【词解】[1]六虚：指卦的六个位置。虚，空位也。[2]唯变所适：变，指卦爻的时位变化。言卦爻要随时位变化而变化，才能适应各种情况需要。[3]出入：此处指内外卦活动，凡从内卦往外卦为“出”，从外卦来内卦为“入”。[4]外内：本指六爻内外之间，在人事上引伸为各方面。

【语译】《易经》的卦爻之辞与人类生活密切相关，凡崇德广业皆不可离开它，它的法则经常变迁。卦爻也不限于一定格式，周流于六个虚位，或自上而下，或自下而上，或以刚代替了柔，或以柔代替了刚，故不可被固定的形式所拘泥，要随着时位的变化而变化，才能适应各种情况的需要。但是变法中又有一定常法，例如，或从内卦往外卦而出，或从外卦来内卦而入，皆有一定常度；吉凶悔吝之辞明确向人表示，使各方都知所戒惧。有了《易经》这本书，虽没有师长保姆的教导，也如同父母时刻守护在身旁。所以开始应顺着卦爻之辞以思考，揆度其忧患与故使民众趋吉避凶的方向，最终会在变化无常之道中，体察到有一定常规常法可供遵循。但也要因人而异，如果不是具备深厚修养的人，易书里讲的这些道理和法则，也只能是一句空话而已！

【按语】“易之为书也不可远”一章，强调易理是一切动作行为的准则，不可须臾离开的常法，但又是“唯变所适”的变法。凡人不可拘泥，要权事制宜，具体问题具体分析和具体处理，必须掌握好这个“常”与“变”的关系。

“常”和“变”也是一对阴阳，要“守其常”，“知其变”。如对常法、变法拘泥或孟浪从事，都会招致失败。推而言之，孔子的“有文事者必有武备”也是阴阳、常变之法的扩展，也是阴阳要相互为用的一面的用法。在某种情况下，有占到阴面，便占不到阳面；占到阳面，就占不到阴面，这又是从阴阳对立上来使用阴阳法的，这些都是研究阴阳学说的重要之处。

第九章　原始要终以为质也

【提要】本章专论卦与爻的变化关系，特为别卦的中爻变化。

【原文】易之为书也，原始要终，以为质也，六爻相杂，唯其时物也。其初难知，其上易知，本末也。初辞拟之，卒成之终[1]。若夫杂物撰德，辨是与非，则非其中爻[2]不备。噫，亦要存亡吉凶，则居可知矣。知者观其彖辞，则思过半矣。二与四同功而异位，其善不同，二多誉，四多惧，近也。柔之为道，不利远者，其要无咎，其用柔，中也。三与五同功而异位，三多凶，五多功，贵贱之等也。其柔危，其刚胜邪。

【词解】[1]初辞拟之,卒成之终:初辞,初爻之辞;拟,比拟;卒,指上爻终了之辞。言初爻代表事物开始而难知,所以初爻的辞也就只有用比拟来表示了;上爻代表事物终了而易知,所以上爻之辞就比较肯定地判断其结果如何了。[2]中爻:指六爻的二、三、四、五爻。

【语译】《易经》这部书,卦有定体,故要追溯事物原始,探索事物终结,以找到它本质的东西。六爻刚柔错杂,则象征着一定时间和条件下的具体事物,但初爻是代表这个事物变化刚刚开始,很难掌握它的全面情况,上爻为末,已经到了事物终结阶段,一切情况都已明了,所以就容易掌握它的反面情况。从本到末这个过程,由于初爻难知,所以要从它的比喻中分析研究,才能完全了解;上爻易知,因为到了最终,事物的本质已充分暴露,情况已完全明白了。但是,要判断阴阳刚柔的卦象及其性质,辨别卦爻时位的正确与否,则非结合中间四爻,否则便不能全面了解,抑或想了解存亡吉凶,只要平时于六爻中推求就能知道了。智者能见微知著,只要看一卦的彖辞,就对整个卦的卦义理解多半了。中爻的二与四都是阴位,作用相同但位置不同,所以其结果也不相同,二多赞誉,四多恐惧。因为二在下卦中央,远离五的君位,牵制较少,自己反易收到赞誉;四则接近君位,恐冒犯君主而获罪,所以多恐惧,这是接近高层的缘故。柔本接近刚为有利,为何二距五远反多赞誉呢?因易书是教人避祸远患,离阳远似乎难以得利,但是能够无过错就好了,因居下位合乎柔顺,上与五应则为中和。三与五都是阳位,作用相同但位置不同,三多凶险,五多功劳。这是因为三在下卦之上,阴居阳位,有如处臣位而自恃刚强,故多凶险;五在上卦中央君位,阳居阳位,刚毅中庸,所以多收到伟大功绩。由此可见,凶和功是由卦位的贵贱等级决定的。但特殊情况例外,如履之九五刚也有危,谦之九三柔亦得吉。

【按语】“原始要终以为质也”一章，专论卦位与爻变关系，特为一卦的“中爻变化”。“中爻变化”又称“互卦”，因六爻之别卦，中间四爻即可构成中爻变化，也就是可以构成互卦。互卦有内互（下互）和外互（上互），前人认为，这是卦中有卦，象里套象，现举例分析如下（见图8），余类推。

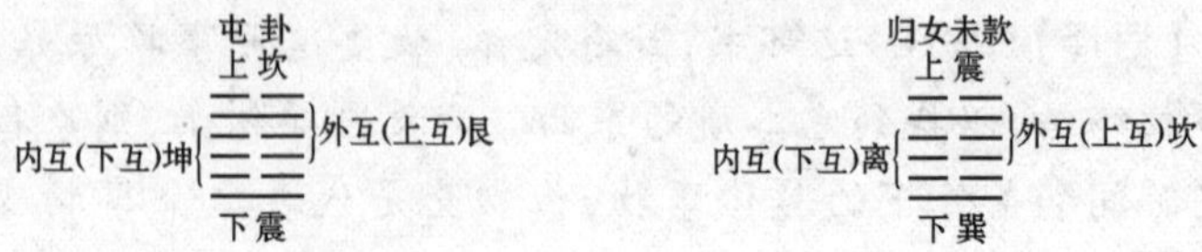

图8 互卦

第十章 易之为书也广大悉备

【提要】本章指出易卦包括天、地、人三才之道，要从当位不当位去推究和分判。

【原文】易之为书也，广大悉备，有天道焉，有人道焉，有地道焉，兼三才而两之[1]，故六，六者非它也，三才之道也。道有变动，故曰爻；爻有等，故曰物；物相杂，故曰文[2]；文不当，故吉凶生焉。

【词解】[1]兼三才而两之：三才，指天、地、人；两之，将天、地、人三画的经卦重叠，故成六画的别卦，即言六爻不是别的东西，而是由三才互为对立而成。[2]故曰文：此处“文”字指文采。

【语译】《易经》这部书，无不包括，无不详备，有天的道理，有人的道理，有地的道理。兼天、地、人三才，而三才又各有阴阳，这就是六爻的由来。六爻不是别的，以上两爻象天，中两爻象人，下两爻象地，就是三才互为对立而成。三才都随时有变动，所以用六爻来跟随反映这些变动情况。爻有上下不同的等

级，用以比拟万物贵贱不同的类别，阳爻象属阳之物，阴爻象属阴之物；阳物阴物交互错杂，而形成文采；阳爻不在奇数位而在偶数位，阴爻不在偶数位而在奇数位，均为不正当，当则吉，不当则凶。

【按语】“易之为书也广大悉备”一章，阐明要从三才之道去了解易卦，六爻的复卦，就是由三才的阴阳对立而成。因天有阴阳，地有阴阳，人也有阴阳的缘故。

古人以天、地、人为三才，这是“天人合一”的最大体现，因为天和人尽管现象不同，但存在着共通规律，即阴阳互行的规律。这里天、地、人三才各有阴阳，而形成六爻的别卦就是一例，所谓“兼三才而两，故六。”因为天有阴阳，地有阴阳，人也有阴阳，天地人之间故形成三纲领。

第十一章　易之兴也其当殷之末世

【提要】本章说明文王作易背景，体现了他慎始慎终，才避免了灾祸。

【原文】易之兴也，其当殷之末世，周之盛德耶？当文王与纣之事耶[1]？是故其辞危，危者使平，易者使倾[2]。其道甚大，百物不废，惧以终始，其要无咎，此之谓易之道也。

【词解】[1]当文王与殷纣之事耶：文王与殷纣之事，即指文王为西伯侯时，崇侯虎进谗言，文王被殷纣囚于羑里，文王因而演易，以寻求免除灾祸之法。[2]易者使倾：易者，指陶醉于安乐中，毫无警惕；倾，倾覆。陶醉于安乐，凡事怠慢、掉以轻心，反易倾覆。

【语译】《易经》得到兴起，正当是在殷代末期，周代开始兴盛的时候吗？是正当文王与殷纣之间发生事端的时候吗？所以《周易》在文辞中处处隐含着危机之意。唯有懂得处于危险之中，才能戒慎恐惧，转危为安；若陶醉在安乐当中反易怠慢，凡事掉以轻心，反而容易倾覆。由此可见，《易经》的道理非常广大，所有的事物之理无不包含在内。特别强调要以警惕的态度贯彻始终，才能在吉凶、治乱、得失的关键处避免灾祸，这就是《易经》要阐明的道理和要达到的目的啊！

【按语】“易之兴也其当殷之末世”一章，简介了文王作《周易》的历史背景，由于囚困羑里，所以慎始慎终，才避免了灾祸。

文王在殷纣时为西伯侯，崇侯虎进馋言，被囚羑里。羑里在河南省汤阴县，在当时是囚禁高级官员的监狱。文王乃演易以求解脱，后来其臣散宜生等以美女、玉帛献于纣王，文王得以放归西岐。现在汤阴县内还有文王演易台故迹。《周易》的卦辞、文言乃文王所作。

第十二章　夫乾天下之至健也

【提要】本章指出乾坤的性质，及其易简之理，卦象之象，和怎样从地位、行为、语言中去了解信息，推断吉凶、利害和悔吝。

【原文】夫乾，天下之至健也，德行恒易以知险。夫坤，天下之至顺也，德行恒简以知阻。能说诸心，能研诸侯之虑[1]，定天下之吉凶，成天下之亹亹者，是故变化云为，吉事有祥。象事知器，占事知来[2]。天地设位，圣人成能，人谋鬼谋，百姓与能[3]。八卦以象告，爻彖以情言，刚柔杂居，而吉凶可见矣。变动以利言，吉凶以情迁。是故爱恶相攻而吉凶生，远近相取而悔吝

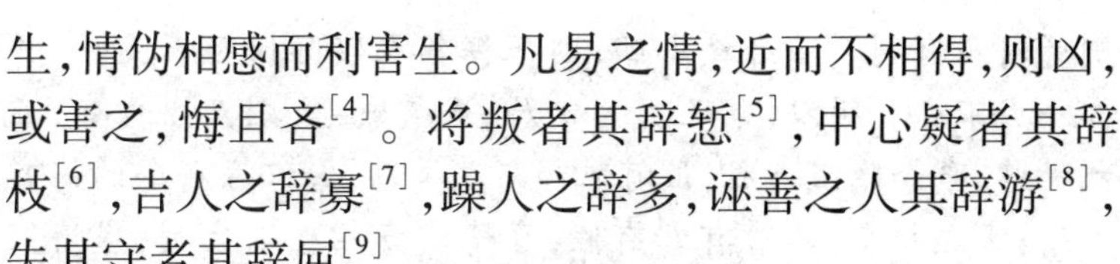

生，情伪相感而利害生。凡易之情，近而不相得，则凶，或害之，悔且吝[4]。将叛者其辞惭[5]，中心疑者其辞枝[6]，吉人之辞寡[7]，躁人之辞多，诬善之人其辞游[8]，失其守者其辞屈[9]。

【词解】[1]能研诸侯之虑：应作“能研诸虑”，“侯之”二字为衍文。[2]象事知器，占事知来：象，卦象；占，指吉凶悔吝之辞。即言通过卦象就可以知道器物制作之法，通过推究吉凶悔吝之理以判断未来的发展趋势。[3]人谋鬼谋，百姓与能：人谋，指卦爻显著之象；鬼谋，喻易简隐微之理。百姓与能，是教导人们掌握上述方法去观测运用。[4]凡易之情，近而不相得，则凶，或害之，悔且吝：此段总括上文，指出凡是应该相应相比的，而未应未比，则不是凶就是害，不是悔就是吝。[5]将叛者其辞惭：叛，在此可作背信弃义解；惭（cán 残），同惭，即心里惭愧。言背信弃义者，他的语言必然心口不一，出现去此就彼之情。[6]枝：在此指语言支离破碎。[7]吉人之辞寡：言德善之人言不轻发，发必有中。[8]游：即浮游不定。[9]屈：指理屈辞穷。

【语译】乾天的性质是永恒地健运不息，唯其如此所以便易察知天下险难之事；坤地的性质是永恒地柔顺安静，唯其如此所以能宁静致远便能察知天下困阻之事。乾能以健运易知之理预卜天下未定之事的吉凶；坤能以柔顺简易之理研究考虑已定之事如何趋吉避凶，并勉力作为以促使事业取得成功。所以，阴阳变化，言语行动，都可以根据易理推知。凡好事就会先有吉祥的兆头，若发现迹象就可随之了解其具体演变，若无形迹可见则可推究其理以判断发展趋势。天地有固定的位置以显示其造化功能，而圣人则仿效天地的功能完成《易经》的著作，卦爻显著之象，易简隐微之理，是教人显者取前之象，隐者研后之理。八卦是以卦象告知其信息，爻和彖则以所系之辞告知其吉凶悔吝之情，由于刚爻、柔爻互相错综于六位中，就可见其吉凶了。卦象变动有吉有凶，以其吉凶告人如何趋吉避凶，则皆对人有利。而卦爻吉凶，则根据各人实际情况而变迁，并非一成不变。所以，事已成为定局，或善或恶，则产生吉凶，互相摊牌；事尚隐微未成，虽有取和与之举动，但仅存在小的悔吝之情；事之初交，其情有真有假，真情实意相感则生利，虚情假意相欺则生害。圣人究易的心意，凡近乎相攻、相取、相感之情者，见不能合于易简之正理，如此，则小而产生悔吝，中而致害，大而有凶，此皆由上述险阻之情而出。如果一个要背信弃义的人，要推翻他许诺的事，这种心理活动必然表现为"去此就彼"之情，则为"叛"之象。若疑虑不决的人，没有定见的人，他的语言文章必然支离繁杂，主题不突出，缺乏定论。有道德涵养的人，言不轻发，发则有序。浮躁而少涵养的人，常常口若悬河，夸夸其谈，但总是东拉西扯，没有规律。要以言语败坏他人声誉，总必妄自称善，而诬陷他人为恶，但究其措词，则皆浮游不定，没有多大根据。内心见理不真，或所作之事根本没有道理，必然在语言上表现为理屈词穷之状。

【按语】"夫乾天下之至健也"一章，分三段讲：第一段言乾坤的性质和功用；第二段言要从乾坤易简之理、卦爻显著之象，以推断吉凶利害悔吝；第三段言要从人的语言以了解信息。

在六十四卦卦辞中，从语言来了解信息之处，常少于从地位、行为来了解信息的内容，所以本章把"将叛者其辞惭"等六句话，也作为从语言来了解信息的重要内容。

说卦传

第一章　参天两地而倚数

【提要】本章说明卦爻的来源和“参天两地”的数理，并结合人事加以阐发。

【原文】昔者圣人之作易也，幽赞于神明而生蓍[1]。参天两地而倚数[2]。观变于阴阳而立卦，发挥于刚柔而生爻。和顺于道德而理于义，穷理尽性以至于命[3]。

【词解】[1]幽赞于神明而生蓍：言为了阐明高深之理，用蓍草制图以说明之。[2]参天两地而倚数：以三个天数，两个地数，而产生了天地数。参，三也。倚，产生也。[3]穷理尽性以至于命：即穷究易理，以了解事物本性，以合于客观规律。命，天道。

【语译】古代圣人作易的意图，是为了阐明隐晦高深的道理，而产生了用蓍草摆出卦象以帮助明确天地万物复杂的变化。本一、三、五三个天数相加而得出阳爻用九，本二、四两个阴数相加而得出阴爻用六的数理。效法天地阴阳的变化而设立了卦，发挥阳刚与阴柔的作用而产生了爻。顺应天道成为人之德而把一切事情都处理得当，穷究易理以了解事物本性使之进退、存亡、得失皆合于客观规律（天命）。

【按语】"参天两地而倚数"一章,从天地数开始以讲易的数理,可从阴阳刚柔以推至道德性命,指出易的数理在当时已达到很高境界。古代有学者认为,易乃"象数"之学,基本的象,就是八卦、河洛、太极三大谱系的图象。而图象都是象数兼赅的。

分而言之,象有八卦之象、六画之象、像形之象、爻位之象、反对之象、方位之象、互体之象等。数的类别已述于前,在此就不再重复。

第二章　将以顺性命之理

【提要】本章言卦爻建立的原则,是为了顺性命之理,故以易卦六爻配天、地、人三才的阴阳。

【原文】昔者圣人之作易也,将以顺性命之理。是以立天之道曰阴与阳,立地之道曰柔与刚,立人之道曰仁与义。兼三才而两之,故易六画而成卦,分阴分阳[1],迭用柔刚[2],故易六位而成章。

【词解】[1]分阴分阳:以六爻分为奇数组属阳位,偶数组属阴位。分,分组,平分阴阳。[2]迭用柔刚:刚居阳位,柔居阴位,为当位,反之为不当位,二者可不断交互变化,故曰"迭用柔刚",迭,有不断交互变化之义。

【语译】古代圣人作易的意图,是为了顺应天道自然之规律和万物本性之至理,所以将天的准则定为阴与阳,将地的准则定为柔与刚,将人的准则定为仁与义。由于三才天、地、人各有两方面,所以易经便以六爻配成别卦,以此分判阴阳,掌握刚柔相错的不断变化,所以刚柔各爻在阴阳六位上交互错杂出现而成文章。

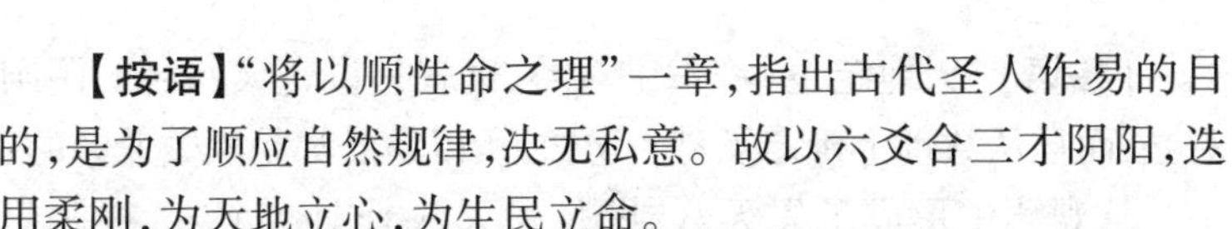

【按语】“将以顺性命之理”一章，指出古代圣人作易的目的，是为了顺应自然规律，决无私意。故以六爻合三才阴阳，迭用柔刚，为天地立心，为生民立命。

“立天之道曰阴与阳，立地之道曰柔与刚，立人之道曰仁与义”，为天、地、人之间的三纲领，六爻的别卦也是这样形成的。从而就可以穷究易理，以了解事物本性，使合于天道（指客观规律），即掌握在社会中进退、存亡、得失之机，以随时位而变通。如果知进而不知退，知存而不知亡，知得而不知失，则失其机要，必然败亡。

第三章 天地定位

【提要】本章阐述先天八卦讲对峙，即体现在天地、山泽、雷风、水火的阴阳对立上。

【原文】天地定位，山泽通气，雷风相薄[1]，水火不相射[2]，八卦相错。数往者顺，知来者逆，是故易逆数[3]也。

【词解】[1]相薄：薄通搏，即相互搏斗之义。[2]相射：射，容也。即水火不能相容之义。[3]逆数：将右转为顺的乾系四卦并列于巽五，八卦就都形成了逆转的易数。

【语译】先天八卦图乾南为天在上，坤北为地在下以定位，艮山居西北而气通于泽，兑泽居东南而气通于山，震雷居东北、巽风居西南而相互搏斗，离火居东、坎水居西而互不相容，八卦分为四组而阴阳相互对立。乾系四卦右转为顺，坤系四卦左旋为逆，将巽五并列于乾一，在次序上形成逆转的易数。

【按语】“天地定位”一章讲对峙，也就是讲先天八卦的阴阳对立，而且从数理上确定了易为逆数，所以易卦都是象数兼赅的。

从观测中形成了先天八卦图，先天八卦图八个卦，按阴阳对立分为四个组，从空间上反映了阴阳对立的规律。以乾南在上为天，坤北在下为地，天地以此定位。以地平以上高突者为山，地平以下陷落者为泽，再高的山也有水泽，再低的泽也具山形，以山泽通气而定象。雷动则风生，风大而雷声愈烈，说明雷风之气是相互搏斗的而定力。坎水和离火互不相容而定性。八卦就形成了四个阴阳对立的局面，这就是阴阳存在着相互对立的依据，所以说先天八卦讲“对立”。先天八卦图传说为伏羲所画，夏代人继承了这套规律，从每年寅月开始运算。

第四章　雷以动之

【提要】本章论八卦有造化、流行、生长、收获之功。

【原文】雷以动之，风以散之，雨以润之，日以晅之[1]，艮以止之，兑以说之[2]，乾以君之，坤以藏之。

【词解】[1]晅之：晅（xuān 宣），有曝晒之义。因离为火，如日光普照，温暖万物，故曰“晅之”。[2]说之：说通悦。兑卦为泽，有滋养的功用，故万物皆喜悦，故曰“兑以悦之”。

【语译】震雷有一阳排二阴而上之势，有鼓动万物之功；巽风有阳气开张，散解万物之功；坎水有化雨而降，滋润万物之功；离火有日光普照，温煦万物之功；艮山有停止之势，有万物已经成熟之象；兑泽有滋养之性，有使万物喜悦之功；乾天为造物之主，主宰着万物生长的机能；坤地为养物之主，包藏万物无所不容。

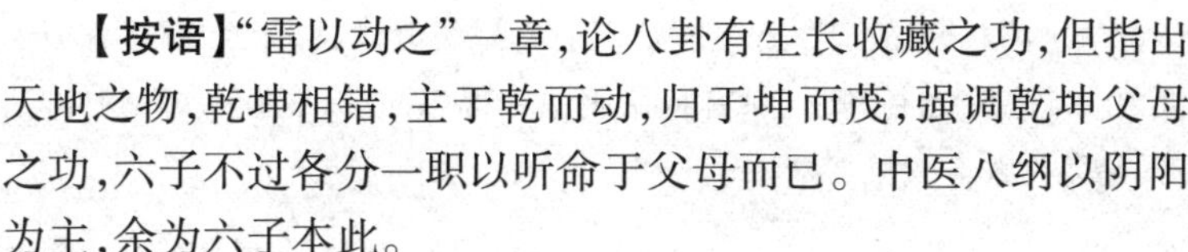

【按语】“雷以动之”一章，论八卦有生长收藏之功，但指出天地之物，乾坤相错，主于乾而动，归于坤而茂，强调乾坤父母之功，六子不过各分一职以听命于父母而已。中医八纲以阴阳为主，余为六子本此。

这一章为八卦之特性下了定义：雷之特性为动，风之特性为散，坎水化雨而降有润之功，离火如日有阳光普照之功，艮山有停止之势，兑泽滋养有使万物喜悦之情，乾天为造物之主，坤地为养物之身。中医八纲，即以阴阳为总纲，表里、虚实、寒热为六子，就本于此。

第五章　帝出乎震

【提要】本章以方位、季节说明后天八卦图讲阴阳相互依存的规律。

【原文】帝[1]出乎震，齐乎巽，相见乎离[2]，致役乎坤[3]，说言乎兑，战乎乾[4]，劳乎坎[5]，成言乎艮。万物出乎震，震，东方也。齐乎巽，巽，东南也。齐也者，言万物之洁齐[6]也。离也者，明也。万物皆可见，南方之卦也。圣人南面而听天下，响明而治，盖取诸此也。坤也者，地也。万物皆致养焉，故曰致役乎坤。兑，正秋也，万物之所说也，故曰说言乎兑。战乎乾，乾，西北之卦也。劳卦也，万物之所归也，故曰劳乎坎。艮东北之卦也，万物之所成终而成始也，故曰成言乎艮。

【词解】[1]帝：指北极帝星，以北斗为车，巡视八方。[2]相见乎离：离五月之卦，万物长大成形，皆有显著之象可见，故曰“相见乎离”。[3]致役乎坤：致，委托、帮助。坤七月之卦，此土气旺而养万物，役，养也，故曰“致役乎坤”。[4]战乎乾：战，相搏。乾乃十月之卦，阴阳之气相搏于乾处之西北方，故曰“战乎乾”。[5]劳乎坎：劳，坎水奔流不息，有劳苦之象。坎冬月之卦，阳气只有蛰伏阴中方得息，故曰“劳乎坎”。[6]洁齐：指万物普遍成长之象。

【语译】帝星主宰天体运动，如震卦为动之始，方位正东，时当春天；巽卦有万物普遍成长之象，方位东南，时当春夏之交；离卦有日当正午日光普照之象，方位正南，时当夏天；坤卦有万物都取得滋养于地之象，方位西南，时当夏秋之交；兑卦有谷物成熟而食养充足、万物皆喜悦之象，方位正西，时当秋天；乾卦有阴阳之气穷而相搏之象，方位西北，时当秋冬之交；坎卦有劳苦而息，阳气潜藏之象，方位正北，时当冬天；艮卦为一年的终点，也为另一年的始点，方位东北，时当冬春之交。万物之动而有形皆始于震，震居东方；万物皆成长于巽，巽居东南方，齐的意思就是万物繁茂之象；离是光明之意，万物皆见其形，因离为南方之卦，如圣人南面听政于天下，英明治理，就是取的这个意思；坤卦为地，万物皆取得滋养，所以有取得滋养于坤地之意；兑卦正当秋天，万物因食养充足而喜悦，所以兑卦有万物喜悦之意；阴阳之气相搏于乾，因乾卦的方位在西北；坎为劳卦，劳有万物之阳气皆内藏于中之象，所以坎为劳卦；艮为东北方之卦，既是万物在一年的终点，也是万物在另一年的始点，所以说艮卦是万物完成一周期的始终点。

【按语】“帝出乎震”一章，论述后天八卦图讲“流行”，从震卦起，艮卦止，按四时之序轮转，周而复始，为讲阴阳相互依存之理的依据。后天八卦讲“流行”，流行即如水流行不止，环周不休，这就反映了阴阳存在着相互依存的规律。后天八卦从时间上的春分节开始，按顺时针方向循环往复，周而复始。后天八卦图传说为文王所画，周代人继承了这套规律，以子月（冬月）为首月运算。

第六章 神也者妙万物而为言也

【提要】本章以乾坤的阴阳变化为主宰(即为神),言其余六卦为乾坤的六个子女,不外体现乾坤的变化。

【原文】神也者[1],妙万物而为言者也。动万物者,莫疾乎雷,挠[2]万物者,莫疾乎风;燥万物者 ,莫熯[3]乎火;说万物者,莫说乎泽;润万物者,莫润乎水;终万物始万物者,莫盛[4]乎艮。故水火相逮,雷风不相悖[5],山泽通气,然后能变化,既成万物也。

【词解】[1]神也者:此处的神,是指乾坤变化微妙的功能。[2]挠:指可使万物弯曲或动摇之力。[3]熯(hàn 汗),火煎之义。使万物干燥,没有比火煎更急了。[4]盛:盛,成也,包括成始成终之义。[5]水火相逮,雷风不相悖:本来水火不容,雷风相搏,但对立中也有依存。逮,依存;悖,背也。即言水火、雷风在一定条件下,也有相容和不相背离的情况,说明阴阳对立中也有依存。

【语译】乾坤二卦的阴阳变化,就是它的神妙功能。使万物鼓动,没有比雷更激烈的,故用震卦象征雷。使万物动摇,没有比风更厉害的,故用巽卦象征风。使万物干燥,没有比火相煎更急的,故用离卦象征火。使万物喜悦,没有比湖泊之水更好的了,故用兑卦象征湖泊。使万物润泽,没有比水更有利的了,故以坎卦象征水。使万物成始成终,没有比艮山之止的位置更合适的了,故用艮卦象征万物终始。水火既相互对立又相互为用,雷风既相互搏击而又相互推动,山泽一高一低截然对立,但其气化又彼此相通,然后才能发生变化,使万物各自获得成功而终结。

【按语】“神也者妙万物而为言也”一章，讲述了八卦的基本功能，但也同时指出“对立中也有依存，流行中也有对立”，不能把问题绝对化。

本章言八卦，以乾坤为主宰者（即神的意思），在主宰者无形的力量支持下，其余六卦各自发挥自己的能力，并体现了六子在对立中也存在着相互依存，在依存中也存在着相互对立，充分体现了阴阳学说的基本规律。

第七章　乾健也坤顺也

【提要】本章讲八卦性情，涉及八卦体用方面的内容。

【原文】乾，健[1]也；坤，顺也；震，动也；巽，入[2]也；坎，陷也；离，丽也；艮，止也；兑，说也。

【词解】[1]健：有刚健而运行不息之象。[2]入：有潜伏深入之象。

【语译】乾卦，有本性刚健之性；坤卦，有本性柔顺之性；震卦，有本性动而前进之性；巽卦，有本性伏而善入之性；坎卦，有本性下陷之性；离卦，有本性必附着于物始能燃烧之性；艮卦，有本性停止或阻止之性；兑卦，有本性使人愉悦之性。

【按语】“乾健也坤顺也”一章，讲八卦的主要特性。如乾卦具有刚健的特性，坤卦具有柔顺的特性，震卦具有动而前进的特性，巽卦具有伏而善入的特性，坎卦具有下陷的特性，离卦具有附着于物始燃烧的特性，艮卦具有停止或阻止的特性，兑卦具有使万物愉悦的特性。这些特性既是每卦的本性，也和其他卦是相反相存的。

第八章 乾为马坤为牛

【**提要**】本章远取诸物，说明八卦所象征之动物。

【**原文**】乾为马，坤为牛，震为龙[1]，巽为鸡，坎为豕，离为雉[2]，艮为狗，兑为羊。

【**词解**】[1]震为龙：龙为乾卦纯阳的象征，但非专用，也象征着震卦的部分功用，如震可潜入地下，动于云中，似龙可潜入深渊、上飞于天之象。[2]离为雉：雉，指朱雀，能飞于天而羽毛华丽，如震卦之象。

【**语译**】乾有马的刚强健运不息之性，坤有牛的驯服负重之性，震有龙的翻波腾云以致水之性，巽有鸡的应时而鸣之性，坎有猪的喜卑湿下陷之地之性，离有朱雀能飞而羽毛华丽之性，艮有狗的阻止外人进入主人家园之性，兑有羊的温柔悦人之性。

【**按语**】以动物之性比八卦之象，乃远取诸物之意。这是把八类动物根据其特性，套入八卦的公式中来分析，以便在实际中运用。中医《内经》按五行特性将动物分类，以便结合五脏、五体、五志的病变，以调节人体，养病治病，即本此理而来。

第九章 乾为首坤为腹

【**提要**】本章近取诸身，说明人体八卦象征的部位。

【**原文**】乾为首，坤为腹，震为足，巽为股[1]，坎为耳，离为目，艮为手，兑为口[2]。

【词解】[1]巽为股:巽卦随和,象征股随足而动,故曰"巽为股"。[2]兑为口:兑为悦,一阴爻在上,象征人口开于上,以语言取悦于人。

【语译】乾卦代表天如人之头尊在上,坤卦代表地如人之腹空包容诸物,震卦代表阳动于下如人之足善走路,巽卦代表随和如人之两股随体而动的状态,坎卦阳含阴中如人之耳聪于内,离卦阴内阳外如人之目明于外,艮卦能止于上如人之手能持物,兑卦阴爻在上而有善悦之性,如人之口开于上能以语言取悦于人。

【按语】"乾为首坤为腹"一章,取"近喻诸身"之义。中医《内经》按五行、五脏为纲,将人体分为五大系统,用于了解一体的部位,以及生理、病理,并用于临床诊治疾病,皆本八卦公式图之理而来。因为八卦、河洛、太极就是这部宇宙代数学里的万能公式,其理可以放之六合而皆准。因为天地是一大天地,万物和人身就是一小天地,就是宇宙的缩影,这也就是中医的"整体观",完全与现代全息论的观点吻合。

第十章　乾天也故称乎父

【提要】本章以父母及六子配八卦。

【原文】乾,天也,故称乎父;坤,地也,故称乎母;震一索而得男[1],故谓之长男;巽一索而得女,故谓之长女;坎再索而得男[2],故谓之中男;离再索而得女,故谓之中女;艮三索而得男[3],故谓之少男;兑三索而得女,故谓之少女。

【词解】[1]震一索而得男:索,爻。爻由下往上数,故最先得到乾

卦一阳爻的是震卦,故曰“震一索而得男。”[2]坎再索而得男:第二个得到乾卦一阳爻的是坎卦,故曰“再索”。[3]艮三索而得男:第三个得到乾卦一阳爻的是艮卦,故曰“三索”。三女之爻与[1]、[2]、[3]同。

【语译】乾卦,象天,在八卦中像父亲一样;坤卦,象地,在八卦中像母亲一样。震卦初爻是阳爻为男,所以称为长男;巽卦初爻是阴爻为女,所以称为长女;坎卦二爻是阳爻为男,所以称为中男;离卦二爻是阴爻为女,所以称为中女;艮卦三爻是阳爻为男,所以称为少男;兑卦三爻是阴爻为女,所以称为少女。

【按语】“乾天也故称乎父”一章,以卦画取象乾坤六子以配八卦。本章便以一个家庭结构来套用八卦公式,而且紧密地与乾坤(父母)卦爻结合起来,分出长、中、少之男和女产生的原由。这不仅仅从理论上来套,而且还从八卦公式上来具体地套用,使学者由此以往就会得心应手、运用自如了。

第十一章　乾为天为圜

【提要】本章总括了八卦的取象,也阐明了卦爻象征着万事万物之象。

【原文】乾为天,为圜[1],为君,为父,为玉,为金,为寒,为冰,为大赤,为良马,为老马,为瘠马[2],为驳马[3],为木果[4]。坤为地,为牛,为母,为布[5],为釜,为吝啬[6],为均[7],为子母牛[8],为大舆[9],为文,为众,为柄[10],其于地也为黑。震为雷,为龙,为玄黄[11],为旉[12],为大涂[13],为长子,为决躁[14],为苍筤竹[15],为萑苇[16],其于马也为善鸣,为馵足[17],为作足[18],为的颡[19],其于稼也为反生[20],其究为健[21],为蕃鲜[22]。

巽为木，为风，为长女，为绳直[23]，为工，为白，为长，为高，为进退，为不果，为臭，其于人也为寡发[24]，为广颡，为多白眼，为近利市三倍，其究为躁卦。坎为水，为沟渎，为隐伏，为矫揉[25]，为弓轮，其于人也为加忧[26]，为心病，为耳痛，为血卦，为赤，其于马也为美脊[27]，为亟心[28]，为下首，为薄蹄，为曳[29]，其于舆也为多眚[30]，为通，为月，为盗，其于木也为坚为心。离为火，为日，为电，为中女，为甲胄，为戈兵，其于人也为大腹，为乾卦，为鳖，为蟹，为蠃，为蚌，为龟，其于木也为科上槁[31]。艮为山，为路径，为小石，为门阙，为果蓏[32]，为阍寺[33]，为指，为狗，为鼠，为黔喙之属[34]，其于木也为坚多节。兑为泽，为少女，为巫，为口舌，为毁折[35]，为附决[36]，其于地也为刚卤[37]，为妾，为羊。

【词解】[1]为圜（huán 环）：圜同环，以圜象乾卦浑轮圆转，不滞不息。[2]为瘠马：由于形体消瘦的变化，故为瘠马。[3]为驳马：由于颜色的变化，故为驳马。[4]为木果：木果多圆，象健运不息。[5]为布：布同播。象坤卦将阳之施散布天下。[6]为吝啬：坤阴敛藏，故有吝啬之象。[7]为均：地生万物，皆平均对待，故有平均之象。[8]为子母牛：子母牛即牝牛之象。[9]为大舆：地载万物，故有大舆之象。[10]为柄：地生养万物，乃生命之根本，故为柄。[11]为玄黄：天玄地黄，相杂为苍色，故天色以苍色者命名。[12]为旉（fū 夫）：敷布之义。[13]为大涂：涂通途。喻通达的大道。[14]为决躁：决躁，指行动果断而快速。[15]为苍筤竹：指青翠茂盛之美竹。[16]为萑（huán 环）苇：指根茎实而枝叶软之水草，象震卦下刚上柔。[17]为馵足：馵，音 zhù（住）。震位居左，马之左足白者称馵足。[18]为作足：作足乃马双举前足，象震下卦一阳始动。[19]为的颡：额有白色旋毛中虚的马，称为的颡。[20]其于稼也为反生：稼，指谷物。反生，倒生。震卦阴上阳下，象植物向下扎根而后再上生长。[21]其究为健：究，极也，有终极之义。象震一阳，在下，必终极于乾。[22]为

蕃鲜：蕃，指生长繁茂；鲜，指草之美。震象春草繁茂鲜美。[23]为绳直：喻巽能引绳之直以制木之曲。[24]其于人也为寡发：寡，少也。巽卦阳盛于上，阴血不升，故头发稀少。[25]为矫揉：矫，曲者更直；揉，直者更曲。喻坎水横流，其曲直当因势利导。[26]其于人也为加忧：坎卦阳陷阴中，危虑太深，故曰加忧。[27]其于马也为美脊：坎卦一阳伏二阴中，有如马的背脊之美。[28]为亟心：亟（qì 器），有中之义。坎坎阳爻在中，象心中烦闷。[29]为曳：坎水趋下，分流易散，象下弱之马，力不任重。曳，下弱也。[30]其于舆也为多眚：舆，大车；眚，灾害。坎为险阻、坑陷之卦，车行必多障碍。[31]其于木也为科上槁：科，空也。木空则上枯槁，有离卦之象。[32]为果蓏：蓏，音 luǒ（裸）。草本所结的果实称为蓏，如瓜类。[33]为阍寺：阍，音 hūn（昏）。阍指王宫门卫人员；寺，王宫内管理内侍及宫女的人。[34]为黔喙之属：黔喙（huì 惠），肉食之兽，齿牙如铁，如豺狼之类。[35]为毁折：兑属金气肃杀，有草木枯黄之象，故曰毁折。[36]为附决：指兑附震，柔附刚，最易坠落，故曰"附决"。[37]其于地也为刚卤：刚卤（lǔ 鲁）指西部盐碱之地，不能栽种，喻兑为西方之卦。

【语译】乾具有天之德故为天，浑轮圆转故为圜，为国之长故为君，为一家之长故为父；其质纯粹故为玉，其性坚刚故为金，后天八卦位居西北故为寒为冰，乾阳气盛故色大赤，乾为阳刚之精故为良马，由于时间变化故为老马，因形体变化故为瘦马，因颜色改变而为驳马，天体健运不息故如木果之圆形。

坤具有地之德能顺承天，有驯服之性故为牛，有柔顺之德故为母，能将阳气播散故能布，使万物成熟如锅煮物一样故象釜，能敛而内藏故为吝啬，能平等对待万物故为均，有雌性之爱故为子母牛，地能载万物故为大舆，多姿多样故为文，能养万物而人心所归故为众，为生命依赖的根本故为柄，为地之正色故为黑。

震卦阳气动于下故为雷，生纯阴之地的阳物故为龙，震为天地始交之色故玄黄，震有春阳布散而草木华茂之象故为琢旉，如大道畅通平坦故为大涂，震一索而得男故为长子，刚动于下而决断快速故为决躁，如美竹青翠故为苍筤竹，乃枝干虚而根茎实之柔木故为萑苇，震乃阳气动而有声故为善鸣之马，震位居左故为左足白之马，震一阳动于下象马双举前足故为作足，马在额部有白色旋毛故为的颡，震卦阴爻在上阳爻在下故有谷物倒生之象，震之性终极如乾故为刚健不息，有如春生之草繁茂鲜美故为蕃鲜。

巽卦有草类之象故为柔木，阴阳之气不和周旋而动故为风，一索而得女故为长女，引绳之直而制木之曲故为绳直，如大匠之巧故为工，使色合一则白，有万里长风之性故为长，如树高千寻故巽木为高，风行无常故为进退，阴性多疑而犹豫故有不果断之象，阴浊之气郁而不散故为臭，巽有阳盛于上而阴血不升之象故生头发稀少之患，巽卦二阴在上有额头宽广之象，巽色白象人白眼多之状，阴处三爻中最下爻有得利三倍之象，风行迅速也躁象。

坎卦阳含阴中故有水象，一阳在中为水而二阴夹两旁为沟故为沟渠，一阳藏二阴中故为隐伏，水流随地形而曲故为矫揉，坎月在两弦则如弓轮，阳含阴中危虑太深故为加忧，肾水旺而克心火故为心病，劳伤肾窍闭塞则耳痛，坎水在身为血故为血卦，中爻之阳得乾之性故为赤色，坎阳爻在中象马背脊故为美脊，象胸故为心中烦闷，坎上无阳故象马首低下，坎下无阳故象蹄磨薄，水性趋下分流而散故象下弱而不任重之马，坎为险阻若大车行进必多障碍，水见空隙即可流过故为通，坎水乃月之精故为月，坎有隐伏浸渍之性故如盗，坎卦阳爻在中故如内心坚实之木。

离卦阴含阳中有火象，离火之精则为日，离火暂明之闪光则为电，离再索而得坤之阴爻故为中女，刚画在外则为甲胄，离火烁金成刃则为戈兵，离卦中空容物故象大腹，天必以日煊万物乃生长故为乾卦，甲类生物皆骨在外而肉在内故为鳖、为蟹、为蠃、为蚌、为龟，离卦中空象朽木中空外槁故为科上槁。

艮卦有停止之性故如山之象，艮阳在末为小路径，艮土为阳而石为土之阳故为小石，艮阳在外故象门阙出入，艮象草类所结瓜果故为果蓏，艮外刚内柔象内侍或宫女等，外卫则刚而侍主则柔故为阍，艮卦止于上故为手，艮止之性能防外来侵袭故为狗，艮卦二阴伏于阳正是如鼠昼伏夜动，艮卦阳爻在上如豺狼等黔刚之兽而齿牙如铁，艮阳刚在外故为木坚而多节者。

兑卦如湖泊为水聚合之地，兑三索而得女故为少女，善以言语取悦于人神故为巫，兑阴爻在上故象口舌，兑属秋金肃杀之气金来克木故为毁折，兑有柔附于刚而刚乃决柔如附在枝头之果实最易坠落故为附决，兑为水泽若干枯坚硬，则有盐碱地之象故为刚卤，兑为少女有青年小妾之象，兑外刚内柔如羊，羊外合群而内极刚狠。

【按语】“乾为天为圜”一章，指出古代先民，通过仰观俯察、远取近喻的方法，将宇宙间的事物进行分类，然后与八卦的卦象比较，看哪一类事物与某一卦的卦象相似，就把它列在这一卦下面。中医“取类比象”的方法，就从易经这里学来。

《说卦传》在七章以前，皆以八卦特性来代入物体，从八章起至十一章，则大量选择万物作为基本辞材，代入八卦公式。中医本此思想，将阴阳五行和天人合一结合起来，提出了一个观点，两条规律：一个观点就是“整体观”，两条规律就是“天人相应律”和“天人共通律”，然后将人身和万物按五行分类（取类），看这类事物象与五行的那一行相像，便把它纳入这一行（取象）。由此发现，横排所列的同属物体，都具有相互感应的规律，所以自然界的风，侵犯人体就会首先伤害人的肝经系统，反过来又可用入肝之药以调治；纵行的物体称为类，每类事物都具有五行特性，都具有相生相克的规律，也就是说都具有天人共通的规律。八卦和阴阳如此，五行和河洛也如此（请参考五行类属表）。

序卦传

序卦上传

【原文】有天地然后万物生焉。盈天地之间者唯万物[1],故受之[2]以屯。屯者,盈也。屯者,物之始生也,物生必蒙,故受之以蒙。蒙者,蒙也,物之稺[3]也,物稺不可不养也,故受之以需。需者,饮食之道也,饮食必有讼,故受之以讼。讼必有众起,故受之以师。师者,众也,众必有所比,故受之以比。比者,比也,比必有所畜,故受之以小畜。物畜然后有礼,故受之以履。履而泰,然后安,故受之以泰。泰者,通也,物不可以终通,故受之以否。物不可以终否,故受之以同人,与人同者,物必归焉,故受之以大有。有大者,不可以盈,故受之以谦。有大而能谦必豫,故受之以豫。豫必有随,故受之以随。以喜随人者必有事,故受之以蛊。蛊者,事也,有事而后可大,故受之以临。临者,大也,物大然后可观,故受之以观。可观而后有所合,故受之以噬嗑。嗑者,合也,物不可以苟合而已,故受之以贲。贲者,饰也,致饰然后亨则尽矣,故受之以剥。剥者,剥也,物不可以终尽,剥穷上反下[4],故受之以复。复则不妄矣,故受之以无妄。有无妄然后可畜,故受之以大畜。物畜然后可养,故受之以颐,颐者,养也,不养则不可动,

故受之以大过。物不可以终过,故受之以坎。坎者,陷也,陷必有所丽,故受之以离。离者,丽也。

【词解】[1]盈天地之间者唯万物:盈,充满;万物,泛指众多物质。即言充满于天地之间的都是各式各样的物质。[2]受之:受,授也,即采用……以象之的意思。[3]稺:稺,幼小之意。[4]剥穷上反下:言剥卦“䷖”上面一阳爻剥尽,又转为复卦“䷗”一阳爻从下面复生。

【语译】乾坤就是天地,有了天地,才有了万物生长的场所,故曰“有天地,然后万物生焉”。充满于天地间的都是物质,所以用屯卦表示,屯有充满的意思。屯处于万物初生时期,必然蒙昧,所以用蒙卦表示。蒙昧是因其幼小,需要饮食滋养方能成长,所以用需卦表示,故曰“需者,饮食之道也”。为了抢夺饮食,就会引起争斗,所以用讼卦表示,故曰“饮食必有讼”。因发生争斗,必然就要兴师动众来声张正义,所以用师卦来表示。兴师动众,人们会聚太多,就必须相互比附,因相互团结,才能和睦相处,所以用比卦来表示,故曰“众必有所比,故受之以比”。有了和睦团结,就会小有所畜,故受之以小畜。衣食小有富足,就必然产生礼制,即规章制度,才能尊卑有序,各安本分,所以用履卦来表示。有了礼制则万事亨通,所以用泰卦来表示。因泰有通达之象,但事物不可永远通达,通达到一定程度又会发生否塞不通,所以用否卦来表示,这是“物极必反”之象,因为事物发展总是波浪式前进的,故曰“泰者通也,物不可以终通,故受之以否”。凡事否塞不通,必与人同心协力,才能通其否塞,所以用同人卦来表示。若与人同心协力,各方必来归顺,则一切皆为所有,所以用大有卦来表示,故曰“与人同者,物必归焉,故受之以大有”。大有之后,又是一次物极必反,无论有了多大事业,有了多大学问,有了多大财富,都不可自满,都必须要谦恭,所以用谦卦来表示,故曰“有大者不可以盈,故受之以谦”。虽然谦而安稳祥和,还必须预为防范,所谓“生于忧患,死于安乐”,所以在谦卦之后用豫卦来表示。若民众都安处和乐,必然上下随从,万众归心,所以用随卦来表示。但上下皆长期沉溺于天下太平,必然积弊而生事端,如器皿为虫蛀而腐坏一样,所以用蛊卦来表示。故曰“以喜随人者必有事,故受之以蛊”。社会发生事端,出现破坏,但经过一番整顿,又可拨乱反正,开辟一代新局面,所以用临卦来表示,故曰“蛊者事也,有事然后可大,故受之以临”。有了大事业、大成就,就具备了观摩条件,所以用观卦来表示,故曰“物大然后可观,故受之以观”。有了可观的事业和成就,信从者必然众多,自然前来会合,所以用噬嗑卦来表示,故曰“可观而后有所合,故受之以噬嗑”。凡事不可苟且相合,必须要有文明礼貌以待人接物,所以用文饰的贲卦来表示,故曰“嗑者合也,物不可苟合而已,故受之以贲”。但过于文饰以交往,则失去真实,变为粉饰了,反而因浮夸而耗尽一切,这就有剥落之象,所以用剥卦来表示,故曰“贲者饰也,致饰然后亨则尽矣,故受之以剥”。弄虚作假,浮夸成风,正气消耗殆尽,有五阴剥一阳之象,但剥到尽处,又会穷上反下,一阳又重生于下,所以用复卦来表示,故曰“剥者尽也,物不可终尽,穷上反下,故受之以剥。”穷上反下,复回到诚实而无虚妄之处,所以用无妄卦来表示。诚实而无虚妄,才能畜德畜贤,所以用大畜卦来表示。所畜巨大,就可颐养贤德,所以用颐卦来表示。有大涵养、大智慧,就必然有大过人的作为,大过人之胆识,在非常时期,就可率众冒险,渡过大风大浪,所以用大过卦来表示。但长期过度,又会出现偏差,遭遇险难,所以用坎卦来表示,故曰“物不可终过,故受之以坎”。陷于危险,必有所附丽,度过黑暗就是光明,所以用离卦来表示,故曰“坎者陷也,陷必有所丽,故受之以离”。

【**按语**】上传始乾坤而终坎离,合三十卦。主要从天地的存在、人物的诞生、社会的发展说起。所以一开始就说:有了天地,才有了万物生长的场所。用乾坤表示天地,用屯卦表示万物充盈于天地间。接着人物需饮食培养,因饮食而发生争斗,劳师动众来解决,人物聚集又必然团结,团结则富足,衣食足礼仪兴,从需到履都涉及了社会问题。然后泰否是第一次物极必反;同人、大有、谦、豫、随到蛊、临又是一次物极必反。然后噬嗑、贲、剥、复又一次物极必反;然后无妄、颐、大过至坎、离又一次物极必反,都是波浪式前进的。

序卦下传

【**原文**】有天地然后有万物,有万物然后有男女,有男女然后有夫妇,有夫妇然后有父子,有父子然后有君臣,有君臣然后有上下,有上下然后礼义有所错。夫妇之道,不可以不久也,故受之以恒。恒者,久也,物不可以久居其所,故受之以遯。遯者,退也,物不可以终遯,故受之以大壮。物不可以终壮,故受之以晋。晋者,进也,进必有所伤,故受之以明夷。夷者,伤也,伤于外者必反其家,故受之以家人。家道穷必乖,故受之以睽。睽者,乖也,乖必有难,故受之以蹇。蹇者,难也,物不可以终难,故受之以解。解者,缓也,缓必有所失,故受之以损。损而不已必益,故受之以益。益而不已必决,故受之以夬。夬者,决也,决必有所遇,故受之以姤。姤者,遇也,物相遇而后聚,故受之以萃。萃者,聚也,聚而上者谓之升,故受之以升。升而不已必困,故受之以困。困乎上者必反下[1],故受之以井。井道不可不革,故受之以革。革物者莫若鼎,故受之以鼎。主器者莫若长子,故受之以震。震者,动也,物不可以终动,止之,故受之以艮。艮者,止也,物不可以终止,故受之以渐。渐者,进也,进必有所归,故受之以归妹。得其所归者必大,故受之以丰。丰者,大也,穷大者必失其居,故受之以旅。旅而无所容,故受之以巽。巽者,入也,入而后悦之,故受之以兑。兑者,悦也,悦而后散之,故受之以涣。涣者,离也,物不可以终离,故受之以节。节而信之,故受之以中孚。有其信者必行之,故受之以小过。有过物者必济,故受之以既济。物不可穷也[2],故受之以未济终焉。

【词解】[1]困乎上者必反下:言泽上枯而无水,乃困卦之象,必然要从地下求得水泉通达,取井卦之象,这就是“困乎上者必反下”。[2]物不可穷也:物不可穷,就是指事物变化发展是无穷无尽,因为天道运转也是无穷无尽的,循环无端的。

【语译】人伦社会的基本单位是男女,而两情相感又莫若少男少女,咸卦上兑为少女,下艮为少男,两者出于无心的天性之感,所以用咸卦来表示两性之感。但两性之感结成夫妇,建立家庭,这种关系必须长久维持下去,家道方兴,恒是长久的意思,所以用恒卦来表示,故曰“夫妇之道,不可不久也,故受之以恒”。但万物都不可能永远保持原状,久则退变,古代贤良,见国家坏人当道,则采取“急流勇退”以保身,所以用遯卦来表示,故曰“物不可久居其所,故受之以遯”。事物不可能始终衰减后退,衰极必盛,所以用大壮卦来表示。壮盛则必然日益前进而光明,所以用晋卦来表示,因晋有日出地上、愈上进而愈光明之象。日体上进到极限则转入地下,使光明受损而暗,所以用明夷卦来表示。在人事上受了伤必返于家,家事以女子为主,所以用家人卦来表示。但家道穷则礼义不兴,则导致夫妇反目,

相互背离，所以用睽卦来表示，故曰“家道穷必乖，故受之以睽”。相互背离，必然发生险难，所以用蹇卦来表示，故曰“睽者乖也，乖必有难，故受之以蹇”。凡事不会长期处于险难之中，终究有缓解的时候，所以用解卦来表示。险难缓解，常会松懈麻痹，必然造成损失，所以用损卦表示，故曰“缓必有所失，故受之以损”。损到极限，又会转为增益，所以用益卦表示，故曰“损而不已必益，故受之以益”。正气增益不已，邪恶必将除尽，所以用夬卦来表示。但消除了邪恶之后，还会遇到新的危险，当防微杜渐，所以用姤卦来表示，故曰“夬者决也，决必有所遇，故受之以姤。”各方相遇，都会聚在一起共商大事，所以用萃卦来表示。若萃聚于上，日久必然积累上升，有木在地中长而益高之象，所以用升卦来表示，故曰“萃者聚也，聚于上者谓之升，故受之以升”。上升不已，必然力竭而穷困，所以用困卦来表示，故曰“升而不已必困”。以水为喻，若水枯于上，必然从地下去掘井取水，所以用井卦来表示，故曰“困乎上者必反下，故受之以井”。井出清泉为贵，久则浑浊，必淘去污泥乃清，这是革除之象，比喻社会日久产生弊端，也必革除弊端乃能清正，所以用革卦表示，故曰“井道不可不革，故受之以革”。用鼎煮物可以改变风味，以喻革除旧制必须要有所更新，所以用鼎卦表示，故曰“革物者莫若鼎，故受之以鼎。”古代将鼎作为祭祀之重器，故将鼎喻为政权代表，震为长子，为政权合法的继承人，所以用震卦表示，故曰“主器者莫若长子，故受之以震”。震卦的性质是主动，动极则止，艮的性质是止，所以在震动之后用艮止来表示，故曰“震者动也，物不可以终动，故受之以艮”。事物不会始终停止不动，一定会逐渐发展变化的，所以用渐卦来表示，故曰“物不可终止，故受之以渐。”事物不能永远前进，必然要有一个归宿，所以用归妹卦来表示，故曰“渐者进也，进必有所归，故受之以归妹”。得到良好归宿，就会丰盛富有，所以用丰卦来表示。但丰盛之极，骄奢无度，必导致经济衰败，失其所居，有如旅客飘流于外之象，所以用旅卦来表示，故曰“丰者大也，穷大者必失其居，故受之以旅”。旅途少亲寡友，当对人恭顺才有容身之地，巽有柔顺的性质，故用巽卦来表示，故曰“旅而无所容，故受之以巽”。柔顺使人喜悦而受欢迎，兑有温顺喜悦的性质，所以用兑卦来表示，故曰“巽者入也，入而后悦之，故受之以兑”。但过悦则使气机涣散，涣卦有风行水上使气涣散之象，所以用涣卦来表示，故曰“悦而后散之，故受之以涣”。事物不可始终涣散，必须要有一个节制，所以在涣卦之后用节卦来表示。有了节制，则上下都可互相取得诚信，所以用讲诚信的中孚卦来表示。若过分自信或妄自信人，就易发生过失，所以接着用小过卦表示。有小过失若能迅速纠正，就可使阴阳平衡，水火两不相亢，而成就伟大事业，所以用既济卦来表示，故曰“有过物者必济，故受之以既济”。若使火上炎而水下流，则水火不能相济为用，所以用未济卦来表示，故曰“物不可穷也，故受以未济终焉”。由此说明，天道循环不已，人事变动不已，事物相互转化是无穷无尽的，所以用一未济卦来说明这一了犹未了的规律。

【按语】下传始咸恒而终既济未济，合三十四卦。序卦传是讲六十四卦之间的相互联系，这种相互联系不是直线发展的，而是波浪式前进的，当然波浪式前进可以一浪高过一浪，也可一浪低过一浪。也就是说，它存在着进退、存亡、得失的规律，存在着“物极必反”的规律。如泰否两卦的变化，是一浪低过一浪，诸如晋明夷、困井、震艮、涣节都是一浪低过一浪。遯大壮是一浪高过一浪，诸如革鼎、剥复、蹇解、损益、夬姤都是一浪高过一浪。

下传开始之文有脱节处，现据前后文义之意补入四句：”人道之兴，必由夫妇，故受之以咸，咸者感也。”因人伦社会的基本单位是夫妇，而男女相感又莫若少男少女。咸卦上兑为少女，下艮为少男，相感之速皆出于天性。所以卦名咸而不名感者，

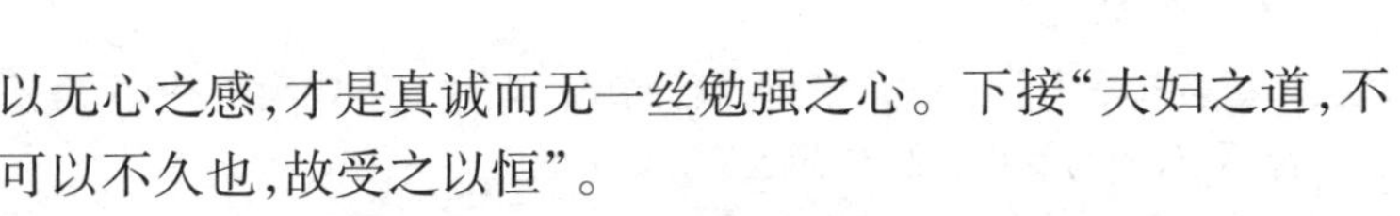

以无心之感，才是真诚而无一丝勉强之心。下接“夫妇之道，不可以不久也，故受之以恒”。

杂卦传

【原文】乾刚坤柔，比乐师忧。临观之义，或与或求。屯见而不失其居[1]，蒙杂而著[2]。震，起也；艮，止也。损益，盛衰之始也。大畜，时也；无妄，灾也。萃聚，而升不来也；谦轻，而豫怠也。噬嗑，食也；贲，无色也[3]。兑见，而巽伏也。随无故也，蛊则饬也。剥，烂也；复，反也。晋，昼也；明夷，诛也。井通，而困相遇也。咸，速也；恒，久也。涣，离也；节，止也；解，缓也，蹇，难也；睽，外也；家人，内也；否泰；反其类也。大壮则止，遯则退也。大有，众也；同人，亲也；革，去故也；鼎，取新也；小过，过也；中孚，信也；丰多故也，旅寡亲也。离上，而坎下也。小畜，寡也，履，不处也。需，不进也；讼，不亲也；大过，颠也[4]；姤，遇也，柔遇刚也；渐，女归待男行也；颐，养正也；既济；定也；归妹，女之终也；未济，男之穷也[5]；夬，决也，刚决柔也，君子道长，小人道消也。

【词解】[1]屯见而不失其居：见，初露头角；不失其居，言还未脱离险阻。即言还没有脱离险恶的处境。[2]蒙杂而著：杂，指经历了繁杂的过程；著，言学业有成。蒙卦指尚蒙昧，必须经历繁杂的学习，才能学业有成。[3]贲，无色也：无色，指没有颜色的本质。在此言贲卦是把无色的本质文饰掩盖起来。[4]大过,颠也:颠,倒塌。大过上下皆柔爻,象征房屋上下皆不牢,故易倒塌,故曰"颠也"。

【语译】乾坤两卦是错卦,乾纯阳爻代表刚,坤纯阴爻代表柔,故曰"乾刚坤柔"。屯蒙两卦是综卦,屯言有才能之人初露头角,故遭险阻,但最终仍可达到目的,故曰"屯见而不失其居"。蒙指幼小蒙昧,必经一番学习,事业乃能有成,故曰"蒙杂而著"。需讼两卦是综卦,需乾刚在后,坎险在前,所以不可冒进,故曰"需不进也"。讼以乾刚遇坎险必争斗,所以必不相亲,故曰"讼不亲也"。比师两卦是综卦,比是互相团聚所以欢乐,故曰"比乐"。师是行军打仗,所以忧虑,故曰"师忧"。小畜和履卦是综卦,小畜一阴居下而畜五阳,所以力薄而寡,故曰"小畜寡也"。履卦一阴非正位而遇五阳,当反其道以柔履刚,故曰"履不处也"。否泰两卦是错卦,六爻阴阳相反,性质一通一塞,类别各异,故曰"否泰反其类也"。同人大有两卦是综卦,同人卦一阴爻在臣位而得中,有同人相亲协力相助之象,故曰"同人亲也"。大有卦一阴爻在君位而得中,有得势而怀柔天下之象,故曰"大有众也"。谦豫两卦是综卦,谦卑已而敬重人,多受益;豫逸乐而懈怠,常误事。故曰"谦轻而豫怠也"。随蛊两卦是综卦,随是上下相随,天下太平无事,故曰"随无故也"。蛊是文过饰非,天下乱而多事,故曰"蛊则饬也"。临观两卦是综卦,临是以上临下,多给下面恩惠;观是以下观上,多求上面赏赐。故曰"临观之义,或与或求"。噬嗑和贲卦是综卦,噬嗑口有物必咬合,强制不合而合,故曰"噬嗑食也"。贲是将无色本质装饰掩盖起来,故曰"贲无色也"。剥复两卦是综卦,剥是五阴剥一阳,有如果实落地而腐烂之象,故曰"剥烂也"。复是一阳复生于下,有如果核埋入地中而萌芽再生之象,故曰"复反也"。大畜无妄两卦是综卦,大畜是积畜才德,待时而出,以利济天下,这是意外之得,故曰"大畜时也"。无妄是本无所求,突遭灾祸,致身名俱裂,这是意外之失,故曰"无妄灾也"。颐卦大过是错卦,

颐卦象口能进食颐养身体，但以颐养大众为正，故曰“颐养正也”。大过像房屋上下皆不坚实，必然颠覆倒塌，故曰“大过颠也”。离坎两卦是错卦，离为火，火性炎上；坎为水，水性趋下。性质上下相反，故曰“离上而坎下也”。咸恒两卦是综卦，咸卦象少男少女相感，真诚之交可瞬间沟通，故曰“咸速也”。恒卦象长男长女成家，恒久和睦将永远不变，故曰“恒久也”。遯卦大壮是综卦，遯卦言在阳消阴长时，当急流勇退，故曰“遯则退也”。大壮指处盛大强壮时，要适可而止，故曰“大壮则止”。晋卦明夷是综卦，晋卦日在上空，表示白昼光明，故曰“晋昼也”。明夷日落地下，表示光明受损，故曰“明夷诛也”。家人睽卦是综卦，家人互相友善，有团聚在内之象，故曰“家人内也”。睽卦彼此反目，有离别在外之象，故曰“睽外也”。蹇解两卦是综卦，蹇是困于险中所以困难，故曰“蹇难也”。解是动而出险所以缓和，故曰“解缓也”。损益两卦是综卦，损卦两阳爻在下，表示损下以益上，是衰败的开始；益卦两阳爻在上，表示损上以益下，是兴盛的开始。故曰“损益盛衰之始也”。夬姤两卦是综卦，夬是五阳在下决一阴，阳长阴消，表示君子决除小人，故曰“夬决也，刚决柔也”。姤是一阴在下侵五阳，阴长阳消，表示小人将害君子，故曰“姤遇也，柔遇刚也”。萃升两卦是综卦，萃，聚也，天地气聚而万物生，英才会聚而事业成；升，升也，三阴升于上而难下，故有去而不回之象，故曰“萃聚而升不来也”。井困两卦是综卦，井卦入井取水，取之不尽，表示做事通达；困卦水居泽下，枯而无水，表示遭遇穷困，故曰“井通而困相遇也”。革鼎两卦是综卦，革是改革，改变旧貌，故曰“革去故也”。鼎是更新，变换新颜，故曰“鼎取新也”。震艮两卦是综卦，震是一阳爻起于下，所以说是开始，故曰“震起也”。艮是一阳爻终于上，所以说是终止，故曰“艮止也”。渐卦归妹是综卦，渐卦是男子迎亲，必须通过六礼，逐渐与女子接近，故曰“渐，女归待男行也”。归妹是女子出嫁，接受男方六礼，表示女子有了归宿，故曰“归妹,女之终也”。丰旅两卦是综卦,丰卦表示兴盛到了极点就会多事,故曰“丰多故也”。旅卦人在旅途必然少亲寡友,故曰“旅寡亲也”。兑巽两卦是综卦,巽卦一阴在下,表示柔能深入人心;兑卦一阴爻在上,表示喜悦之情显现于外,故曰“兑见而巽伏也”。涣节两卦是综卦,涣是涣散,有分离之义,故曰“涣离也”。节是节制,有制止之义,故曰“节止也”。中孚小过是错卦,中孚卦象中心空虚,表示诚信虚心,故曰“中孚信也”。小过卦象阴多阳少,表示过而有偏,故曰“小过,过也”。既济未济是错卦,既济表示水火相互为用,象征大局已定,事业成功,故曰“既济定也”。未济表示六爻均不得位,以上六阳爻失位而告终,男为阳,故曰“未济男之穷也”。

【按语】杂卦传讲六十四卦每两卦相互对立的关系,不仅两两相对,而且错综变化。一左一右谓之错,一上一下谓之综,综是卦的上下颠倒。天地之大,万物之多,周期和过程之复杂,杂卦传就是通过它对立两卦来反映其情况的。从性质上分,则有乾刚坤柔;从活动过程上分,则有震起艮止;从事物形体上分,则有损益盛衰。推而言之,举凡忧乐、取与、隐显、内外、进退、上下,无不是阴阳的对立情况。

统计《周易》错卦有乾坤、坎离、颐大过、夬姤,中孚小过、既济未济等卦。综卦就有32对,只有些卦颠倒后仍然如此,毫无意义,如乾坤、坎离等。以上周易大传全文就止于此。

第二部分 周易本经

第一章 乾（乾上乾下 ䷀）

【提要】乾（qián）为天，天之始，以太阳喷薄云层而出，万物也随之动变，有如万物运动变化的力量之父。天性健运不止，人体也当自强不息。

【原文】乾，元、亨、利、贞。初九，潜龙勿用。九二，见龙在田，利见大人。九三，君子终日乾乾[1]，夕惕若[2]，厉无咎。九四，或跃在渊，无咎。九五，飞龙在天，利见大人。上九，亢龙有悔。用九，见群龙无首吉。彖曰：大哉乾元，万物资始，乃统天，云行雨施，品物流形，大明终始，六位时成，时乘六龙以御天。乾道变化，各正性命，保合太和，乃利贞。首出庶物，万国咸宁。象曰：天行健，君子以自强不息。潜龙勿用，阳在下也；见龙在田，德施普也；终日乾乾，反复道也；或跃在渊，进无咎也；飞龙在天，大人造也；亢龙有悔，盈不可久也。用九，天德不可为首也。

文言曰：元者，善之长也；亨者，嘉之会也；利者，义之和也；贞者，事之干也。君子体仁足以长人，嘉会足以合礼，利物足以和义，贞固足以干事。君子行此四德者，故曰乾元、亨、利、贞。初九曰：潜龙勿用，何谓也？

子曰:龙德而隐者也,不易乎世,不成乎名。遯世无闷,不见是而无闷,乐则行之,忧则违之,确乎其不可拔,潜龙也。九二曰:见龙在田,利见大人,何谓也?子曰:龙德而正中也。庸[3]言之信,庸行之谨,闲邪存其诚,善世而不伐,德博而化。易曰:见龙在田,利见大人,君德也。九三曰:君子终日乾乾,夕惕若,厉无咎,何谓也?子曰:君子进德修业,忠信,所以进德也;修辞立其诚,所以居业也。知至至之,可与几也,知终终之,可与存义也。是故居上位而不骄,在下位而不忧,故乾乾,因其时而惕,虽危无咎矣。九四曰:或跃在渊,无咎,何谓也?子曰:上下无常,非为邪也;进退无恒,非离群也,君子进德修业,欲及时也,故无咎。九五曰:飞龙在天,利见大人,何谓也?子曰:同声相应,同气相求;水流湿,火就燥;云从龙,风从虎,圣人作而万物睹。本乎天者亲上,本乎地者亲下,则各从其类也。上九曰:亢龙有悔,何谓也?子曰:贵而无位,高而无民,贤人在下位而无辅,是以动而有悔也。潜龙勿用,下也;见龙在田,时舍也;终日乾乾,行事也;或跃在渊,自试也;飞龙在天,上治也;亢龙有悔,穷之灾也;乾元用九,天下治也。潜龙勿用,阳气潜藏;见龙在田,天下文明;终日乾乾,与时偕行;或跃在渊,乾道乃革;飞龙在天,乃位乎天德;亢龙有悔,与时偕极;乾元用九,乃见天则。乾元者,始而亨者也;利贞者,性情也,乾始能以美利利天下,不言所利,大矣哉。大哉乾乎!刚健中正,纯粹精也;六爻发挥,旁通情也;时乘六龙,以御天地;云行雨施,天下平也,君子以成德为行,日可见之行也。潜之为言也,隐而未见,行而未成,是以君子弗用也。君子

学以聚之，问以辩之，宽以居之，仁以行之。易曰：见龙在田，利见大人，君德也；九三，重刚而不中，上不在天，下不在田。故乾乾，因其时而惕，虽危无咎矣。九四，重刚而不中，上不在天，下不在田，中不在人。故或之，或之者，疑之也，故无咎。夫大人者，与天地合其德，与日月合其明，与四时合其序，与鬼神合其吉凶。先天[4]而天弗违，后天[5]而奉天时，天且弗违，而况于人乎？况于鬼神乎？亢之为言也，知进而不知退，知存而不知亡，知得而不知丧，其唯圣人乎？知进退存亡，而不失其正者，其唯圣人乎！

【词解】[1]乾乾：谨慎貌。[2]夕惕若：夕，将晚；惕，警惕；若，表过去助词。即言将晚的时候，还要回想一下，白天办事有无失误之处。[3]庸：平常。[4]先天：天，在此指易道。先于易道发现前发现的符号、图象，则在其前面标“先天”二字，如先天八卦图。[5]后天：后于易道而发现的符号、图象，则在其前面标“后天”二字，如后天八卦图。

【语译】乾卦的性质是元、亨、利、贞。初九爻说，潜伏在地下的龙是做不成什么事的。九二爻说，见龙在田里治水，有利于庄稼，这个人会被推荐给上面去做事的。九三爻说，君子处下位要诚恳地做事，晚上还要回忆一下有没有未处理好的问题，虽处境凶险也不会犯错误。九四爻说，知道再向前走一步就是深渊，就不会犯错误。九五爻的地位就像龙飞在天上，将会有利于天下。上九爻说，龙已飞到最高处，还要继续往上飞就会倒霉。要运用乾卦各阳爻之理，不使各阳爻偏亢为害。彖辞说：伟大啊！天的功能主开始，成为创造万物的根源，统帅宇宙。云的飘动，雨的降落，使天的气息流布于每一角落，赋予万物生生不息、品物流行之机，这也就是伟大光明的宇宙，由开始到终结的原动力。卦的六爻就代表了万物从始到终的六个阶段，若从这个时间周期来掌握，就像乘着六条龙奔上天空。乾就是天的法则，时刻都在变化，在此变化中，生育万物，各依其本质，赋予性命。只有保持这一自然的大和谐，才能使万物各得其所，祥和纯正，超然于万物之上，所有国家都得到和睦安宁。象辞说：天体刚健，运行周而复始，君子效法此象，应当努力克制私欲，不懈地力求进步。潜伏的龙发生不了作用，是因阳刚之力还潜伏在地下；见龙在田中，是龙已能治水以润泽万物，施恩于天下；终日自强不息，表明君子能反复实践天的法则于人事上；知道不该进的地方，则不再往前进，那就没有问题了；龙已飞到天上，就象征着圣人已登上了治国利民的宝座；龙如果已飞腾到极限，物极必反，过于满盈是不能持久的。若要运用“九”的阳刚之理，就不可争强好胜，才能安全吉祥。

文言说：元，是良好的开端；亨，是相互沟通的会聚；利，有利于事物合于道义；贞，专一才能精明能干。元、亨、利、贞既是代表天道乾卦的性质，也是人必具备的四种德行。初九爻说，潜龙勿用，这是什么意思呢？孔子说：是具有龙的利济万物的道德和品行，但还没有被人发现的人。他并不因世俗而改变节操，并不急于成名于世，就算一生得不到任用也不怨天尤人，若自己主张被采纳就愉快地实行它，未被采纳也不愤慨不平，坚持自己的正确看法而不动摇，这就是潜龙的德行。九二爻说，见龙在田，利见大人，是什么意思呢？孔子说：龙在古代是治水的，龙在田中，正得其用，表现出了中正的德行，比喻君子被上面发现而任用。因日常的言语都很讲信用，日常的行为都很谨慎，至诚而无邪念，对世人作出贡献而不夸跃，能广泛地起到感化作用，所以易经上说见龙在田，利见大人，这符合当领导人的德行。九三爻说，君子终日乾乾，夕惕若，厉无咎，是什么意思呢？孔子说：这是君子进德修业的根本，忠实而有信用，这是增进德行的根本；说话一定要诚恳，才能发展大事业。知道时机到来，就应抓住时机全力以赴；知道应该终止，就立刻停止下

来，这才能够保持道义上的分寸。要做到居高位而不骄傲，处下位也不悲观失望，保持诚恳谦虚的态度，随时警惕，则虽处危难之中也不会犯错误。九四爻说，或跃在渊，无咎，是什么意思呢？孔子说：处于九四地位，完全上进，则上疑有觊觎之心，完全退让，则众人疑有离群之意，只有随时进德修业，当进则进，当退则退，当上则上，当下则下，才不致引起误会而获罪，故无咎。九五爻说，飞龙在天，利见大人，这是什么意思呢？孔子说：事物皆以类相从，如音调相同，则产生共鸣；气息相同，则互相吸引；水往低湿处流，火往干燥处燃；云随龙而动，虎从风而生。所以领导人的行为，就会使人民百姓受到感召。由此可见，本乎天的性质的事物都是往上升的，本乎地的性质的事物都是朝下降的，这就是各从其类、各有属性不同的道理。上九爻说，亢龙有悔，这是什么意思呢？孔子说：这是指领导人高高在上但是一个空位，摆着尊贵的架子但没有民众拥戴；贤能的人都处于很低下的地位，自己身边都得不到他们的辅佐，所以在这种状态下创事业，必然会遭到失败，潜龙勿用，包括地位低下、人微言轻等意思，故曰“下也”；见龙在田，是安于其位以利人济物，因恰逢其时，故曰“时舍也”；终日乾乾，是要不断进德修业，利国利民，故曰“行事也”；或跃在渊，言进退出处都要自己体验，好自处之，不足为外人道也，否则坏事，故曰“自试也”；飞龙在天，言圣人已得到地位和时机，正好施展治国安民的抱负，故曰“上治也”；亢龙有悔，是地位达于极限，有满而招损之象，故曰“穷之灾也”；乾元用九，天下治也，是教人当刚而用柔之法，乃能取得事业的成功。潜龙勿用，有阳气潜藏在下的意思；见龙在田，有天下欣欣向荣的文明景象；终日乾乾，有随时进退之象；或跃在渊，言九四处外卦之始的变革时期，应随时注意适应不断变化的情况；飞龙在天，言已具有领袖的地位和德行，可使天下大治；亢龙有悔，言从时位上均达于极限，有物极必反的变化；乾元用九，乃见天则，言只有体刚用柔，刚柔相济，才符合自然法则。乾元而亨指创始万物，生生不息；利贞指内在纯朴的本性，乾天创始万物，能以最美满的利益普施于天下，虽不言所利，而其利益是极其盛大的啊！乾所表示的是天的伟大功能，是刚强、健壮、适中、正确、纯粹，无不达于极点；根据六爻构成的重卦推演下去，无不与天道本性相符，随着时间转移，就像乘着六条龙奔上天空一样；又如云行雨施，万物皆得到滋养，以此治国安邦，必然天下太平，治世的君子以此成其大德，每天都可见到他措施的成功；潜的意思是君子的才德还隐而未见于上，行而未能成功，所以还不能实现自己的抱负。若君子已处于领导人的地位，就要不断学习以积累知识，相互问答以辨明是非，宽厚待人以使人安心，用博爱精神以推行政务。所以易经说，见龙在田，利见大人，是当领导的才能啊！九三阳爻居阳位，上不沾天，下不着地，正处于危险的境地。因而，必须自强不息，因应时机，多加警惕，虽然危险，也就不会发生过失与灾难了。九四刚离开刚强的阳位，处一人之下、万人之上的地位，上不着天，下不落地，中又即将不属于人，处在不安定的地位，故危疑不决，正因为有了疑虑，才迫使他去审时度势而进，从而保持了他不犯错误。处九五之尊的大人，已代表三才之一，故要求要与天地的德行合一，与日月的光辉同等，进退如四时的更换有序，对吉凶的推断要从始到终的全过程去理解。如果先于天道规律之前去建立制度和制器尚象，就会在不违背天道规律之下去进行；如果已经有了天道规律，就会按照天道规律去做。圣人对天道规律尚且不违背，当然更不会去违背人性和事物发展的规律了！什么是偏“亢”呢？简单地说就是只知道前进而不知道后退，只知道存在而不知道灭亡，只知道取得而不知道丧失。只有圣人，才懂得进退存亡得失，坚持正确原则而不动摇，能做到这一点的才是真正的圣人啊！

【按语】乾卦六爻皆从人处的地位来了解信息。至于阳爻用九、阴爻用六则本五行数而来，由天之五星即五行数所本，所

以为易的基本数之一。五行数以一、三、五奇数为阳,阳数相加为九,故阳爻用九;以二、四偶数为阴,阴数相加为六。阳数用九,在六爻之位上,则有初九、九二、九三、九四、九五、上九六名;阴数用六,则有初六、六二、六三、六四、六五、上六六名。至于乾卦六爻变化,则皆从人处的地位来了解信息。

乾卦其象为天,其性纯阳,六爻皆以龙或君子、大人为例表示之。乾卦着重阐述了大自然创始万物的法则,并具有元、亨、利、贞的性质,为人类社会仁、义、礼、智四德的根源。

第二章　坤(坤上 坤下 ䷁)

【提要】坤(kūn 昆)为地,万物皆从地而成其形体,坤顺承天,而为万物之母。

【原文】坤,元亨,利牝马[1]之贞。君子有攸往,先迷后得主,利西南得朋,东北丧朋,安贞吉。彖曰:至哉坤元,万物资生,乃顺承天。坤厚载物,德合无疆,含弘光大,品物咸亨。牝马地类,行地无疆,柔顺利贞,君子攸行。先迷失道,后顺得常,西南得朋,乃与类行;东北丧朋,乃终有庆,安贞之吉,应地无疆。象曰:地势坤,君子以厚德载物。

初六,履霜坚冰至。象曰:履霜,阴始凝也,驯致其道,至坚冰也。六二,直方大,不习[2],无不利。象曰:六二之动,直以方也;不习,无不利,地道光也。六三,含章可贞,或从王事,无成有终。象曰:含章可贞,以时发也;或从王事,知光大也。六四,括囊[3]无咎无誉。象曰:括囊无咎,慎不害也。六五,黄裳元吉。象曰:黄裳元吉,文在中也。上六,龙战于野,其血玄黄。象曰:龙战于野,其道穷也。用六,利永贞。象曰:用六永贞,以大终也。文言曰:坤,至柔而动也刚,至静而德方,后得主而有常,含万物而化光,坤道其顺乎?承天而时行。积善之家,必有余庆;积不善之家,必有余殃,臣弑[4]其君,子弑其父,非一朝一夕之故,其所由来者渐矣,由辩之不早辩也。易曰:履霜坚冰至,盖言顺也。直其正也,方其义也,君子敬以直内,义以方外,敬义立而德不孤,直方大,不习无不利,则不疑其所行也。阴虽有美,含之以从王事,弗敢成也。地道也,妻道也,臣道也,地道无成而代有终也。天地变化,草木蕃;天地闭,贤人隐。易曰:括囊无咎无誉,盖言谨也。君子黄中通理,正位居体,美在其中,而畅于四支,发于事业,美之至也。阴疑于阳必战,为其嫌于无阳也,故称龙焉;犹未离其类也,故称血焉。夫玄黄者,天地之杂也,天玄而地黄。

【词解】[1]牝马:牝(pìn 聘)马即母马。[2]不习:不习即不卑不亢。[3]括囊:括,结也;囊,贮物之袋。即扎紧自己袋子。[4]弑:下杀上曰弑,如弑父弑君之类。

【语译】坤卦以元亨两德为主,如雌马般地柔顺驯服。若君子未遇明主而领先行动,就会迷失政治方向;已遇明主而随其行动必取得事业的成功。《周易》本后天八卦图,西方是坤、兑的卦位,南方是巽、离的卦位,四卦均属阴,所以说往西南可得到同属于阴的朋友;东方是艮、震的卦位,北方是乾、坎的卦位,四卦均属阳,因而说往东北就会失去同属于阴的朋友。但得朋友也必走正道,方可成功事业而得吉。彖辞说:至大的坤地,是

万物生成的根源，这是坤地顺乾天而行来完成的。坤为大地，深厚地负载着万物，对万物的成长功德无量，有包容广阔、光明盛大等作用，使品类众多之物都能顺利成形。雌性的马属阴与大地同类，具有在大地上驰骋的无限力量，性情安静柔顺，专一利人，君子皆效法其德行。先未得明君而迷失方向，后得明主则可正确推行其道了，有如西南得朋而助其推行其道，东北丧朋而最后还是找到了合作者以庆幸成功，这是因坤卦具有安静柔顺、专一利人的性情获得的吉祥，这就是大地的德行。象辞说：易学把大地用坤卦来象征，君子要效法大地负载万物的性情，就要以宽厚的德行来处事接物。

初六爻说：阴寒之气动于泉下始则为霜，但最终将结成坚冰。象辞说：足下踏着霜时，就应想到阴寒已动，如果这样冷下去，就会结成冰块，比喻坏事开始便要防微杜渐。六二爻说：坤有直爽、好义、正大光明三种德行，故不卑不亢，所以处事接物无不顺利。象辞说：六二有直、方、大三德以为用，故不卑不亢，所以处事无不顺利，这就是坤地之道的光芒。六三爻说：此爻类似有才德的人处于下位，不可浅露头角以恃才自专，上面信任就出来做事，但还要由上面裁决，顺应以终其事。象辞说：你虽有才德而人微言轻，处事可根据上级信任与否而定；上级信任可以出来工作，但要顺应以终其事。六四爻说：用绳索扎紧自己的口袋，不让对方知道袋中所贮何物，既不能在人前邀荣誉，也不能有过错。象辞说：用“括囊”这种办法，是谨慎其事，免遭迫害。六五爻说：六五在此比喻辅佐之人处天子大位，必须具有“黄”之中美，“裳”之下美，“元”之上美，才能取得好的结果而得吉。象辞说：黄裳元吉，是指有美好的文采存于内的缘故。上六爻说：坤阴极于上而有龙象，故远离本位而与阳争，两败俱伤，其血天玄而地黄。象辞说：龙战于野，这是阴穷于上，疑阳之伤已而与之争战。坤卦用六，当坚定地永远坚持纯正，目光远大，才能获得有利的结果。象辞说：用六永贞，这是因为坤卦处于从属地位,必须顺承天的法则,才能终其生成万物的作用。文言说:坤体虽至柔但发为用则刚强,安静而正直,随乾以成其事,这是为了遵守主从关系的常规,能包容万物而使其生长光大,坤的性质岂不非常柔顺吗?承受天的意志而依时序运行。积善的人家必有更多的吉庆大事遗留给子孙,积恶的人家必有更多的祸殃遗留给后代。臣下去杀死君主,儿子去杀死父亲,并非出自一朝一夕的偶然,这是逐渐积累的结果,因为没有及早辨明是非把它处理好的缘故啊。所以易经上提醒人们说,踏着霜的时候,就应想到让这种坏的情况发展下去,就会结成坚硬的冰块,这是顺着坏的势头发展的必然结果。直即正,方指义,君子以谨慎的态度使内心正直,以正义的准则使外在的行为规范,只要确立了谨慎与正义的精神,他的德行就不会孤立。有此直、方、大三德,就能不卑不亢,做事无往而不顺利,就不会对自己的行为感到困惑了。柔顺虽然是美德,但要含蓄去从事政务,不可居功傲上。这是因为处于坤土的地位、妻子的地位、臣下的地位,这是处于从属地位时必须遵守的原则,所以坤地虽生成万物,但要归功于乾天以终其事。天地的气机交通,则草木繁荣茂盛;天地闭塞,则贤能的人就隐退了。易经上说,收紧口袋既不会有过失,也不去邀来荣誉,这是为了言行谨慎之故。君子应像黄色居于中央,通情达理,位置正当,则美德自然备于体内,达于四肢,如果本此美德去干事业,必然做得很好很成功。阴盛极疑阳之伤已必与之决战,阴仍是阴,感到自身没有阳气,只是想向阳方转化所以也称为龙,但却没有完全转化为阳而仍为阴类,所以用一"血"字表示。至于"玄黄"之称,是指正处于天地相杂、阴阳转化的关键时刻,情况一片混乱,因天之色玄而地之色黄之故。

【按语】坤卦初六、六二、上六皆从人的行为了解信息,六三、六四、六五则从人处的地位了解信息。坤地之性为柔顺驯服,追随而不超越,包容而不排斥,安祥纯正,直率含蓄。

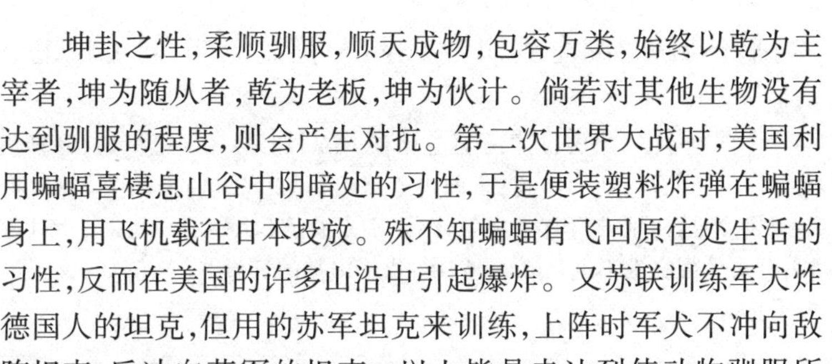
坤卦之性,柔顺驯服,顺天成物,包容万类,始终以乾为主宰者,坤为随从者,乾为老板,坤为伙计。倘若对其他生物没有达到驯服的程度,则会产生对抗。第二次世界大战时,美国利用蝙蝠喜棲息山谷中阴暗处的习性,于是便装塑料炸弹在蝙蝠身上,用飞机载往日本投放。殊不知蝙蝠有飞回原住处生活的习性,反而在美国的许多山沿中引起爆炸。又苏联训练军犬炸德国人的坦克,但用的苏军坦克来训练,上阵时军犬不冲向敌阵坦克,反冲向苏军的坦克。以上皆是未达到使动物驯服所致。

第三章 屯(坎上震下 ䷂)

【提要】屯(zhūn 谆)有充满的意思,有了乾天坤地这个场所,则万物亦随之充满于天地之间了。像草木萌生,又有生命开始的意义。

【原文】屯,元亨利贞。勿用有攸往,利建侯[1]。彖曰:屯,刚柔始交而难生。动乎险中,大亨贞。雷雨之动满盈,天造草昧,宜建侯而不宁。象曰:云雷屯,君子以经纶[2]。

初九,磐桓[3]。利居贞,利建侯。象曰:虽磐桓,志行正也,以贵下贱,大得民也。六二,屯如邅如[4],乘马班如[5],匪寇婚媾,女子贞,不字,十年乃字。象曰:六二之难,乘刚也。十年乃字,反常也。六三,即鹿无虞[6]。惟入于林中。君子几不如舍,往吝。象曰:即鹿无虞,以从禽也,君子舍之,往吝穷也。六四,乘马班如,求婚媾,往吉,无不利。象曰:求而往,明也。九五,屯其膏,小贞吉,大贞凶。象曰:屯其膏,施未光也。上六,乘马班如,泣血涟如[7]。象曰:泣血涟如,何可长也。

【词解】[1]建侯:指天子建立诸侯。[2]经纶:喻新任伊始,诸事杂乱如丝。[3]磐(pán 盘)桓:言前进道路险阻,必盘旋曲折而上。[4]屯如邅如:乘马初见难行有屯之象,继则不走有邅(zhān 詹)之象。[5]班如:有乘马鞭之也不走之象。[6]虞:指管山林的官员。[7]涟如:哭至泣血不止。

【语译】屯卦也具有元亨利贞四种特性,但初生脆弱无用,结合人事,则不可轻举妄动。不过从此茁壮成长,奠定了成功事业的有利条件。彖辞说:屯卦,有刚柔两卦始交之时而出现困难重重,本卦上坎为险,下震为动,动于险中,必能亨通得正。震为雷,坎为雨,雷雨动而遍地大小满盈,有天地初创而杂乱无章,以人事比拟,创业之初,朝野均不得安宁。象辞说:坎为云,震为雷,云雷合成屯卦,以象征创业之初,万事杂乱如丝,君子必善于理绪解纷,始能拨乱反正。

初九爻说:初九阳爻居于最下,有如大石压住草木,阻碍生长,比喻此境难以进退,但必须意志坚定才利于进取,利于创建大的事业。象辞说:虽然阻碍难进,但志向坚决,行为纯正,又能礼贤下士,大可得到人心的拥戴。六二爻辞说:进退两难啊,就像四匹马并列,但足步不一致难以前进。六二阴爻与九五阳爻相应结为夫妇,初九盗寇强横胁迫下嫁,女子贞烈,等待十年之久,才摆脱初九的纠缠,终于与九五结合。象辞说:六二的受难,是位于初九刚爻的上方;十年乃字,十乃数之极,物极必反,归于常道,终于克服了坏人的纠缠。六三爻辞说:追逐山林中的鹿而无向导带路,不仅得不到鹿,反会陷于山林中而迷失道路。君子若知道了这种情况,就不可贪心,再对自己有利也不可轻举妄动,若妄动而往必有灾难。象辞说:追鹿没有向导,盲目地追逐猎物是不妥的,君子应当舍弃,若前往会迷失方向无路可走的。六四爻辞说:马行复止,欲与九五成婚,但慎重其

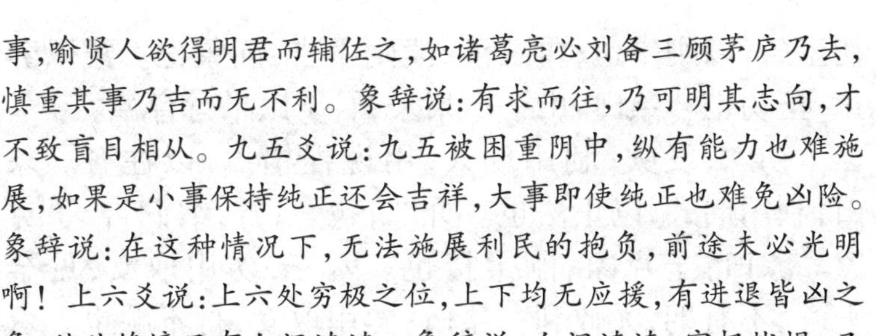
事,喻贤人欲得明君而辅佐之,如诸葛亮必刘备三顾茅庐乃去,慎重其事乃吉而无不利。象辞说:有求而往,乃可明其志向,才不致盲目相从。九五爻说:九五被困重阴中,纵有能力也难施展,如果是小事保持纯正还会吉祥,大事即使纯正也难免凶险。象辞说:在这种情况下,无法施展利民的抱负,前途未必光明啊!上六爻说:上六处穷极之位,上下均无应援,有进退皆凶之象,处此绝境只有血泪涟涟。象辞说:血泪涟涟,穷极忧惧,又岂能保持长久呢?

【按语】屯卦初、五、六爻是从地位来了解信息,二、三、四爻是从行为来了解信息。屯作“屮”,古草字,表示百草穿地而出,但有郁结未伸之象。结合人事,如创业之始,诸事杂乱如丝,必慎之于始,全力理绪解纷,后必取得成功。

屯卦当革创之时,充满危机,应坚定信念,认清形势,决不可轻举妄动,若一旦时机成熟,就必须果断进行。

又屯乃天地初交之象,在此借以阐述是正当国家危难之时,也为英雄建功立业之时,虽然“时势造英雄”,但“英雄”也要“识时势”方可!

第四章　蒙(艮上坎下 ䷃)

【提要】蒙(méng)有蒙昧之意。本卦上艮为山,下坎为水,水行遇山,莫之所去,乃昏蒙之象。以此卦象表示物之初生蒙昧不明,必须启蒙教育,增长智慧,乃可自立。

【原文】蒙,亨,匪我求童蒙,童蒙求我。初筮告,再三渎[1],渎则不告,利贞。彖曰:蒙,山下有险,险而止蒙,以亨行时中也。匪我求童蒙,童蒙求我,志应也。

初筮告，以刚中也；再三渎，渎则不告，渎蒙也。蒙以养正，圣功也。象曰：山下出泉蒙，君子以果行育德。

初六，发蒙，利用刑人，用说桎梏[2]，以往吝。象曰：利用刑人，以正法也。九二，包蒙，吉，纳妇吉，子克家。象曰：子克家，刚柔接也。六三，勿用取女，见金夫[3]，不有躬，无攸利。象曰：勿用取女，行不顺也。六四，困蒙，吝。象曰：困蒙之吝，独远实也。六五，童蒙，吉。象曰：童蒙之吉，顺以巽也。上九，击蒙，不利为寇，利御寇。象曰：利用御寇，上下顺也。

【词解】[1]初筮(shì)告，再三渎：蒙卦上艮下坎，坎一阳而处内，"初筮告"之象；艮一阳止乎上，有"再三渎"之象。渎，轻浮不敬，则不可教。[2]桎梏：桎梏乃刑具，在足名桎(zhì 至)，在手名梏(gù 固)。[3]金夫：金夫即有金之夫，就是有钱的丈夫。

【语译】要使蒙昧者通达事理，必须进行启蒙教育，教育的方法不是老师去强求学生苦学，而是要启发学生能自觉努力学习。开始要启发学生的良知，若要求再三还不诚心求学，就不再告诉他了，这才能教之使正而成圣功。象辞说：蒙卦之象，是山下有险阻，所以停止不前，感到迷茫。蒙昧之能亨通，是由于行动切合时机，掌握了不偏激的原则。学习的心理学，不是老师去祈求学生学习，而是要启发学生良知自觉向老师求教，才能志同道合。初次要对学生作教育启发，若再三要求还不诚心求学，就不再告诉他了，是因他蒙昧，而且也违背了他求学的初衷。若蒙昧者走正道而努力学习，这就是成为圣人的功夫。象辞说：山下流出泉水，犹如启蒙幼童，开始是潺潺细流，最后汇成江河，君子当效法这一坚决克服险阻以培育人才的行动。

初六爻说，初六的启蒙教化包括犯法的人，必须立刑罚以利于教化，如果折毁刑具，有如舍法以往教，人必玩忽而难以教

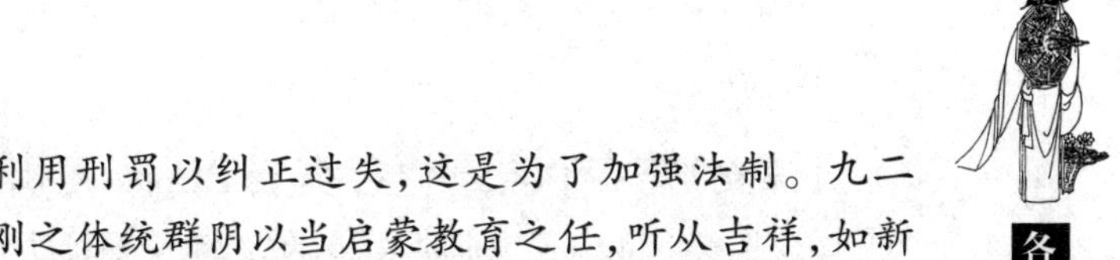

化。象辞说:利用刑罚以纠正过失,这是为了加强法制。九二爻说:九二阳刚之体统群阴以当启蒙教育之任,听从吉祥,如新纳之妇有和谐之美,孝顺之子有治家之贤一样。象辞说:儿子能负起家庭责任,是因其才德刚柔相济之故。六三爻说:不可以娶这样的妻子,见到有财势的男人便从之为夫,就舍弃了原来的丈夫,和这样的女人婚配,当然不会有好结果。象辞说:不可以娶这样的妻子,以后做什么都不顺利的。六四爻说:困于蒙昧,行事必然遭到羞辱。象辞说:蒙昧而遭困顿羞辱,是因脱离现实而孤立无援之故。六五爻说:六五虽幼稚蒙昧,但能虚心求教,所以吉祥。象辞说:童蒙所以吉祥,是因能虚心所以教诲。上九爻说:以处罚来对待蒙昧,虽对蒙昧者有些过度,但对防止外来邪恶的诱惑很有利。象辞说:用处罚来防止蒙昧者走向邪恶,是因为对教导和被教导的人都有利的缘故。

【按语】本卦除六四爻从地位了解信息外,余皆从行为了解信息。蒙卦主要阐述对蒙昧者如何教育的问题,故为师道之始,提倡通过教化以启发愚蒙。但在教育上要不偏不倚,不好高骛远,不见异思迁,要潜移默化,以移风易俗。

蒙卦上艮为山,下坎为水,水行遇山,乃昏蒙之象。古人以此卦象喻初生蒙昧不明之童,强调必须启蒙教育,乃能使之增长智慧。由此可见,蒙卦是讲师道,提倡通过教化以启发愚蒙。

第五章　需(坎上乾下 ䷄)

【提要】需(xū)有水在天上,待云腾致雨之象,结合人事,万物初生幼小,需饮食培养等待成长之理相同。

【原文】需,有孚,光亨,贞吉,利涉大川。彖曰:需,须也。险在前也。刚健而不陷,其义不困穷也;需有孚光亨[1],贞吉,位乎天位,以正中也;利涉大川,往有功也。象曰:云上于天,需,君子以饮食宴乐。

初九,需于郊,利用恒,无咎。象曰:需于郊,不犯唯行也,利用恒,无咎,未失常也。九二,需于沙,小有言,终吉。象曰:需于沙,衍在中也,虽小有言,以吉终也。九三,需于泥,致寇至。象曰:需于泥,灾在外也;自我致寇,谨慎不败也。六四,需于血,出于穴。象曰:需于血,顺以听也。九五,需于酒食,贞吉。象曰:酒食贞吉,以中正也。上九,入于穴,有不速之客[2]三人来,敬之终吉。象曰:不速之客来,敬之终吉,虽不当位,未大失也。

【词解】[1]有孚光亨:言在险中,能内则诚静,外则高瞻远瞩,待时必能出险。[2]不速之客:不速之客指不请自来的客人。

【语译】需卦上坎象险阻在前,需考虑如何对待;下乾喻意志坚强,有克服险阻而奋进之雄心,所以前途光明,只要坚守纯正就会得到吉祥,而有利渡过大江大河之险阻。彖辞说:需有需要等待之义,因险阻在前必须等待时机,以免陷于穷困。等待时机要信心坚定,才有光明前途,要坚持正确立场才能取得胜利。只有高瞻远瞩,才能平正不偏,渡过险难,取得事业的成功。象辞说:云上于天,需待熏蒸而成雨,君子安于饮食宴乐,需等待时机以治国安邦。

初九爻说:需于郊外旷远之地等待,因前有险阻不敢冒进,但必始终坚持才会不犯错误。象辞说:需于郊外等待,并非知难而退,而是不盲目冒进,始终坚持原则,才不会失误,这就是

需的常道。九二爻说：需要在责难中忍耐，虽遭到了一群小人的谤议，最终还是能澄清而得到吉祥的。九三爻说：九三过刚而不中，将陷于险，有如其人才位俱显，虽祸不自惹，但嫉贤妒能者也必加害，故有“自我致寇”之象。象辞说：九三将陷于险，因外卦坎为盗贼，有灾自外来之象，因才位显赫而遭来嫉妒，当谦虚谨慎以立于不败之地。六四爻说：六四已陷于坎险的伤害中，不可轻举妄动，当顺应变化，才能脱离险境。九五爻说：九五居中得正，安于酒食之常，无为而治，不多事以自扰，则得正而得吉祥。象辞说：相安于酒食宴乐，则纯朴而得吉祥，这是居中守正的结果。上九爻说：上九有陷于坎险的穴中而难出，得九三人位合下之三阳，不召自来，敬之以求其助，必能得到救援而吉祥。象辞说：不请之客三人来，敬之以求其助，必能脱险而得平安，来客虽位不当，但不会对自己有所损失。

【按语】本卦二、三爻从人的地位了解信息，余皆从行为了解信息。需多以饮食宴乐为喻，也是提醒要居易候命、涵养待时的意思。

需卦坎上乾下，有水在天上，待云腾致雨之象。在人事上喻物生幼小，需饮食培养才能成人。由于本卦乾健坎险，以刚遇险，若急躁冒进必陷于险境而难出，当冷静观察，伺机出险。故《杂卦传》提醒说：“需不进也。”因坎险在前，乾刚在后，冒进必然更加危险。

第六章　讼（乾上坎下　䷅）

【提要】讼（sòng）有争讼之义。本卦上乾下坎，上乾以刚凌下，下坎以险伺上，凶暴与阴险相持，皆欲取胜，必然争讼。

【原文】讼,有孚,窒惕[1],中吉,终凶。利见大人,不利涉大川。象曰:讼,上刚下险,险而健,讼。讼有孚,窒惕,中吉,刚来而得中也。终凶,讼不可成也。利见大人,尚中正也;不利涉大川,入于渊也。象曰:天与水违行,讼,君子以作事谋始[2]。

初六,不永所事,小有言,终吉。象曰:不永所事,讼不可长也;虽小有言,其辨明也。九二,不克讼,归而逋[3]其邑人三百户,无眚。象曰:不克讼,归逋,窜也;自下讼上,患自掇也。六三,食旧德,贞厉,终吉。或从王事,无成。象曰:食旧德,从上吉也。九四,不克讼,复即命,渝安贞,吉。象曰:复即命,渝安贞,不失也。九五,讼,元吉。象曰:讼元吉,以中正也。上九,或锡之鞶带[4],终朝三褫之[5]。象曰:以讼受服,亦不足敬也。

【词解】[1]窒惕:窒,隐而能忍;惕,警惕恐取罪于人。[2]君子以作事谋始:言作大事的君子,要消除争讼的根源,不只在听讼之时,故曰“作事谋始”。[3]归而逋:归,是退后一步;逋,自然宽松。与上争讼不利,当退后一步自然宽。[4]鞶带:鞶(pán 盘)带即大带。[5]褫之:褫(chǐ 耻),有夺取、解除之义。

【语译】讼卦乾天与坎水违行,故彼此争讼而难相亲,若能诚恳相待,互相宽容,警惕而恐取罪于人,处事平正,必能互相了解而得吉祥,若坚持争讼下去终必有凶。利见中正之大人以辨明是非,不可冒险以求胜。象辞说:讼卦,乾刚在上,坎险在下,以强暴遇阴险,必然争讼。若能诚心、宽容、息事、平正,必能得到吉祥,这是刚柔相济之象。争讼下去终必凶险,争讼是得不到好结果的。利见大人,主要是为了求个公正而已,不可

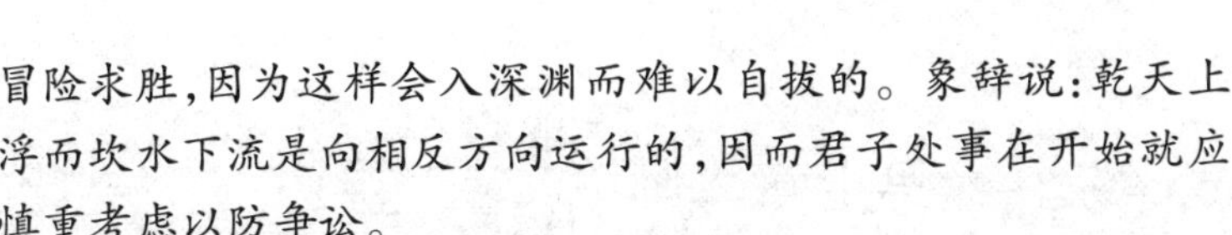

冒险求胜，因为这样会入深渊而难以自拔的。象辞说：乾天上浮而坎水下流是向相反方向运行的，因而君子处事在开始就应慎重考虑以防争讼。

初六爻说：初六阴爻阳位而居下柔弱，无力排除争讼，但与九四阳刚相应以助，小有责难，终必吉祥。象辞说：虽无力排除争讼，只要不将争讼拖得太久，虽有小小责难，但终能明辨是非。九二爻说：九二阳刚之性本欲争讼，但对手为九五，阳刚居尊，势不可敌，不胜而逃回，退居三百户人的小县，表示已无力争胜，以免灾祸。象辞说：争讼不胜，所以逃回来，下级与上级争讼，这是自取其祸。六三爻说：对恃强者隐忍不与之计较，若与之争讼虽正亦凶，以柔处之可使终身不为己害。但用这种方法从政，屈服于强暴之国，必以失败而告终。象辞说：对恃强者隐忍而不与之计较，对势不可敌的上级以柔处之必得吉祥。九四爻说：九四刚而不中，居于柔位，所以争讼不胜，复就正理以息忿争，改变思想而安处于正，才可得到吉祥。象辞说：复就正理以息忿争，改变思想而安处于正，能补救则不为过失了。九五爻说：九五阳刚中正以居尊位，可使争讼平息，故得无讼之化而大吉大利。象辞说：得无讼之化而大吉大利，是因为九五能公平和公正处理争讼之事的原因。上九爻说：上九过刚而不中，以善争讼而得命服，无理而取得者岂能长保，所以一天中而三次见上面收回。象辞说：以好讼不已而得到命服，这是不值得尊敬的。

【按语】本卦二、上两爻从人的地位了解信息，余从语言了解信息。讼卦卦象天水违行，故不能互相亲善，因而发生争讼。一方凶暴，一方阴险，以凶暴与阴险相持，皆欲取胜，这就必然发生争讼。但讼非美事，宜于化解。当然，若理直受诬，有冤不白，亦必争讼，但切不可逞强和欺诈，否则，定必有凶。

第七章 师(坤上坎下 ䷆)

【提要】师(shī)的本义是兴师动众以平息争端,征讨叛逆。后来军中以2500人为师,所以师便成为了军队的代名词,本卦包括了任将治军的基本原则,值得深入研讨。

【原文】师,贞,丈人吉,无咎。彖曰:师,众也;贞,正也,能以众正,可以王矣。刚中而应,行险而顺,以此毒天下[1],而民从之,吉,又何咎矣。象曰:地中有水,师,君子以容民畜众。

初六,师出以律,否臧凶[2]。象曰:师出以律,失律凶也。九二,在师中,吉,无咎。王三锡命。象曰:在师中,吉,承天宠也;王三锡命,怀万邦也。六三,师或舆尸[3],凶。象曰:师或舆尸,大无功也。六四,师左次[4],无咎。象曰:左次无咎,未失常也。六五,田有禽,利执言,无咎。长子帅师,弟子舆尸,贞凶。象曰:长子帅师,以中行也;弟子舆尸,使不当也。上六,大君有命,开国承家,小人勿用。象曰:大君有命,以正功也;小人勿用,必乱邦也。

【词解】[1]毒天下:言兴师动众必劳民伤财,对天下民众都有伤害,但民众为了长期的安宁,也愿死命跟从。[2]师出以律,否臧凶:师,军队;律,纪律;否臧(zāng 赃),指没有纪律。即言纪律是军队的生命,没有纪律是大凶之兆。[3]舆尸:舆,大车;尸,军人的尸体,即死伤大败载尸而归之象。[4]师左次:自度不能取胜,完师以退,称"师左次"。

【语译】师卦是兴师动众，平息争端，但必为了正义，还要任老成持重者为将方可获吉，才不致发生错误。彖辞说：师，有兴师动众的意思；贞，有出师必为了声张正义的意思。如果兴师动众以声张正义，就可以得到天下人的心了。必以刚正之德兴师，而顺天应人，以险道顺行。因打仗本来就劳民伤财，对天下有害，但为了除暴安良，民众还是乐意顺从，这当然吉祥，有什么过错呢？象辞说：本卦上坤为地，下坎为水，师乃地中有水之象，君子当知寓兵于民，把军队扎根于民众中的道理。

初六爻说：纪律是军队的生命，如果军队没有纪律，胜败皆凶。象辞说：纪律是军队的生命，失去纪律必有凶险。九二爻说：九二阳刚中正，如老成持重之大将在军中指挥，出师征战必然吉祥，而不会有失误。但必任将之君三次委任乃就。象辞说：在军中指挥打仗，获得胜利，是主上信任专一；王三受命以安抚，使万国信服。六三爻说：出兵打仗以众多之车载尸而归，是吃了败仗的凶兆。象辞说：出兵打仗却载尸而归，好大喜功而适得其反。六四爻说：出师自度不能取胜而完师以退，这不算是失败。象辞说：完师以退不算败阵，是因为全军都没有受到损失。六五爻说：盗寇袭击有如田中有禽害禾，很利于兴师擒获声讨其罪，这不会有错。若任老成持重者为帅，又派小人为监军参与其权，出师名义虽正也必有覆败之辱。象辞说：老成持重之将率师，是因为他有宽猛相济之才德；小人为监军参与其权致载尸而归之败，是主上用人不当所致。上六爻说：行师之终，国君下令论功行赏，但开国承家之大权，则不用小人参与。象辞说：国君下令，凡师旅效劳者，不论君子小人，皆一一论功行赏；但小人只可给予名利，不可委以政权，否则小人必倚势乱邦造成危害。

【按语】本卦六爻皆从人的行为了解信息。师，就是古代军队的代词，所以在卦中阐述了要师出以律，师出有名，以及用兵原则等。并强调了战争关系到民众生命财产，国家存亡兴废，必须慎重其事，切不可好大喜功。

师卦上坤下坎，坤为顺，坎为险，所以出兵打仗本身就是险道顺行，因此必须是为了民众兴利除害方可使用，否则必凶。师卦还提出要“师出有名”、“师出以律”，以及主上“任将之道”和“寓兵于民”等等原则。

第八章 比（坎上坤下 ䷇）

【提要】比（bǐ）卦上坎为水，下坤为地，地上有水，遂交合成泥，有亲比而不可分之象，以喻人与人之间需要团结互助，友好合作。

【原文】比，吉。原筮[1]，元永贞，无咎。不宁方来，后夫凶。彖曰：比，吉也。比，辅也，下顺从也。原筮，元永贞，无咎，以刚中也。不宁方来，上下应也，后夫凶，其道穷也。象曰：地上有水，比，先王以建万国，亲诸侯。

初六，有孚比之，无咎。有孚盈缶[2]，终来有他吉。象曰：比之初六，有他吉也。六二，比之自内，贞吉。象曰：比之自内，不自失也。六三，比之匪人。象曰：比之匪人，不亦伤乎？六四，外比之贞，吉。象曰：外比于贤，以从上也。九五，显比。王用三驱[3]，失前禽，邑人不诫，吉。象曰：显比之吉，位中正也；舍逆取顺[4]，失前禽也；邑人不诫，上使中也。上六，比之无首，凶。象曰：比之无首，无所终也。

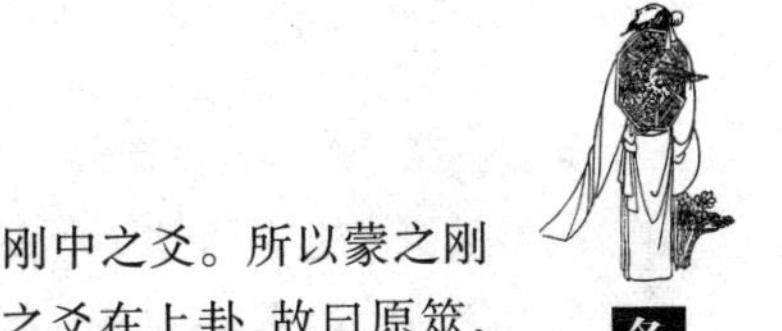

【词解】[1]原筮：原，再次；筮，在此指坎卦刚中之爻。所以蒙之刚中议在下卦，故曰初筮，故能发人之蒙；比之刚中之爻在上卦，故曰原筮，乃有人来亲比之象。[2]有孚盈缶：孚，诚信；缶（fǒu 否），中空的瓦器。事事皆诚，"有孚"之象；不断积累，则有"盈缶"之象。[3]王用三驱：古代田猎，王者围三面而空其前门，这就是"网开一面"，故曰"王用三驱"。[4]舍逆取顺：凡背我出围者纵而舍之，故曰"舍逆"，舍同捨。向我而入围者可杀而取之，故曰"取顺"。

【语译】比卦是相亲相爱，团结合作，所以吉祥。因刚中之爻在上卦，众人皆从外来亲比，这是由于博爱之德，可信之誉，正直之名的感召，故不会有错！上下皆相率而来，但狂妄后至者必凶。象辞说：亲比，必得吉祥，亲比，必得众人辅佐，下面都拥护你，因你有博爱之心，可信之誉，正直之名，归心于你不会有错。因你刚正之德已昭明于上，四方归附者应接不暇，若不服后至者必凶，因其走向绝路。象辞说：地上有水成泥，亲和而不可分即比之象，先王本此亲比之德，以分封建国，团结诸侯。

初六爻说：以诚恳守信来团结人，这绝不会错。事事皆诚信待人，不断积累，最后会得到很多意想不到的好处。象辞说：初六行此亲比之道，会通过应爻六四，推荐于九五而得到吉祥的。六二爻说：加强自身的涵养因素，则道可格君，学可匡时，解除民间疾苦以成大业，故得正而吉祥。象辞说：只要信守亲比之道而不移易，这不会不成功的。六三爻说：所交非人，学非所友，居非所邻，失其所亲附。象辞说：所交非人，怎么不哀伤呢？六四爻说：六四外亲比于九五则所从者正，所以吉祥。象辞说：六四外亲比于贤者，公而忘私，这是安心服从英明领导的缘故。九五爻说：九五位居中正，心无偏私，深得亲比之道。如古时射猎，王用三驱，网开一面，顺我入围者取之，背我出围者舍之。结合人事，虽欲绥怀万邦，但仍取顺我者抚而亲之，暂时不愿听我者任其自去，如此虽失其前禽而不追，但去者自受感召而各安本分，必得吉祥。象辞说：九五亲比之道，是因其地位端正,处事恰当;舍去逆我而去者而不追,取其顺我而来者亲抚之,故愿失去前禽;去者之人自受感召而归心,这是上面坚持中正的原则的结果。上六爻说:阴柔在上,才不足以高人而为之首,又不能自谦而失其首,故凶。象辞说:不善亲比而失其首,必道穷而不得善终。

【按语】本卦六爻皆从人的行为以了解信息。比卦有相互亲比而不分离之象,即人与人之间都相互团结友好。

比卦上坎下坤,乃地中有水,二者交合成泥而难以分离,这就是亲比之象。相互亲比而不分离,就是人与人之间互相团结友好之象。但亲比的原则,应以诚信为本,才能一片祥和,贯彻始终。

第九章 小畜(巽上乾下 ䷈)

【提要】小畜指小有所畜,本卦有一阴在下而畜五阳,以小畜大,以小人畜君子,难成大事。

【原文】小畜,亨。密云不雨,自我西郊。彖曰:小畜,柔得位而上下应之,曰小畜。健而巽,刚中而志行,乃亨。密云不雨,尚往也;自我西郊,施未行也。象曰:风行天上,小畜,君子以懿文德[1]。

初九,复自道,何其咎,吉。象曰:复自道,其义吉也。九二,牵复吉。象曰:牵复在中,亦不自失也。九三,舆说辐,夫妻反目。象曰:夫妻反目,不能正室也。六四,有孚,血去惕出[2],无咎。象曰:有孚惕出,上合志也。九五,有孚挛如,富以其邻。象曰:有孚挛如,不

独富也。上九,既雨既处,尚德载。妇贞厉,月几望[3],君子贞凶。象曰:既雨既处,德积载也;君子贞凶,有所疑也。

【词解】[1]以懿文德:懿(yì 易),美也;文德,指威仪。此言小畜一卦,虽内健而能胜其私,外巽而能遇事详审,但只文章之士,非经国之才,未能原积远施,治理天下,故曰"小畜"。[2]血去惕出:血去,言身可无伤;惕出,言心可无忧,所以不会有什么过错。[3]妇贞厉,月几望:贞,正也;厉,凶也。言妻子压制丈夫,虽正亦凶,故曰"妇贞厉"。月几望,指月亮接近望时,喻月亮匹敌太阳,阴盛疑阳之伤已必战,故曰"月几望"。

【语译】小畜虽小有停滞,终必亨通。虽有密云但不会成雨,被一场西风将云吹拂向东,阴虽倡而阳未和,不能郁蒸成雨。彖辞说:将卦象结合人事,一阴之柔得位而畜上下五阳,只能以德安之,这是以小蓄大。因本卦乾健而巽顺,使乾刚之物而居巽下,必以柔克刚,其志可行,而得亨通之道。密云不雨,言只在进行中;自我西郊,抱负尚未施展。象辞说:上巽为风,下乾为天,风行天下不能成雨,这是小畜之象,君子法之以成其才艺高超。

初九爻说:初九之阳欲上进为六四之阴所阻,初九坚守其道而不受左右,这不会有过错,所以吉祥。象辞说:坚守其道,理应得到吉祥。九二爻说:九二受到了六四牵制,所以才返归以坚守其道,这也得吉祥。象辞说:受牵制而返归坚守其道,因九二有刚中之德,故亦不失其本色。九三爻说:大车脱去纽带大绳,夫妇反目成仇,喻协作之人彼此乖戾则不能成事,夫妇反目则不能成家之意。象辞说:夫妇反目成仇,当然就不能成家了。六四爻说:六四以柔蓄刚,但能诚信感人,故可血去而身无所伤,惕出而心无可忧,这就不会有错了。象辞说:能以诚信消除大家顾虑,必然会得到上面的帮助而取得同心的。九五爻说:国家为邪党所厄,九五必以诚信联合相邻之六四以相济,推其富以助六四而蓄下之三刚，防患之危。象辞说：上下联合就左右了局势，不仅仅是财富等实力。上九爻说：往昔不雨今已既雨，往昔不处今已阴升与阳相处，阴之力量已蓄积到功德圆满。妻子压制丈夫虽正亦凶，月亮匹敌太阳阴盛抗阳，君子虽正也必遭害。象辞说：既已下雨，既已与阳相处，表示阴气已积渐而满；君子虽正亦凶，这是阴疑于阳之伤己而战的缘故。

【按语】本卦六爻皆从人的行为以了解信息。至于小畜之名，乃因上巽为风，下乾为天，风行天上，有气无质，虽密云而不能成雨。在人事以一柔畜五刚，只能小有所畜，难成大事。

小畜上巽下乾，在卦象上，有一阴而畜上下五阳，在人事上，以一柔而畜五刚，所以是以小畜大，以小人而畜君子，难成大事。虽能拘縻君子，但不能动摇其心，虽见事详审，但未能大有作为。这都是小畜卦力不足之故。对自然来说，确非治国安邦之才，只文章才艺之士而已！如季恒子之于孔子、曹操之于关羽、蔡京之于杨龟山等。

第十章　履（乾上兑下 ䷉）

【提要】履（lǚ 吕）本义是穿鞋走路，这里引伸为行为必须合于礼制。因本卦天尊在上，泽卑在下，上下有一定等级。结合人事，行为不仅要彬彬有礼，而且都应遵循所订的规章制度。

【原文】履虎尾，不咥人[1]，亨。彖曰：履，柔履刚也。说而应乎乾，是以履虎尾，不咥人，亨。刚中正，履帝位而不疚，光明也。象曰：上天下泽，履，君子以辨上下，定民志。

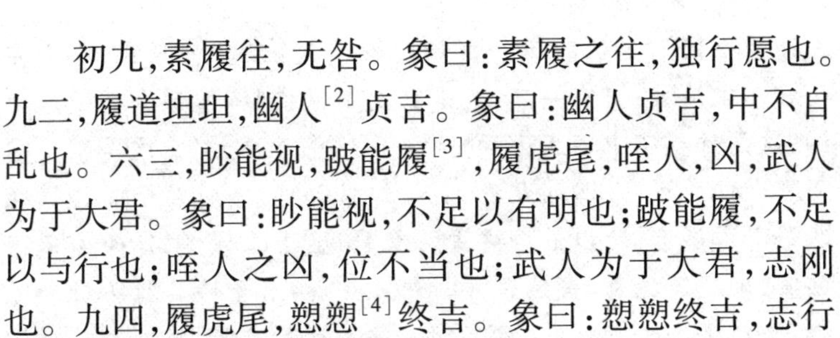

初九,素履往,无咎。象曰:素履之往,独行愿也。九二,履道坦坦,幽人[2]贞吉。象曰:幽人贞吉,中不自乱也。六三,眇能视,跛能履[3],履虎尾,咥人,凶,武人为于大君。象曰:眇能视,不足以有明也;跛能履,不足以与行也;咥人之凶,位不当也;武人为于大君,志刚也。九四,履虎尾,愬愬[4]终吉。象曰:愬愬终吉,志行也。九五,夬履贞厉[5],象曰:夬履贞厉,位正当也。上九,视履考祥,其旋元吉。象曰:元吉在上,大有庆也。

【词解】[1]履虎尾,咥人:履,踩;咥(dié 迭),齿咬伤。本卦以乾刚在上有虎象,兑悦在下,有和柔之象,是说虽遇凶险之事,若能和柔以近之,如同踩虎尾也不被咬伤。喻人处事多近危机,若能以柔应刚,则可以免祸。[2]幽人:指幽独清高之人。[3]眇能视,跛能履:不能明而强以为明,故曰“眇能视”;不能行而强以为行,故曰“跛能履”。[4]愬愬(sù):即戒惧之貌。[5]夬履贞厉:夬履,即履而当夬位,上乾下兑,上而乾刚独断专行,下又有兑悦以之,君骄臣谄,必然贞厉,就位正也必有凶灾。

【语译】履卦乾刚有虎象,兑柔以近之,虽踩其虎尾,也不会被虎咬,所以亨通。彖辞说:履卦之道,是以柔克刚。以兑悦去对待乾刚,所以踩其虎尾,也不会被虎咬伤,所以亨通。本卦阳刚中正,即使居九五而登帝位也要以刚用柔才会不失败,这才具备了光明的德行。象辞说:上卦为天,下卦为泽,就是履卦,本此卦义,君主以辨上下之位,使士农工商各安生业。

初九爻说:本爻处于初位,又受九四之阻,乃素履而行,纯洁无私,所以没有过错。象辞说:是安贫若素,不变所守,不与同流合污的人啊!九二爻说:行事坦荡,与清高的隐士比拟,纯正所以吉祥。象辞说:坦荡而清高,纯正而吉祥,因其思想意志不被世俗扰乱之故。六三爻说:不能明而强以为明,不能行而强以为行,就像去踩老虎尾巴,定有被咬伤之凶,这是如强暴之夫想登上国君之位的事一样啊！象辞说：只有一只眼，去看东西就不很清楚；只有一只足，走路就不很安稳；遭到老虎咬人之凶，这是位置不中不正；一介武夫要想登至尊大位，这是刚愎自用。九四爻说：九四处九五之侧，伴君如伴虎，时时小心谨慎怕踩着老虎尾巴，所以最后得吉。象辞说：小心谨慎，终于避免了伤害，实现了抱负，当然吉祥。九五爻说：君子恃其权力独断专行，坚持下去必有凶灾。象辞说：君主独断专行，坚持不改而遭到凶灾，这是自恃他有地位的结果。上九爻说：要看你行为的结果来决定是祸是福，实践结果合于天理之常则大吉大利。象辞说：合于上之天理而大吉大利，得到成始成终的庆幸。

【按语】本卦六爻皆从人之行为以了解信息。因履卦有穿鞋走路，即实践的意思，但必以阳刚之位，行柔顺之道，一切皆要合于礼制，这就达到“履”的要求了，故曰“履者礼也”。

履卦还阐述了要实践礼制、履行职责的原则，强调人的行为举止，都不能越理犯分，主张攻心为上，反对刚愎自用。

别外，还指出要“动必以礼”，因类相聚，自应有高下贵贱之分，必使尊卑有分，既反对居高凌下，也反对犯上作乱，若动不以礼，攻以强暴之力制人，岂能长治久安。

第十一章　泰（坤上乾下 ䷊）

【提要】泰卦坤上乾下，坤在上表示地气上升，乾在下表示天气下降，上下气机相互交通，故为泰，泰有通的意思。

【原文】泰，小往大来[1]，吉，亨。彖曰：泰，小往大来，吉，亨。则是天地交而万物通也，上下交而其志同也。内阳而外阴，内健而外顺，内君子而外小人，君子

道长，小人道消也。象曰：天地交，泰，后以财成[2]天地之道，辅相天地之宜，以左右民。

初九，拔茅茹以其汇[3]，征吉。象曰：拔茅征吉，志在外也。九二，包荒，用冯河[4]，不遐遗，朋亡，得尚于中行。象曰：包荒，得尚于中行，以光大也。九三，无平不陂，无往不复，艰贞无咎，勿恤其孚，于食有福。象曰：无往不复，天地际也。六四，翩翩不富，以其邻，不戒以孚[5]。象曰：翩翩不富，皆失实也；不戒以孚，中心愿也。六五，帝乙归妹，以祉元吉。象曰：以祉元吉，中以行愿也。上六，城复于隍[6]，勿用师，自邑告命，贞吝。象曰：城复于隍，其命乱也。

【词解】[1]小往大来：阳为大，阴为小，坤阴在下之物自下而上，乾阳在上之物自上而下，故曰“小往大来”。否卦相反，则曰“大往小来”。[2]财成：财通裁，即裁制太过不及，以成天地之道。[3]拔茅茹以其汇：茅，草也；茹，根也；汇，同根相连。即言拔一株茅草，可根茹相连，同类而起。[4]冯河：喻敢于渡河之勇。[5]翩翩不富，以其邻，不戒以孚：翩翩，飞貌；戒，倚待。言六四一阴既动，则六五、上六二阴群飞而下，不待倚之以富而其邻从之，不待戒之以令而其类信之，此以小人利害相同而合谋之故。[6]城复于隍：城倾倒，城上土复返原地，此“隍”之象。喻不修治国之道，人心离散，即此爻泰极否来之时之象。

【语译】泰卦，小往大来者，以坤阴在下之物，自下而上故曰小往，乾阳在上之物，自上而下故曰大来，所以吉祥而亨通。象辞说：泰卦，小往大来吉而亨通，因为天地形体不可交换，只要气机上下交换则万物化生了；上级和下级的地位不可交换，但其心可以交换，其心交换则志向相同则可成就事业了。就自然界的小往大来而论，则阳长阴消；就德行的小往大来而论，则刚健之气增长，阿顺之气减退；就人品之小往大来而论，则君子之道长,小人之道消。象辞说:天地相交,而气化通泰,人当裁制天地之气的太过和不及,因地制宜,辅助其失,以遂其生长,从不同方面来扶助国计民生。

初九爻说:拔一株茅草而同根相连,喻下之三阳同体,同德而晋升,故正而得吉,亨通之道。象辞说:以拔茅同根相连喻三阳同德而升,其志向在利国利民,不为一身。九二爻说:九二有包容君子和小人,使各得其所之德;有泅水渡河之勇,不遗弃远方受困之君,而忘其朋党之私,居中不偏,刚柔相济。象辞说:有宽容之量,中正不偏之行,所以能成就光大之事业。九三爻说:有平就有险,有往就有还,九三处泰极否来之际,要艰苦专一以保其泰方可免除灾难,要保持原来的诚信,自然生活上就有幸福。象辞说:有往就有还,泰极必否来,这是客观存在的自然规律。六四爻说:六四阴爻阴位得势,六五、上六二阴群飞而下以附之,如小人利害相同而合谋,但这种轻率冒进不可能保有其财富,这些坏邻居,不需勉强,便会跟随一起行动。象辞说:轻率冒进不可能保持其富有,因他们皆为私利而来;不需勉强便会跟随在一起行动,是因为臭味相投的缘故。六五爻说:帝女下嫁九二保泰之臣,所以有福而大吉大利。象辞说:所以有福而大吉大利,是因为上下同心则可永保其泰了。上六爻说:积土修筑之高城今已倾倒在地,有如上六处泰之终,不修治国之道而人心离散,不可再用武力平复,只能在都城里下罪己诏以收拾人心,或可挽回局势,但亦为羞愧之举。象辞说:这是因为高城已经倾颓于地,人心已失的缘故。

【按语】本卦六爻皆从人之行为以了解信息。至于泰卦主要阐述如何“持盈保泰”,因创业虽难,但守成也更加不易,唯有居安思危,始能保其安泰。

泰卦坤上乾下,表示地气上升,天气下降,上下气机相互交

通，故为泰。泰有通达的性质，通达则能维持中和的局面。要“持盈保泰”，必须维持阴阳平衡，制其太过，补其不及。同时，还要顺其自然，遂其生长，从多方面来扶植国计民生，乃可保泰卦安定通达的局面。创业虽然艰难，但守业也更加不易。

第十二章 否（乾上坤下 ䷋）

【提要】否（pǐ）有上下闭塞不通之义。从自然界来看，有天地否塞而气化不通之象；从人事上来看，上下之情两不相达，有天下无邦之象。

【原文】否之匪人，不利君子，贞，大往小来。彖曰：否之匪人，不利君子，贞，大往小来，则是天地不交，而万物不通也，上下不交，而天下无邦也。内阴而外阳，内柔而外刚，内小人而外君子，小人道长，君子道消也。象曰：天地不交，否。君子俭德辟难[1]，不可荣以禄。

初六，拔茅茹以其汇，贞吉，亨。象曰：拔茅贞吉，志在君也。六二，包承，小人吉，大人否，亨。象曰：大人否，亨，不乱群也。六三，包羞。象曰：包羞，位不当也。九四，有命无咎，畴离祉[2]。象曰：有命无咎，志行也。九五，休否，大人吉。其亡其亡！系于包桑。象曰：大人之吉，位正当也。上九，倾否[3]，先否后喜。象曰：否终则倾，何可长也。

【词解】[1]俭德辟难：俭德，指君子处乱世当收敛其才德勿外露。辟难，辟通避，即言方可避免小人嫉妒而遭害。[2]畴离祉：畴，初也；离，丽也；祉，福也。言可遂其最初的志愿而得福。[3]倾否：指颠倒其否。喻否极泰来,可转变于顷刻之际,时代之否塞可立即通达。

【语译】上下否塞不通,因一伙小人拉帮结派主持政务,不利于正人君子,大往小来,邪气胜过了正气。彖辞说:上下否塞不通,小人拉帮结派主持政务,不利于正人君子,大往小来,邪气胜过了正气。在自然界是天地之气不能相交,万物之生机窒息不通;在政治上,上级与下级不能心心相印,有政府也等于无政府。就自然界的大往小来而论,则阴长阳消;就德行的大往小来而论,则阴柔之气增长,阳刚之气消亡;就人品之大往小来而论,则小人之道长,君子之道消。象辞说:天地不交,则气机否塞不通。结合人事,君子处此乱世,当收敛才德以避祸,不可贪恋名利。

初六爻说:拔一株茅草而同根相连,喻下之三阴同体而升,正而得吉,亨通之道。象辞说:否卦之初以阴遇阳,还未计其私利,志在爱君以荐贤。六二爻说:小人得势包罗群阴以承顺取之,此象于小人为吉,于大人君子则否塞不通。象辞说:大人君子否塞不通,处此恶劣环境,要和而不流,身否道亨,乃能不乱其群。六三爻说:小人处高位欲拉君子为伍必取羞辱。象辞说:小人拉君子为伍而取羞辱,这是他柔居刚位,不中不正的缘故。九四爻说:九四处否极泰来之时,从九五行其休否之志,既合于天命,也不会有过错,还能为同类谋求幸福。象辞说:休否以合天命又无过错,这就实现了自己的志向。九五爻说:九五有能力休止否塞之境而转向通达之时,这是处于君主之位的大人物才能做到的吉祥之事啊!但要念念不忘其危,高度警惕国家处于生死关头,才能身安而国家可保。象辞说:大人休止否塞之境,是因他处于极为有利的地位之故。上九爻说:上九以阳刚之才,居否之终,能倾覆其否,转变于顷刻之间,终得倾否之喜。象辞说:否到终点必然倾覆,这说明否塞之状再也不可能长久存在下去了。

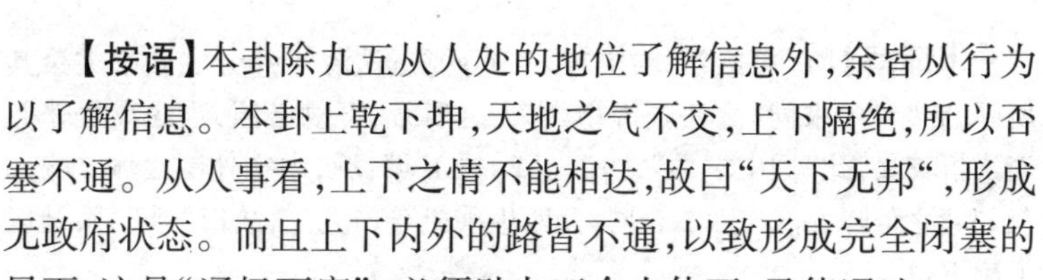

【按语】本卦除九五从人处的地位了解信息外，余皆从行为以了解信息。本卦上乾下坤，天地之气不交，上下隔绝，所以否塞不通。从人事看，上下之情不能相达，故曰“天下无邦“，形成无政府状态。而且上下内外的路皆不通，以致形成完全闭塞的局面，这是“通极而塞”，必须助九五合力休否，乃能通达。

第十三章 同人（乾上离下 ䷌）

【提要】上乾为天，象征刚健，下离为火，象征文明，天在上，火性也向上，有顺从，一致之意。向往高远、光明、温暖，也是人的共同追求，懂得了这个道理，就能求大同，存小异，与人和谐相处，故名“同人”。

【原文】同人于野，亨，利涉大川，利君子，贞。彖曰：同人，柔得位得中，而应乎乾，曰同人。同人曰：同人于野，亨，利涉大川，乾行也。文明以健，中正而应，君子正也，唯君子为能通天下之志。象曰：天与火，同人，君子以类族辨物[1]。

初九，同人于门，无咎。象曰：出门同人，又谁咎也。六二，同人于宗，吝。象曰：同人于宗，吝道也。九三，伏戎于莽，升其高陵，三岁不兴。象曰：伏戎于莽，敌刚也；三岁不兴，安行也。九四，乘其墉[2]，弗克攻，吉。象曰：乘其墉，义弗克也；其吉，则困而反则也。九五，同人先号咷而后笑，大师克相遇。象曰：同人之先，以中直也，大师相遇，言相克也。上九，同人于郊，无悔。象曰：同人于郊，志未得也。

【词解】[1]类族辨物:类族,各族殊分,法乾于殊分之族中类聚其所同,此“异中求同”之法。辨物,言火之所及,万物必照,当法离之普照而辨析其义,此“同中求异”之法。[2]乘其墉:墉,中空外围之城。喻九三如墉之阻隔九四与六二合同,九四想乘机袭击九三,故曰“乘”,乘乃以上凌下也。

【语译】在旷野中集合群众,广泛与人合同,当然一切亨通。有利于渡过大江大海的艰险,有利于君子提倡的大同原则,这是完全正确的。彖辞说:本卦卦象,六二一柔爻得中,上应九五乾刚,上下意志相同,所以称为同人。旷野中集合群众喻广泛与人合同,当然亨通,所以有利于渡过险阻,是因为他有乾刚之性。下卦离象征文明,上卦乾象征刚健,二与五皆中正而相应,这表明了是君子的正道,只有君子的作为才能沟通天下大同的意志。象辞说:乾天在上而火也炎上,这就是同人之象,君子效法之而提出同类相聚的大同精神。

初九爻说:初九刚正无门户私见,广泛与人交往,当然没有过错。象辞说:抛弃门户之见,广泛与同德之人交往,这有什么过失呢?六二爻说:六二限于宗族观念而只应九五,排斥其他,这是羞吝之举。象辞说:六二只应九五而排斥其他,这是走的只认同宗的羞吝之路。九三爻说:九三刚而不中,见二应五,恐五之进攻而伏兵于草莽中,升其高陵以窥二之动静,三年之久也不敢轻举妄动。象辞说:九三欲敌五而攘二,伏兵草莽中,但二非三之正应而理不直,五居尊在上而势不敌,故三年之久也不敢轻举妄动,因理势俱屈只好不了了之。九四爻说:九四欲与二合作,三如墙一般地从中阻隔,本欲登墙进攻三但终未进攻,所以得吉。象辞说:本欲登墙进攻因认识到不合义理故终未进攻;所以得吉,是由于能困而知改不愿违背准则之故。九五爻说:九五与六二本为正应,但为三四强暴所隔,不得结其同心而悲伤,故有“先号咷”之象;此时大君兴兵平叛,乃与六二取得同心同德,故有“而后笑”之象。喻人之初交互不了解,彼此

猜疑,这就是“先号咷”之象;由于出处默语皆彼此真诚,自能感动对方而取得“而后笑”的良好结果。象辞说:“先号咷”,是内心悲伤正义得不到伸张,但在大军平叛后而相遇,是正义克服了邪恶,这是彼此“而后笑”之象。上九爻说:于郊外荒僻之处则无人与之合同,因初二为三四所阻,便无人与上合同了,但上无争于人故亦无悔恨。象辞说:同人于郊外荒僻处无人与应,只是不能实现自己理想于天下罢了。

【按语】本卦六爻皆从人的行为来了解信息。所以名同人卦者有三:天在上而火炎上,其性相同一也;五与二皆刚健文明,其德相同二也;一阴在下卦而上下五阳欲同,其情相同三也。有此三同,则可与人同舟共济了。总之,要与人同心同德,才能完成休否之功。当然要做到上下同心,非大公至正、真诚相待不行。

第十四章 大有(离上乾下 ䷍)

【提要】上离为日,下乾为天,日在天上,万物毕照,乃盛大丰有之象,故名大有。本卦六五一阴居尊,上下众阳并从,易以阳为大,大之一切皆为所有,故名。

【原文】大有,元亨。彖曰:大有,柔得尊位,大中而上下应之,曰大有。其德刚健而文明,应乎天而时行,是以元亨。象曰:火在天上,大有,君子以遏恶扬善,顺天休命[1]。

初九,无交害,匪咎,艰则无咎。象曰:大有初九,无交害也。九二,大车以载,有攸往,无咎。象曰:大车以载,积中不败也。九三,公用亨于天子,小人弗克。

象曰:公用亨于天子,小人害也。九四,匪其彭[2],无咎。象曰:匪其彭无咎,明辨析也。六五,厥孚交加,威如,吉[3]。象曰:厥孚交加,信以发志也;威如之吉,易而无备也。上九,自天祐之,吉无不利。象曰:大有上吉,自天祐也。

【词解】[1]遏恶扬善,顺天休命:遏,去也;休,决定。天命本性,就要去恶扬善,所以要顺应天理,以决定人物的命运。[2]匪其彭:匪同非;彭同旁,有盛大之义。"匪其彭"就是说,唯不大其所有,所以才能保其所有。[3]厥孚交如,威如,吉:孚,诚信;厥,其;如,语助词。言大有之世而居尊位,又能诚恳虚心对人,乃"厥孚"之象;能礼贤下士,任用贤良,乃"交如"之象;平正而不偏私,人心归顺,乃"威如"之象。所以人皆心悦诚服,故吉。

【语译】大有,一切好的开始所以亨通。彖辞说:大有一柔爻居五之尊位,大而得中故上下众阳应之,因名大有。其德行内刚健而外文明,应乎自然而与时偕行,故为良好的开端所以亨通。象辞说:本卦上离为火,下乾为天,火在天上,万物毕照,所照之大皆其所有,君子本之以去恶扬善,顺天命就是为了杜绝人欲。

初九爻说:不要骄奢发生满招损之害,就不会有差错,只有存在着戒惧之心,才不会发生过失。象辞说:大大富有的初期,就不要有骄奢的弊害。九二爻说:九二刚居柔位,有如大车载重远行也不会有损坏,喻才德兼优之人当此重任,必能立于不败之地,共成大业,所以不会有失。象辞说:大车载重以行,因其质量良好决不会败坏。九三爻说:九三为三公,才志俱刚,欲出而共保六五天子大有之业,但被小人在天子旁谮谤而受阻。象辞说:九三欲辅佐天子共保大业,但因小人之害而受阻。九四爻说:九四居四阳之首,势大震主,但虽盛大而能不有其大,

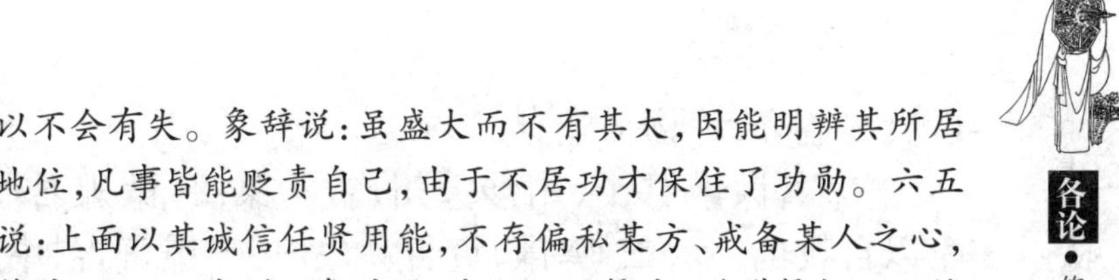

所以不会有失。象辞说：虽盛大而不有其大，因能明辨其所居之地位，凡事皆能贬责自己，由于不居功才保住了功勋。六五爻说：上面以其诚信任贤用能，不存偏私某方、戒备某人之心，平等待人，故而吉祥。象辞说：诚心任用贤才，则群贤归心而辅佐之；平等待人，无为而治，则不怒而威，不言而信，则人皆心悦诚服了。上九爻说：上九居天位，如功成身退之元老，尊尚贤人，自得天助，不仅吉祥而且无不顺利。象辞说：大有上九喻元老之心皆归顺则自然吉祥，这就是得到天位之人的帮助之故。

【按语】本卦初、四从人处的地位来了解信息，余皆从行为来了解信息。大有上离下乾，六五一阴居尊，上下众阳皆从，易以阳为大，大之一切皆为所有，故名之曰“大有”。大有乃盛极之治世，如古代文景之治、贞观之治、康乾之治等。

再从卦象来看，大有离上乾下，火在天上，万物毕照，乃盛大丰有之象，故曰大有。本卦六五一阴居尊上下众阳并从，从人事看，要保其大有之业，切不可倚仗权势，骄奢无度，当谨慎警惕，上合天意，下顺民心。

第十五章 谦(坤上 艮下 ䷎)

【提要】本卦上坤为地，下艮为山，形容很高的山都能屈居地下，故有谦之象。结合人事，有卑己重人、谦让而不自满之德行，故能保持其大有之业。

【原文】谦，亨，君子有终吉。彖曰：谦亨。天道下济而光明，地道卑而上行。天道亏盈而益谦，地道变盈而流谦，鬼神害盈而福谦，人道恶盈而好谦。谦尊而光，卑而不可逾，君子之终也。象曰：地中有山，谦。君子以裒多益寡，称物平施[1]。

初六，谦谦君子，用涉大川，吉。象曰：谦谦君子，卑以自牧也。六二，鸣谦，贞吉。象曰：鸣谦贞吉，中心得也。九三，劳谦，君子有终吉。象曰：劳谦君子，万民服也。六四，无不利，㧑谦[2]。象曰：无不利㧑谦，不违则也。六五，不富以其邻。利用侵伐，无不利。象曰：利用侵伐，征不服也。上六，鸣谦，利用行师征邑国。象曰：鸣谦，志未得也；可用行师，征邑国也。

【词解】[1]裒多益寡，称物平施：裒（póu 抔），减少；施，等也。谦不是只讲卑下，而是为了使太过者（多）减少其过，不及者增补其少，以维持阴阳的相对平衡。[2]㧑谦：㧑（huī 挥），㧑指有人敬仰而挥手致意，因处一定地位，必合礼仪，不可过谦，因过犹不及，如以挥手致意表示，既有礼貌，又不违背准则。

【语译】以谦处事必得亨通，君子以谦道保持终身之吉祥。象辞说：谦乃亨通之道，天道虽高若下济则光明，地道虽卑下必上行乃能维持阴阳平衡。天之日月有盈有亏必亏乃受益，地有高下必卑下之处反易增高，鬼神因盈满而致祸必亏乃得福，人情则恶满盈而喜卑顺。谦处尊而能下人所以愈见光大，谦处卑有功德而不自居愈见其不可及，君子若能谦则可终身得吉。象辞说：地中有山，这就是谦之象。谦是为了使多者不偏多，少者不偏少，长久维持阴阳平衡而已。

初六爻说：君子如能效法此谦而又谦之德，则可利济大的险难，而得吉祥。象辞说：谦而又谦的君子，平时就以卑下自处的缘故啊！六二爻说：言论称述皆自处卑下，其本性又柔顺中正故而吉祥。象辞说：鸣谦贞吉，这是六二与九三阴阳唱和内心相得之故。九三爻说：劳苦功高而又能谦虚，君子就能始终保持吉祥。象辞说：劳苦功高而不自居功的君子，万民皆会心

悦诚服。六四爻说:当人们皆称道其美德时,则挥手致意表示不敢当,这样谦虚无有不吉利的。象辞说:无不利㧑谦,这就不会违背准则(过谦则伪)。六五爻说:虽富也不向邻居夸耀,但若有骄横害民者也必征讨,这没有不吉利的。象辞说:要讨伐骄横害民者,是为了征讨那些不服从国家法令的人。上六爻说:上六不中不正,内心忧恨其过于懦的退让而鸣,己之邑国也藐视而叛之,当辅以刚猛,出兵征讨邑国之叛。象辞说:内心忧恨而鸣,这是未得谦退之道;可利用出兵,是为了征讨叛己之邑国树立威信之故。

【按语】本卦除二、六从语言了解信息外,余皆从行为来了解信息。语云:"满招损,谦受益",所以谦卦六爻皆吉。不仅如此,谦也是古人的柔术,所以老子有"上善若水"之喻。水有七善:

居善地——海纳百川,皆因地势低下。

言善信——水有潮汐,按时而至,从不失信。

事善能——天下之至柔,驰骋天下之至刚,水可无孔不入。

心善渊——水之空明,人法之可宁静致远而生慧。

动善时——水因时而至,以润万物。

与善仁——有功于万物、有功于天下皆不居功。

政善治——政法水之平以为治,故曰"政治水平"。

第十六章 豫(震上坤下 ䷏)

【提要】豫有和乐之象,本卦上震为动,下坤为顺,顺乎自然而动则无不和乐,故称"和豫"。要保持"和豫",就需有备无患,故有"备豫"之说,凡事死于安乐懈怠,故反对"逸豫"。

【原文】豫，利建侯行师。彖曰：豫，刚应而志行，顺以动，豫。豫顺以动，故天地如之，而况建侯行师乎？天地以顺动，故日月不过，而四时不忒[1]，圣人以顺动，则刑罚清而民服，豫之时义大矣哉！象曰：雷出地奋，豫，先王以作乐崇德[2]，殷荐之上帝，以配祖考。

初六，鸣豫，凶。象曰：初六鸣豫，志穷凶也。六二，介于石，不终日，贞吉。象曰：不终日贞吉，以中正也。六三，盱豫悔[3]，迟有悔。象曰：盱豫有悔，位不当也。九四，由豫，大有得，勿疑，朋盍簪[4]。象曰：由豫大有得，志大行也。六五，贞疾，恒不死。象曰：六五贞疾，乘刚也；恒不死，中未亡也。上六，冥豫[5]，成有渝，无咎。象曰：冥豫在上，何可长也。

【词解】[1]不忒：忒（tè 特）差错；不忒，没有差错。[2]作乐崇德：古人法震雷从地中发出之音最和乐而创立音乐，献于上帝和祖先，以崇尚道德感人，所谓乐以和其心。[3]盱豫悔：盱（xū 吁），仰目上视。言豫之六三不中不正，仰目媚颜于主人，故有灾悔。[4]朋盍簪：朋，本卦五阴有朋党之象；盍，合也，簪，首笄也。“朋盍簪”，言五阴结为朋党，有以簪贯发之象。[5]冥豫：言阴柔之体，居豫卦极端，有昏冥之象，故曰“冥豫”，冥，昏不明也。

【语译】顺乎自然而动所以和乐，有利于分封建立诸侯之国和行军打仗。彖辞说：本卦九四一刚爻而柔爻皆应之因而得以遂其志向，顺应时机而动，所以和豫。和豫是顺乎自然而动，天地尚且如此，何况建立诸侯国和行军打仗的事呢？天地顺应时机而动，所以日月运行无错而四时循环无差；圣人顺应时机而动，则刑罚公正而民众心悦诚服，豫卦所表示的时间意义真太伟大了啊！象辞说：震为雷，坤为地，雷从地下奋发而出，使大地振动，这是最和乐之象，古代明君效法之以创造音乐崇敬圣

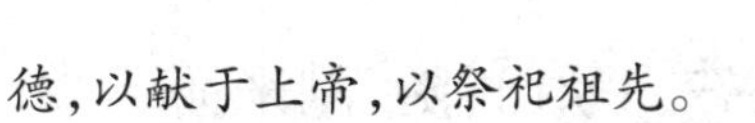

德,以献于上帝,以祭祀祖先。

初六爻说:初六欲从九四而和之,但上下悬绝故凶。象辞说:初六难与九四唱和,不能卑下自处,其志穷必凶。六二爻说:如分界之石不可移动而至静无欲,明察秋毫,见机而作不俟终日,坚贞自守故吉祥。象辞说:不俟终日之短暂而预见其事故得吉,因其坚守中正之故。六三爻说:六三不中不正,媚颜附势九四以为乐,故有失,当迅速改过,迟则过失愈大。象辞说:媚颜附势所以有失,是因其位置不当之故。九四爻说:九四一阳动而众阴从之,故由此以致和乐,此大得人心,切勿多疑,当合朋类之贤俱进以保其和豫。象辞说:由此而联合众贤当大有所得,可行其道以利天下。六五爻说:六五心腹中有沉痼不治之疾,处势极危,因柔而得中故常不死。象辞说:六五心腹中有沉痼不治之疾,是因乘九之刚,大权旁落,众心不附之故;当不致死,因柔而得中,只存其虚位而已。上六爻说:长期昏昏冥冥沉溺于安乐,今一旦觉醒,所以这不是错。象辞说:昏冥而处上位,这怎么能长久维持呢?

【按语】本卦初爻从语言来了解信息,二、三、四爻从行为来了解信息,五、上从地位来了解信息,豫卦强调和乐,但要保长久的和乐,必讲诚信,适时而动,不可乐极生悲,陷于危难。始终要记住"生于忧患,死于安乐"这句格言。

豫卦上震为雷为动,下坤为地为声,有春雷出地中之象。豫卦主要阐述了和乐的原则,要保和乐,就必须中正诚信,适时而动,坚持"备豫"的思想,随时警惕"生于忧患,死于安乐",一定不能"逸豫"而麻痹,否则必然招致灭亡。

第十七章 随(兑上震下 ䷐)

【提要】随有随喜而从之义,如上下以礼相从,则天下归心。

【原文】随,元亨利贞,无咎。彖曰:随,刚来而下柔,动而说,随,大亨贞无咎,而天下随时。象曰:泽中有雷,随,君子以响晦入晏息[1]。

初九,官有渝,贞吉,出门交有功。象曰:官有渝[2],从正吉也;出门交有功,不失也。六二,系小子,失丈夫。象曰:系小子,弗兼与也。六三,系丈夫,失小子,随,有求得利,居贞。象曰:系丈夫,志舍下也。九四,随有获,贞凶,有孚在道以明,何咎?象曰:随有获,其义凶也,有孚在道,明功也。九五,孚于嘉,吉。象曰:孚于嘉吉,位中正也。上六,拘系之[3],乃从维之,王用亨于西山。象曰:拘系之,上穷也。

【词解】[1]君子以响晦入晏息:人生天地间,有作必有息,如雷声随深秋入地下而停,人亦入夜后便安息,这是天人间的共通规律。响晦,太阳落山后;晏息,即入睡安息。[2]官有渝:官,主也;渝,变也。言初当随二,初九以阳刚之尊礼降六二之柔,虽是一个变化,但二居中得正,不失其所随。[3]拘系之:拘,拘禁;系,维系,乃固结不解之义。

【语译】随卦具有元亨利贞的特性,所以没有错误。彖辞说:上以阳刚之位而能礼贤下士,震动而兑悦之,故能和悦相从,大大亨通而正,所以没有过错。象辞说:雷声随深秋入于泽中而停,君子也入夜后便安息,这就是随时而止的意思。

初九爻说:初九以阳刚而礼降六二阴柔,有主随从之变化,从正故吉祥,出门以交必无偏私所以有功。象辞说:初从二,主随从,二居中得正,从正所以吉祥;出门交在家外必无偏私而有功,则不失其所随。六二爻说:六三左上为丈夫,初九在下为小子,六二本当随六三,但六三不正,故随初九。象辞说:六二既随初之小子,就不能随上之丈夫,因为不能兼而有之。六三爻说:六三不中正,随上之丈夫九四以求得到富贵,而失其所随之

人六二，这是有失所随，以求得利，只有安处为正。象辞说：其志向就是要随其富贵之丈夫，而舍去了处于正位的六二啊！九四爻说：九四随九五，实力与九五相当，功高盖主，于己有得，虽正亦凶。只有内竭其诚以明心迹，于事不苟且以合于道，不自居功为利欲所昏，明哲保身则有何过错？象辞说：四随五而功高盖主，处危疑之地必致凶；若能处处诚其心而合于理，不自居功乃不受害。九五爻说：九五之君若实心实意礼贤下士，上下无不相随，有嘉会之美，故得亨通之吉。象辞说：九五礼贤而上下相随得嘉会之美，这是九五中正居尊之故。上六爻说：上六欲转离散，九五之王欲强行维系之、拘禁之、固结之，上六则决心退隐西山。象辞说：上六居随之终，无所随从，见九五拘系以随，所以穷而归隐。

【按语】本卦六爻皆从行为来了解信息。同时，随卦还强调了追随的原则，提出要择善而从，要精诚团结。

随卦上兑下震，震动兑悦久，以少女随长男，也随之象。推而言之，上下以礼相从，则天下归心。"随"有"从"的特性，但必走正道才能使人悦从，对上则礼贤下士，对下则和悦待人。总之，随从者要择善而从；而争取追随者，也必舍去私利，与人真诚团结，才能达争取人心归顺的目的。

第十八章　蛊（艮上巽下 ䷑）

【提要】蛊有腐坏、混乱等义，如政治腐败、社会混乱、身心败坏等。因天下太平日久，积弊而多事，故有乱极而将败坏之象。

【原文】蛊，元亨，利涉大川，先甲三日，后甲三日[1]。

彖曰：蛊，刚上而柔下，巽而止，蛊。蛊，元亨而天下治也，利涉大川，往有事也。先甲三日，后甲三日，终则有始，天行也。象曰：山下有风，蛊，君子以振民育德[2]也。

初六，干父之蛊，有子考，无咎，后终吉。象曰：干父之蛊，意存考也。九二，干母之蛊，不可贞。象曰：干母之蛊，得中道也。九三，干父之蛊，小有悔，无大咎。象曰：干父之蛊，终无咎也。六四，裕父之蛊，往见咎。象曰：裕父之蛊，往未得也。六五，干父之蛊，用誉。象曰：干父用誉，承以德也。上九，不事王侯，高尚其事。象曰：不事王侯，志可则也。

【词解】[1]先甲三日，后甲三日：甲为日之始亦事端之始，故取甲日以实施政令。先甲三日为辛，取更新之义，提前公布政令，使众皆知晓。后甲三日为丁，取叮咛之义，实施政令三天后，违者必将论处。[2]振民育德：当蛊乱多事之时，风俗败坏，民德不兴，救时之急，应振奋民众意志。但振奋民志，又在于培育大家的道德修养，所以要"振民"、"育德"齐抓共管，才能移风易俗，改造国家。

【语译】蛊卦之象是乱而多事，有利于涉险渡过大川，终其险难，来一番更新以实行新政，有一番叮嘱以防犯其政令。彖辞说：蛊卦上刚下柔，巽为顺，艮为止，以致上止而苟且偷安，下顺而不敢违抗，积弊而致败坏。但败坏出了事故，经过一番整治，反而为亨通的良好开端，使乱极而治，利于涉险，得以拨乱反正。先甲三日为辛，以更新政令，后甲三日为丁，以叮嘱勿犯新的政令，以终其前事，始其后事，这是天理循环的客观规律。象辞说：山下有风，就是蛊卦之象，君子引伸其义于人事，则提倡振奋民众精神，以培养其德行。

初六爻说：初六当蛊坏之时，不再承袭父辈所立的坏制

度，而只继承父辈要把国家治理好的遗志，这不会有错，最后会取得吉祥的。象辞说：不承袭父辈的坏制度，才能治理好坏局面。九二爻说：儿子去治理母亲所造成的蛊坏之事，不可过猛，要和风细雨。象辞说：治理母亲所造成的蛊坏之事，要刚柔相济，让其自觉改正。九三爻说：要纠正君父蛊坏大事，非出于私意妄行，虽遭到反感，但无大错。象辞说：消除君父所造成的蛊坏局面，开始虽遭反感，待把蛊坏局面控制后，仍会高兴而不怪罪了。六四爻说：对父辈造成的蛊坏局面反而纵容，任其发展下去，必然铸成大错。象辞说：纵容父辈造成的蛊坏局面而不整治，任其发展下去必无好结果。六五爻说：六五之君，能使其父辈造成的蛊坏局面得以治理，当然就会受到大家称颂而得名。象辞说：能使其父辈造成的蛊坏局面得到治理而得名，这是继承了德政之故。上九爻说：上九居蛊卦之终，蛊坏之事已得到治理，则不再为国君操劳其事，当退居以终余年。象辞说：不再为国君操劳其事，高尚其品德，以功成身退为后人景仰。

【按语】本卦六爻皆从人的行为来了解信息。因蛊乃器皿为虫蛀之象，喻身心败坏、政治腐败，要挽救危局，必冒大风险方有希望成功。

蛊，从皿从虫，是会意字，乃器皿为虫蛀而腐之象。结合人事，有积弊而政治腐败或身心败坏之象。《易经》在周代还有其他《周易》的版本，《左传·医和》一段，医和与晋公诊病，说他“疾如蛊”。出来后，晋公大臣赵孟问：“何谓蛊？”医和曰：“在周易，风落山，女惑男，谓之蛊。”指出晋公之病有蛊卦之象，身心败坏，无可救药。举经文说本卦下巽为风，上艮为山，巽为长女，艮为少男，以长女去迷惑少男，这不是正常婚配，它会像秋风扫落叶一样，很快就会崩溃，但今本《周易》并无此段文字。

第十九章 临(坤上兑下 ䷒)

【提要】临有以上临下,即二阳在下以尊居卑遍临四阴之象。临还有阳长而阴消之势,进德修业为民所仰,以诚感动万物也。

【原文】临,元亨利贞,至于八月有凶。彖曰:临,刚浸而长,说而顺,刚中而应,大亨以正,天之道也。至于八月有凶,消不久也。象曰:泽上有地,临,君子以教思无穷[1],容保民无疆[2]。

初九,咸临,贞吉。象曰:咸临贞吉,志行正也。九二,咸临,吉,无不利。象曰:咸临,吉,无不利,未顺命也。六三,甘临,无攸利,既忧之,无咎。象曰:甘临,位不当也;既忧之,咎不长也。六四,至临,无咎。象曰:至临无咎,位当也。六五,知临,大君之宜,吉。象曰:大君之宜,行中之谓也。上六,敦临,吉无咎。象曰:敦临之吉,志在内也。

【词解】[1]教思无穷:本临卦泽上有地,有容纳、润泽之象,引申到人事上,则要教化民众,对民众无限关心,故曰"教思无穷"。[2]保民无疆:不仅要宽容民众,而且还要无微不至地保护民众。

【语译】临乃阳长之卦同乾,故具有元亨利贞的特性,八月(周历八月,即今之六月,二阴增长为遯)阴长故凶。彖辞说:临卦,阳刚之气增长,下体兑以心悦诚服而上进,上体坤又以柔顺待下,九二刚才上应六五之恭顺,此大大亨通而得正,这是符合

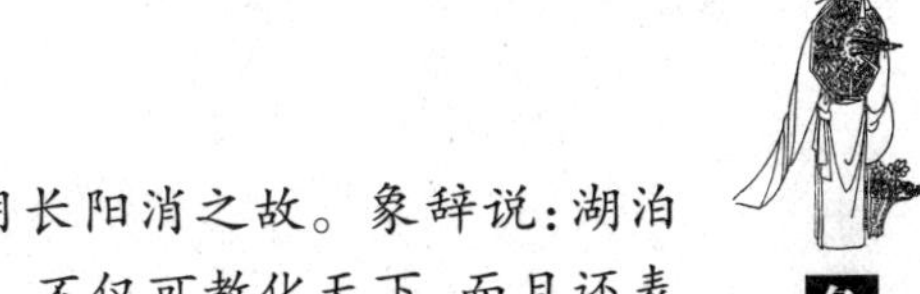

自然规律的。至于八月有凶,乃阴长阳消之故。象辞说:湖泊上有土地必受润泽,有如明君良臣,不仅可教化天下,而且还表现了无限关心民众和无限保护民众。

初九爻说:初九阳刚屈尊下临于柔,群阴皆心悦诚服而感应,故正而吉祥。象辞说:咸临贞吉,是因刚而得正,得以行其正道的缘故。九二爻说:九二有刚中之德下临,而群阴诚服,故吉祥而无不利。象辞说:咸临,吉;无不利,非苟顺君命以取容,乃顺从其道以辅佐之。六三爻说:以甜言蜜语取悦于人,而无诚意相接,必无所利;若能忧惧自改,也可不犯错误。象辞说:以甜言取悦于人而无诚意,这是六三地位不中正之故;知过而能改,自会很快消除过失。六四爻说:六四正应下之初九,所以不会有过错。象辞说:六四下应初九无有错误,这是位置正当的缘故。六五爻说:六五柔中居尊,有知人善用之智,以此临天下自得大君之宜,故吉祥。象辞说:自得大君之宜,是行事得中之故。上六爻说:上六附五以加厚于二之任用,所以吉祥而无错误。象辞说:敦厚以临人,志在助内卦二以辅佐国家。

【按语】本卦除六三从语言了解信息外,余皆从人的行为了解信息。同时临卦还有以尊居卑,遍临四阴,希望多给下面恩惠之象。

临有以上临下之象。本卦坤为地,兑为泽,有如地面上有湖泊,就能广润土地。又本卦二阳在下,以尊居卑,遍临四阴,有如上面能下去关心民众生活,多给大家恩惠,这就能以诚感动民众。

同时,临卦还强调了领导人以身作则的重大意义,还要知人善用,宽厚待人,才能把事情办好。

别外,还要善于审时度势,宽猛相济,不可拘于一格。

第二十章 观(巽上坤下 ䷓)

【提要】观有以下观上,仰慕上位者之德业诚信之象,仿而效之,以移风易俗,改造国家之象。即以上之至诚感化天下,以成大事,方有可观摩之处。

【原文】观,盥而不荐,有孚颙若[1]。彖曰:大观在上,顺而巽,中正以观天下。观,盥而不荐,有孚颙若,下观而化也。观天之神道,而四时不忒[2],圣人以神道设教[3],而天下服矣。象曰:风行地上,观。先王以省方观民设教。

初六,童观,小人无咎,君子吝。象曰:初六,童观,小人道也。六二,阙[4]观,利女贞。象曰:阙观女贞,亦可丑也。六三,观我生,进退。象曰:观我生进退,未失道也。六四,观国之光,利国宾于王。象曰:观国之光,尚宾也。九五,观我生,君子无咎。象曰:观我生,观民也。上九,观其生,君子无咎。象曰:观其生,志未平也。

【词解】[1]盥而不荐,有孚颙如:盥(guàn 贯),祭祀前洗手之器;荐,奉酒食以祭;有孚,即有诚意;颙(yóng 永)如,尊敬之貌。言祭祀不在于洗手恭敬,奉献酒食,而在于内心有诚意,真心地尊敬。结合人事,要修德勤政,移风易俗,人皆信而仰之,这就是“有孚颙若”。[2]四时不忒:忒,差错。四时不忒,即四时运转而无差错。[3]圣人以神道设教:古天文以北斗为神,即言北斗是天体运行、气象变化的主宰者。圣人本此理,要求对众人之感化,必由最高领导以德行中正,有如北斗之神,为民众辨方定时的准则,故曰:“圣人以神道设教,而天下服矣。”[4]阙:阙(kūi 窥的异体字),门内偷看。

【语译】观有领导者勤修德政、为民所仰之象，以身作则，人皆肃然起敬。彖辞说：阳在上以大观，具备巽顺之德，以我之中正以观天下之不中不正。观，是以身作则，使民仰而信之，下观上之德而感化，不言而教。观天道自然，而四时运转不差，圣人以自身德行中正以教化，则天下心悦诚服。象辞说：风行地上，遍周万物即观之象。古代领导人本此理巡守四方，因地制宜，根据民风不同而设教。

初六爻说：初六离九五甚远，不能观视九五中正之德，如童子之识见不能及远，这对于平民来说是没有过错的，但在上位的君子忽略了以身作则的教育，的确是羞吝的。象辞说：初六如童子观视不能及远，茫无所知有如平民难以见到领导人的功德一样。六二爻说：用目在门内隐伏处窥视，是女子常有之事，喻所见者小而不全。象辞说：窥视在女子虽是常事，但亦失礼，喻处事接物以一孔之见则不得中正之道了。六三爻说：六三观九五之行，以决定自身进退。象辞说：六三观九五之行，若九五合于所行之道则进，不合则退，因进退合宜，故不失为正道。六四爻说：四近五而柔顺得正，已看到九五政绩的光辉，心志所向愿为辅佐，但必九五以宾客之礼相待，才乐于进用。象辞说：已看到九五政绩的光辉，进用与否则要九五能以宾客之礼相待。九五爻说：九五阳刚中正而居尊，能观自身所行善否，则知处此高位之君子有无差错。象辞说：观我自身所行善否，则知民心之向背了。上九爻说：在五之上象征隐士之流，但仍被人所注视，只有刚毅无欲，才没有灾祸。象辞说：上九处上位而有贤德，所以凡事都不自满和掉以轻心。

【按语】本卦初、二从人的地位了解信息，其余则从人的行为以了解信息。而且观卦强调国君要以身作则，执政为民，修德行道，为民所仰。

观卦上巽下坤，巽为风，坤为地，有风行地上、遍周万物之象。又本卦二阳在上，为下之四阴所仰慕，有以下观上之象。结合人事来看，有在上者进德修业，为万民所仰而信之的楷模，以身作则，则可移风易俗，改造国家，民众皆观而效之。

由此可见，国家的安危，系于人心之向背，人心向背，又决定于领导人是否修身正己，为天下表率。故曰：治国之道无他，反求诸己而已矣！

第二十一章 噬嗑（离上震下 ䷔）

【提要】噬嗑（hé 合），是形容腮中有物，必合口咀嚼始能除去的意思。喻社会有强梗谗邪梗其间，必治之以严刑峻法，始能除去。上卦离如电之明，治狱若明不如电，则不能察秋毫；下卦震如雷之威，执法若威不如雷，则不能当机立断。

【原文】噬嗑[1]，亨，利用狱。彖曰：颐中有物，曰噬嗑。噬嗑而亨，刚柔分，动而明，雷电合而章，柔得中而上行，虽不当位，利用狱也。象曰：雷电噬嗑，先王以明罚勅法[2]。

初九，屦校灭趾[3]，无咎。象曰：屦校灭趾，不行也。六二，噬肤灭鼻[4]，无咎。象曰：噬肤灭鼻，乘刚也。六三，噬腊肉，遇毒，小吝无咎。象曰：遇毒，位不当也。九四，噬干胏[5]，得金矢，利艰贞，吉。象曰：利艰贞，未光也。六五噬干肉，得黄金，贞厉无咎。象曰：贞厉无咎，得当也。上九，何校灭耳[6]，凶。象曰：何校灭耳，聪不明也。

【词解】[1]噬嗑:噬(shì 士),咬;嗑(hé 合),这里通“合”。王弼注:“颐中有物,啮而合之,噬嗑之义也。”《杂卦》:“噬嗑,食也。”[2]明罚勅法:勅(chì 赤),执行。勅法,即执行平时所定的法纪。罚指用法量刑以处罚犯人,但均要宽猛相济,刚柔得中。[3]屦校灭趾:以木制刑具加于脚上,而遮没了脚趾之刑,小惩大戒,才能决心改过。[4]噬肤灭鼻:即柔软的肉块,捧而食之掩没其鼻,再没有比它更易噬嗑的了。喻六二中正,所断之理,必得其情,有噬肤灭鼻之易,当然不会错断。[5]噬干胏:胏(zǐ 子),指带骨的干肉,至坚难啃。[6]何校灭耳:肩杠木枷遮没了两耳。

【语译】噬嗑是除去强梗而使之合,所以亨通,故皆以明刑治狱为喻。彖辞说:腮中有物,必咬而后合,除去强梗而使之合所以亨通。刚柔得中,雷动电明,雷电合用而彰明。柔而得中以居上位,故能宽猛相济。六五阴爻阳位虽不完全得中,但能明刑治狱。象辞说:如电之明察秋毫,如雷之当机立断,这就是噬嗑之象,古代帝王本此制定法纪,用以处罚犯罪的人。

初九爻说:有犯小错的人,开始就从严处罚,木制刑具遮没了犯人足趾,才能使之痛改前非,这没有错。象辞说:刑带足镣伤及足趾,是为了制止不要再次犯法。六二爻说:六二中正,判案如将嫩肉块置于利齿上,捧而食之掩没其鼻的容易,所以不会有错。象辞说:噬肤灭鼻,有以刚乘柔之易。六三爻说:咬陈久有味的肥腻干肉,如审理久年疑狱之棘手,故一时很难判断审理,但动而见察,终能明断。象辞说:以食陈久的肥腻干肉为喻,是比喻六三阴柔不在中位之故。九四爻说:吃陈久的带骨干肉,有如治大狱之难,不仅要有金之刚而中正不阿,矢之直而果决公断,还要警惕戒惧,恐一毫之少忽,一事之不正,不能明判其案而得吉祥。象辞说:要警惕戒惧乃得吉祥,是因为前途未卜,并不顺利。六五爻说:六五所治之狱如咬干肉,绝非一般,但因柔顺中正而居尊,权力在握,对强梗而难感化者,则必断然用刑以治之,所以得吉。象辞说:对负隅顽抗者用刑这不会错,因权力在握可以用之得当。上九爻说:犯了什么大罪,肩上扛着大枷遮没了两耳，必然遭到凶祸。象辞说：犯了什么大罪扛着大枷遮没了两耳，这就是平时不听忠告而终于铸成大错之故。

【按语】本卦初、二、三、六从人处的地位来了解信息，四、五从行为来了解信息。至于噬嗑卦的性质，则有明如离火，威如雷电，不合而强制其合等，故用于决狱，当机立断，明察秋毫，以消除强梗。

噬嗑，是形容腮中有物，必合口咀嚼始能除去的意思。本卦上下两阳象口唇，阳爻之内的上下阴爻表示空口之象，只九四一阳表示口有坚硬之物横梗于中，必咀嚼始能碎其坚硬梗阻。

本卦还以上卦离如火之明，下卦震如雷之威，以作为治狱用刑之原则。这就是说，明不如电，则不能察秋毫；威不如雷，则不能当机立断。也就是说，要以严刑峻法，去除强梗谗邪，威严公正以判案执法。

第二十二章 贲（艮上离下 ䷕）

【提要】贲（bì），有文饰之象。古人将文和质分为两方面，任何事物都有它内在的实质和外表的文采，文和质必须相等。本卦上艮为山，下离为火，山中有火，百物皆被其光采，以示贲卦有文饰之象。

【原文】贲，亨，小利有攸往。彖曰：贲，亨，柔来而文刚，故亨；分刚上而文柔，故小利有攸往，天文也；文明以上，人文也。观乎天文，以察时变；观乎人文，以化成天下。象曰：山下有火，贲，君子以明庶政，无敢折狱。

初九，贲其趾，舍车而途。象曰：舍车而徒，义弗乘也。六二，贲其须。象曰：贲其须，与上兴也。九三，贲如濡如[1]，永贞吉。象曰：永贞之吉，终莫之陵也。六四，贲如皤如[2]，白马翰如[3]，匪寇婚媾。象曰：六四，当位疑也；匪寇婚媾，终无扰也。六五，贲于丘园，束帛戋戋[4]，吝终吉。象曰：六五之吉，有喜也。上九，白贲[5]无咎。象曰：白贲无咎，上得志也。

【词解】[1]贲如濡如：贲如，有固守本朴、不重文饰之貌。濡如，不溺陷阴柔，而自得濡润之象。[2]皤(pó 婆)如：素白色。[3]翰如：指如翰飞之状。[4]束帛戋戋：束，两匹；帛，丝织品，戋戋作残残，有剪裁分裂之意。即指剪裂的两匹礼缎。[5]白贲：文饰而有素色，故曰“白贲”。

【语译】贲，亨通，但仅仅往有小利而已。彖辞说：贲，亨通，因文以辅质，内离明而照物，故动而惑，所以为亨通之道。虽内心明达事理，外则不能果断行之，所以前往只有小利。刚柔交错，而成天文；通过尊卑礼仪，而成人文。观天体交叉，以察四时变化；观察人文以了解德行，以教化天下之人。象辞说：本卦上艮为山，下离为火，山下有火，百物皆被其光采，乃贲之象。为政的君子本此以管好钱粮赋税之类来辅佐政务，但因察察为明，不能果决地判断案件，把礼乐法度作为文明象征，不求实情，故不利于决狱明法等大事。

初九爻说：初九刚德明顺如正直之人，决心舍去非义之车而不乘，愿安于徒步不以为辱。象辞说：舍乘车而步行，是为了重道义之故。六二爻说：六二如颐上之须。象辞说：颐上之须，必随颜面而起动，虽美必资人之共济，乃可有为。九三爻说：虽有文采外饰，但因本朴之实质濡润自得，故能收到长永其正的吉祥。象辞说：长永其正的吉祥，是始终未被阴柔之邪所侵凌的缘故。六四爻说：六四与初六正应，文质相贲，心心相濡，求初之心如白马飞驰之疾速，但为匪寇三求婚所阻隔。象辞说：六四疑惧三之亲比，但不以三之阻隔遂已，守正不与三相接，匪寇终于找不到什么岔子，六四最终仍与初九成就了婚姻。六五爻说：贲于丘园喻六五君主谦恭，求上九隐逸山林之贤才，备薄礼为聘，虽简吝但意愿，终得贤人之许而得吉祥。象辞说：六五薄礼为聘贤人而得吉祥，是因贤人喜其真诚简朴乃国人之幸。上九爻说：上九不假文饰，归真返朴，这没有错。象辞说：保持本朴所以没有过错，这正是上面要聘请的贤人啊！

【按语】本卦初、二、六从地位了解信息，三、四、五从行为了解信息。又贲讲文采，如以礼教感化天下等，但不能文过饰非，欺上瞒下。

本卦的卦性是讲文采，本“推天道以明人事”之理，从自然界的文采，推论到人事的文采，用理教文明，感化天下。

就实际而言，贲卦强调礼仪，但不能文饰太过，否则即成“文过饰非”，或完全弄虚作假，真是误国误民，后果不堪设想。

第二十三章　剥（艮上坤下 ䷖）

【提要】剥有以下剥上、以小人剥君子的性质。卦象上艮下坤，有下之五阴剥上之一阳之象，也有至高之山将剥而倾颓之义。

【原文】剥，不利有攸往。彖曰：剥，剥也，柔变刚也，不利有攸往，小人长也。顺而止之，观象也。君子尚消息盈虚[1]，天行也。象曰：山附于地，剥。上以厚下安宅[2]。

初六，剥床以足，蔑贞凶。象曰：剥床以足，以灭下也。六二，剥床以辨，蔑贞凶。象曰：剥床以辨，未有与也。六三，剥之无咎。象曰：剥之无咎，失上下也。六四，剥床以肤，凶。象曰：剥床以肤，切近灾也。六五，贯鱼以宫人宠[3]，无不利。象曰：以宫人宠，终无尤也。上九，硕果不食，君子得舆，小人剥庐[4]。象曰：君子得舆，民所载也；小人剥庐，终不可用也。

【词解】[1]消息盈虚：消息盈虚指盈虚消长的变化，天道、人事皆然。[2]厚下安宅：当阴长阳消，下剥上、小人剥君子之时，当采取“厚下安宅”的政策，如省刑罚。薄赋税，厚待于民，使民众安居乐业，则不致犯上作乱了。[3]贯鱼以宫人宠：宫人，为阴之美者。言后妃统领宫人循序以事君，如鱼贯之相次，望得宠于君，听命于阳，故曰“贯鱼以宫人宠”。[4]小人剥庐：言小人若剥尽上之一阳，则小人也自失所覆之庐，而无安身之所，国破家亡，小人能单独存在吗？

【语译】剥，五阴盛长，一阳将剥尽，不利于行动，有如不量力而行，必然取祸。彖辞说：剥，剥落之意，柔爻逐渐代替刚爻，不利于行动，小人之道长，动则一阳剥尽。当顺应形势以观其变，待时而动才能取胜。君子当重视盈虚消长的变化，这是天道运行的规律。象辞说：高山被倾颓而附于平地，这就是剥之象。所以在上为政者见此象，采取省刑薄税之政而厚待民众，民众在此宽舒政策下自能安居乐业。

初六爻说：初六有剥落其床足之象，床毁则人不得安居，有阴邪侵灭正道之象，故凶。象辞说：剥落其床足，阴邪已自下侵长，其祸不可估量。六二爻说：六二有剥床已至床板，阴邪侵灭正道之势在继续发展，故凶。象辞说：剥床至床板，此阴阳已不能相应相比，阴邪已大大增长了。六三爻说：六三虽处剥而无过错。象辞说：六三所以处剥而无过错，是因为能离私党而从正,愿失上下四阴小人之群,而从上九一君子之善之故。六四爻说:六四已剥毁到了床上人的肌肤,这当然是凶兆。象辞说:剥毁到了床上人的肌肤,比喻灾祸已及于身了。六五爻说:后妃领宫人如鱼贯之相次以事君,此阴顺从阳故无不利。象辞说:宫人望得宠于君,乃小人听命于君子,必不再存剥阳之害。上九爻说:硕大果实不食而烂掉,喻上之一阳亦剥尽,在君子如得能载之大车,在小人则失某所被覆之住处。象辞说:君子如得大车之喻,因君子能存阳德,剥尽思治,万民共载;小人如失被覆之所之喻,言小人自失所覆,国破家亡,无处安身。

【按语】本卦除五从行为了解信息外,余皆从人处的地位以了解信息。而且剥卦之象是五阴在下渐长,消剥上之一阳,有如小人势焰嚣张,此时不利于君子行动,动则一阳剥尽,必然有灭顶之灾。

剥卦上艮下坤,有地面至高之山,将剥而倾颓之象,故卦象五阴剥一阳,势将剥尽。剥是以下剥上,在人事上有小人将剥尽君子之势。

处此五阴在下渐长,消剥在上之一阳,有如小人势焰嚣张,不利于君子行动,动则一阳剥尽,必然取祸。

第二十四章　复(坤上震下 ䷗)

【提要】复有一阳尽于上,复生于下,乃阳气去而复来之象,故曰复。但阳气始生必微弱,故以雷藏地中为喻,因本卦上坤为地,下震为雷,也如人之善念初萌,必待静养而后逐渐扩大。

【原文】复,亨。出入无疾,朋来无咎;反复其道,七日来复[1],天行也,利有攸往。彖曰:复,亨。刚反,动

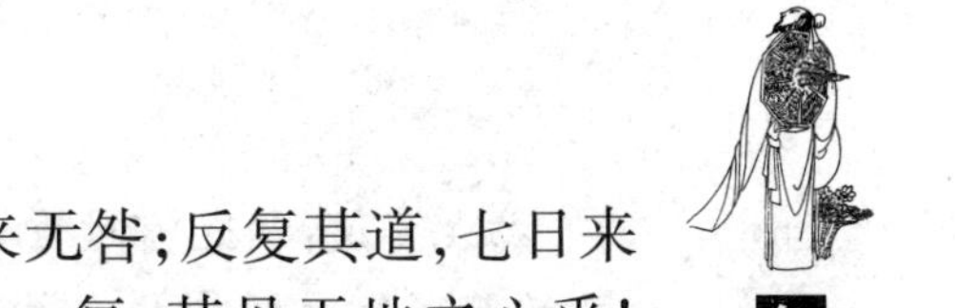

而以顺行，是以出入无疾，朋来无咎；反复其道，七日来复，天行也；利有攸往，刚长也。复，其见天地之心乎！象曰：雷在地中，复。先王以至日闭关[2]，商旅不行，后不省方。

初九，不远复，无祗悔，元吉。象曰：不远之复，以修行也。六二，休复，吉。象曰：休复之吉，以下仁也。六三，频复，厉无咎。象曰：频复之厉，义无咎也。六四，中行独复。象曰：中行独复，以从道也。六五，敦复无悔。象曰，敦复无悔，中以自考也。上六，迷复，凶。有灾眚，用行师，终有大败，以其国君凶，至于十年不克征。象曰：迷复之凶，反君道也。

【词解】[1]七日来复：言由剥变复，须经姤、遯、否、观、剥、坤至复，历七变而一阳复生于下，故曰“七日来复”。[2]至日闭关：复卦微阳之气生于下，如冬至阴极阳复之时，微阳最易受伤。古代帝王，在冬至日要求人人都要安静休息，以养微阳之气，关闭城门，禁止商旅出入，故曰“至日闭关”。

【语译】复乃一阳来复于下，故亨通。震动于下，坤顺于上，出入皆逐渐转化而不疾速，上之阴爻虽相连为朋，但下之阳气渐长而上行，故无咎病；一阳尽于上，七变而复生于下，这是天道运行的规律，有利于行动。彖辞说：一阳来复，乃亨通之象。刚爻穷上反下，震动于下而坤顺上行，皆逐渐转化而不疾速，上之阴爻虽相连为朋，但阳气渐长上行故无咎病；一阳尽于上，七变而复生于下，这是天道运行的规律；往必有利于事业的发展，是因阳刚主事，君子之道长之故。所以一阳来复，始见天地生养万物之心，人们善念萌动之时啊！象辞说：本卦上坤为地，下震为雷，雷在地中，乃复之象。古代帝王提倡在冬至节安静休息，以养微阳之气，关闭城门禁止商旅出入，后代帝王在这一天也不出门去视察四方。

初九爻说：初九有过即改，不远而复于善，不至于内心失悔，故获得最大的吉祥。象辞说：知过而速改，这就是修身之道。六二爻说：六二阴退阳复，所以吉祥。象辞说：六二使阴退阳进是为了复初爻之阳，以喻复其博爱之良知。六三爻说：六三当频失之时，处境危厉，但不会有什么过错。象辞说：因处境危厉而能迁善改过，从道义上说也算不了什么过错。六四爻说：虽处众阴中而独下应一阳来复之善。象辞说，处众阴中而独应一阳来复之善，是为了从正确之道。六五爻说：六五柔居尊位难免无错，但能踏实稳重，所以能避免发生错误。象辞说：因踏实稳重而避免了差错，这是因中德自成，能困而知之之故。上六爻说：上六昏冥不知改过，故有凶。在天灾人祸的情况下，还要出兵打仗，终致大败，败则连及君主也有倾危之忧，至于十年之久也未消除战乱影响。象辞说：昏冥不知过而有凶，这是违反君主当行中和之道的缘故。

【按语】本卦除六三从地位了解信息外，余皆从行为以了解信息。复卦上坤下震，有雷藏地中、阳气微弱、不能奋发而出地中之象，此时必待静养，阳气始能壮大。也如人心善念萌动之初，必庄敬以养之，使善念逐渐扩大，就不会再消失了。

复有阳气之动虽微，但隐状着巨大变化于彼，当“见微知著”。明朝朱元璋登基后，感到经济上出现巨大困难，遂作打油诗一首：

五鼓未明朕已起，五鼓天明群臣起；

不如江南富家翁，日高三丈还未起。

此诗天下传诵。江南有富室名万二者见之，暗中大惊，心想皇帝、大臣都不如江南富家翁，这还了得。遂命管家暂管家事，诈言带家小出外游历，找地方住下隐姓埋名。不到三月，朱元璋密令，言江南富室要谋反，格杀勿论，将其家财收没入国库，只万二一家逃脱此劫，果见微知著者。

第二十五章　无妄(乾上震下䷘)

【提要】无妄是至诚而无虚妄,任天理之自然。本卦上乾为天,下震为动,以喻动以天理之公则为无妄,若动以人欲之私则为妄了。

【原文】无妄,元亨利贞。其匪正有眚,不利有攸往。象曰:无妄,刚自外来而为主于内,动而健,刚中而应,大亨以正,天之命也。其匪正有眚,不利有攸往,无妄之往何之矣?天命不祐,行矣哉?象曰:天下雷行,物与无妄,先王以茂对时育万物。

初九,无妄往吉。象曰:无妄之往,得志也。六二,不耕获,不菑畬[1],则利有攸往。象曰:不耕获,未富也。六三,无妄之灾[2]。或系之牛,行人之得,邑人之灾。象曰:行人得牛,邑人灾也。九四,可贞无咎。象曰:可贞无咎,固有之也。九五,无妄之疾[3],勿药有喜。象曰:无妄之药,不可试也。上九,无妄,行有眚[4],无攸利。象曰:无妄之行[5],穷之灾也。

【词解】[1]不菑畬:菑(zī 姿),为初垦荒地;畬(shē 奢),为多年熟地。言不是开荒就是为了得到熟地,喻不是怀才德就是为了得到富贵。[2]无妄之灾:本无妄想奢求,却突遭灾祸,这是意外之失,故曰“无妄之灾”。[3]无妄之疾:素体健康无病之人,突遭邪气相侵,这是意外的小病,不一定造成伤害,故曰“无妄之疾”。[4]行有眚(shěng 省):因上九穷极不正,行则有灾祸。眚,灾祸也。[5]无妄之行:上九居乾之终,其位不正,虽有意外,但不宜行动,否则反取灾祸,故曰“无妄之行”。

【语译】无妄,有元亨利贞之性。不合于正则有灾祸,合于正则无往而不利。彖辞说:无妄是刚卦外来而作主于内,动而健运不息,五刚中而应二柔中,所以大大亨通而正,完全符合天道规律。若不正则有灾祸,合于正则无往而不利,若只凭主观意志盲目行动将会发生什么结果?天也不会保佑他,那还能有什么作为呢?象辞说:天下皆闻雷声之震,无物不应雷声而振起,古代帝王取法此象,对所养育者,使顺四时而各得其宜。

初九爻说:初九刚直而以诚动人,所以无往而不吉祥。象辞说:至诚无虚而往,必能遂其心愿。六二爻说:不是耕种就为了收获,不是开荒就为了得到熟地,虽怀安邦治国之才德,但非私意期望富贵而来。象辞说:只问耕耘不问收获,表明不是只期望富贵而来。六三爻说:六三不中正而有无妄之灾。邑人之牛脱绳而去,路上行人意外地得到了牛,而邑人则意外地失去了牛。象辞说:行人意外地得到了牛,邑人则遭到了无妄之灾。九四爻说:九四阳爻居阴而位不正,只有坚持而不妄动才能免于过失。象辞说:坚持不动而免过失,这是固守本分的结果。九五爻说:本身就没有病,当然就不应该轻尝药物才好。象辞说:无病而尝药就反而为妄了,所以不应该轻尝。上九爻说:上九穷极不正,虽无妄不宜行,行则有灾祸,不会有利益。象辞说:虽无妄而行不利,是地位穷极而取祸之故。

【按语】本卦四、上从地位了解信息,余皆从行为了解信息。无妄本意是至诚而无虚妄,一切顺应自然,但动则有两种结果:动以天理则有无妄之福,动以人欲必遭无妄之灾。

无妄,言至诚而无虚妄,一切顺应自然,因其性有天理之公,无所期望,一任理之自然,心之自然。无妄是说人立身处事,要刚正无私,不做作,不逞强,不存非分之想,不生虚妄之念。

第二十六章 大畜（艮上乾下 ☶☰）

【提要】大畜，形容所畜者大。本卦上艮为山，下乾为天，天乃至大之物，而能藏于一山之中，可见其所畜之大了。

【原文】大畜，利贞。不家食，吉，利涉大川。彖曰：大畜，刚健笃实，辉光日新其德。刚上而尚贤，大正也；不家食吉，养贤也；利涉大川，应乎天地。象曰：天在山中，大畜，君子以多识前言往行，以畜其德。

初九，有厉利已。象曰：有厉利已，不犯灾也。九二，舆说輹[1]。象曰：舆说輹，中无尤也。九三，良马逐，利艰贞。日闲舆卫[2]，利有攸往。象曰：利有攸往，上合志也。六四，童牛之牿[3]，元吉。象曰：六四元吉，有喜也。六五，豮豕之牙[4]，吉。象曰：六五之吉，有庆也。上九，何天之衢[5]，亨。象曰：何天之衢，道大行也。

【词解】[1]舆说輹：说，通脱。輹（fù 复），车箱下面钩住车轴的木头，行则捆缚，停则暂脱。此言大车暂停不行之象。[2]日闲舆卫：三人在战车上称为一舆，步兵七十二人随战车后称为一卫，一舆一卫，构成一个攻守单位，每日进行练习。喻日闲舆卫如君子蓄德，久则必通，以之应变和任重。[3]童牛之牿：在小牛角上系一横木，称为牿（gù 固），使无法以角顶人。这是以驯牛喻畜养初九，禁止为恶于无形之先。[4]豮（fén 焚）豕之牙：将好奔跑的小猪仔，用绳栓在木桩上，使之驯服。喻六五制恶有道，能使强梗者屈服。[5]何天之衢：何（hè），通“荷”，有肩负之义；衢（qú），四通八达之道。上位为天，震为大途，以比喻上九畜道已成，上之贤路大开，君子又将肩负朝政大事，涉大川以除险阻了。

【语译】大畜，所畜既大，则有利于正常的事业。不蓄于家，而为国蓄贤，所以吉祥，有利于涉险以成功事业。彖辞说：大蓄一卦，具乾体之刚健和艮体之笃实，其德业之光辉日新月异。刚健上行而崇尚贤才，这是国家兴旺发达的正途；不蓄于家故吉祥，而为国蓄贤；利于涉险以成功事业，这是顺应了天地的自然规律。象辞说：天在山中，说明所蓄者大，君子本之以扩大自己的知识领域，多体前贤良好的言论和行为，使自己的道德学问大有蓄积。

初九爻说：初九乾刚君子锐进，为六四小人所畜，反遭所妒，停止前往方为有利。象辞说：往有危则上而不去，这才不会遭到灾祸。九二爻说：车旁横木暂脱捆缚而停车不行。象辞说：车暂脱缚不行，因九二有中德能自止而不冒进之故。九三爻说：九三如良马追逐上进，欲得上九养贤为用，但过分冒进而受阻，只有坚守正道才会有利。每日操练军队舆卫之事蓄积才德，才有利于上往求职。象辞说：有利于上往求职，这就是符合了上面的要求。六四爻说：六四蓄养初九，有如在小牛角上系一横木，使无法顶人，来逐渐改变它的习性，所以可收到最大的吉祥。象辞说：六四这样做所以得最大的吉祥，是可禁止为恶于未形之先，上不劳于刑制，下不伤于诛罚，所以是一件令人可喜的事。六五爻说：好奔走的猪仔，用绳把它栓在木桩上使之驯服，喻六五柔中居尊，能使天下强梗者屈服，所以吉祥。象辞说：六五治恶有道而得吉祥，真为天下庆幸之事。上九爻说：肩负着治国安邦之重任，所以亨通。象辞说：肩负着治国安邦之重任，就可以将所蓄之道实行于天下了。

【按语】本卦六爻皆从人的行为了解信息。至于大畜的意思，则以天乃至大之物，也能藏于一山之中，可见所畜之大了。

大畜之性，刚健畜止，内具乾体之刚健，故无一毫人欲之

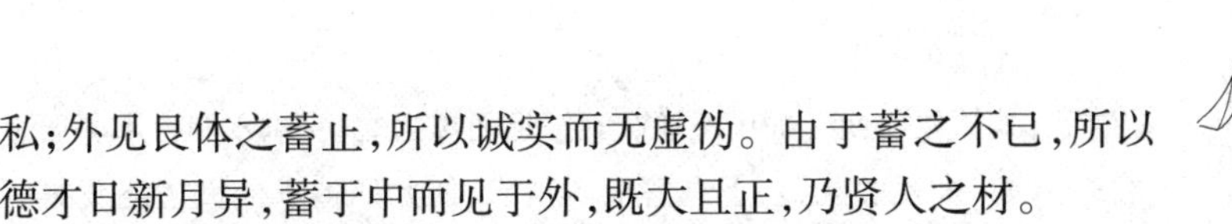

私;外见艮体之蓄止,所以诚实而无虚伪。由于蓄之不已,所以德才日新月异,蓄于中而见于外,既大且正,乃贤人之材。

因为大畜所蓄者大,故可为已蓄德,为国蓄贤,等待需要的时机而出,就可利济天下,为民众造福。

第二十七章 颐(艮上震下 ䷚)

【提要】颐有“养”的意思。本卦上下两阳象口,中藏四阴象口中无物,需要进食以养之象。结合人事,凡养之道,以养己为私,养人为公;养体为小,养德为大。

【原文】颐,贞吉,观颐,自求口实。彖曰:颐,贞吉,养正则吉也。观颐,观其所养也;自求口实,观其自养也。天地养万物,圣人养贤,以及万民,颐之时,大矣哉。象曰:山下有雷,颐,君子以慎言语,节饮食。

初九,舍尔灵龟,观我朵颐[1],凶。象曰:观我朵颐,亦不足贵也。六二,颠颐,拂径,于丘颐,征凶。象曰:六二征凶,行失类也。六三,拂颐,贞凶,十年勿用,无攸利。象曰:十年勿用,道大悖也。六四,颠颐,吉。虎视眈眈,其欲逐逐[2],无咎。象曰:颠颐之吉,上施光也。六五,拂经,居贞吉,不可涉大川。象曰:居贞之吉,顺以从上也。上九,由颐,厉吉,利涉大川。象曰:由颐厉吉,大有庆也。

【词解】[1]舍尔灵龟,观我朵颐:我,指六四;尔,指本爻。初九阳刚本应养人,但位卑不能养,有“舍尔灵龟”之象。但待六四来养,而初九又贪婪口馋,见其动颐而嚼,则注目流涎,故有“观我朵颐”之象。[2]虎视眈眈，其欲逐逐：眈(dān 丹)眈，有视近而志远之貌，喻六四有求养于上九之心，如“虎视眈眈”。上九答应了请求，使六四追求的欲望终于得到满足，故曰“其欲逐逐”。

【语译】颐养之道，必须正当才得吉祥。观其养德养身，求其自养而不贪食以碍生，求其养德而不徇私以累其心。彖辞说：颐养之道，必正乃吉，因养正故得吉。观其养德养身，则可看出其所养之正了。自养其体而不贪食碍生，自养其德而不徇私以累其心，这就看出自养之道了。推而言之，天地养万物使各遂其生，圣人养贤才治理国家使泽及万民，由此可见颐养之道的现实意义了。象辞说：本卦上艮为山，下震为雷，就表现了颐为口之象。口能饮食言语，乃法震之动；慎言语，节饮食则法艮之止。

初九爻说：初九，舍去养人之才德，反贪馋而垂下颚张口求养于六四，故凶。象辞说：见人动颐而嚼则注目流涎求养于人，这还有什么可贵的呢？六二爻说：六二反求养于巅顶高丘之上九，违背常理不求养于同体之阴，往则有凶。象辞说：六二往求养于上之权门必凶，是因脱离了同类之故。六三爻说：六三阴柔而不中正，违反颐养之道，往求于权门虽正亦凶，十年之久也不可成，往也无利。象辞说：十年之久也不可成，是因媚上贪求违背了养生之道。六四爻说：六四不求养同类而求养于上九，以施恩于下，故得吉祥。如虎视近而志远，希能满足其抱负，所以不会有过错。象辞说：不求养于同类而求养于上而得吉祥，这是上九相信六四而任命之之故。六五爻说：六五以柔居尊不能养人，违背常规常法，反赖上九以养，但能守正任贤以养民故得吉祥，但不利于涉险。象辞说：守正而得吉祥，是因顺从上九之贤的缘故。上九爻说：天下皆从上九以得养，但恐君疑民怒故常危厉乃许以吉，有利于济天下之险阻。象辞说：天下皆从其养，心存危厉乃得吉，这大大值得庆幸啊！

【按语】本卦除六三从地位了解信息外，余皆从行为以了解信息。又颐有养之意，但养之道，以养人为公，养己为私，为政者，必养贤才以治理国家，施恩惠以养万民。

颐卦卦象，上下两阳，中藏四阴，取外实内虚，口中无物，需要进食以养之之象。口中有物名噬嗑，恐害其养，必咀嚼而碎之；口中无物名颐，中虚当受物以养之。

但颐卦所论的“养”之道，有正与不正之分，以养人、养德、养贤才为正；养己、不重身心修养皆为不正。

第二十八章　大过（兑上巽下 ䷛）

【提要】大过指有大过人之胆识，故能济险救难，成就大的事业。本卦四阳居中，象德才识学过人；二阴在外，为前后有险阻，因有过人之胆识，故能涉险济难，以成就大的事业。

【原文】大过，栋桡[1]，利有攸往，亨。彖曰：大过，大者过也；栋桡，本末弱也；刚过而中，巽而说行，利有攸往，乃亨。大过之时，大矣哉！象曰：泽灭木[2]，大过，君子以独立不惧，遯世无闷[3]。

初六，藉用白茅，无咎。象曰：藉用白茅，柔在下也。九二，枯杨生稊[4]，老夫得其女妻，无不利。象曰：老夫女妻，过以相与也。九三，栋桡凶。象曰：栋桡之凶，不可以有辅也。九四，栋隆，吉。有它，吝。象曰：栋隆之吉，不桡乎下也。九五，枯杨生华[5]，老妇得其士夫，无咎无誉。象曰：枯杨生华，何可久也，老妇士夫，亦可丑也。上六，过涉灭顶，凶，无咎。象曰：过涉之凶，不可咎也。

【词解】[1]栋桡:栋,屋梁;桡,弯曲。言屋梁弯曲将塌。[2]泽灭木:泽,指大湖泊;木,小舟。即言大湖泊中的小舟将覆。[3]遯世无闷:喻不求人知而只求合乎天理,举世不知而不悔,这就是"遯世无闷"之意。[4]枯杨生稊:稊(tí 题),根之荣茂于下者。枯杨生稊指枯老的杨树又从根上发出嫩芽,比喻老头子又娶了小媳妇。[5]枯杨生华:华,花。言有花生于枯杨之上,很快散漫无踪。喻小伙子与老太婆成婚,长久不了,勉强凑合而已。

【语译】有大过人之才德,遇到屋梁弯曲将塌之类的大险难,则利于往而救之,必能亨通。彖辞说:大过,是具有大过人之胆识;屋梁弯曲之大险难,是因本卦初上皆阴爻,弱而不胜任之故。本卦刚毅而有过人之胆识,内恭顺而外和悦以行事,则刚柔相济,故往必能济其难,故而亨通。大过所具有的现实意义,是多么伟大啊!象辞说:大湖泊中的小舟将覆,必具有大过人之胆识才能救得,治世的君子要想济万民之险难,必须坚持真理而不动摇,只求合乎义理,就是举世不知也不后悔。

初六爻说:用白色的茅草垫在地上以放祭品,这就不会出现差错。象辞说:祭神为至重之事,在地上垫白色茅草以放祭品,这表示慎重极了。九二爻说:枯老杨树根上又发了嫩芽,比喻老头子又娶了一个小媳妇,可遂其生育之功,所以无不吉利。象辞说:老夫少妻,双方虽然匹配但不协调。九三爻说:屋梁弯曲,这是凶兆。象辞说:屋梁弯曲之凶,九三之阳无上六之阴的相辅必然失败。九四爻说:上虚下实,其屋梁自下向上隆起,故能够承受,所以得吉。但因九四与初六相应而变得过柔而失衡,才会遭到难于承受的失败。象辞说:屋梁不向下弯曲所以吉祥,是因不被初爻牵连而失衡之故。九五爻说:枯老的杨树开花,喻老太婆与小伙子成婚,这虽然没有过错但也不值得赞扬。象辞说:枯老的杨树开花,很快就会散漫无踪,老太婆与小伙子成婚,绝非一件美满的事。上六爻说:冒险涉水过河而没灭其头顶,必然有凶,喻才弱不能济大险难,杀身成仁,这有什

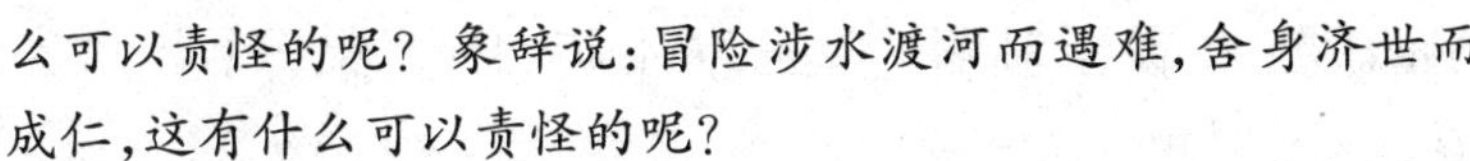

么可以责怪的呢？象辞说：冒险涉水渡河而遇难，舍身济世而成仁，这有什么可以责怪的呢？

【按语】本卦三、四从地位了解信息，余皆从行为了解信息。卦象二阴在外，四阳居中，德才识学过人，但前有险阻，其能力决能济覆舟之危。

大过一卦有内恭顺而外和悦之性，有大过人之才德，所以能克服前之险阻，可以济覆舟之危。如果没有大过人之德才学识，则难以济前途之困。由于本卦有大过人之胆识，所以才能涉险济难，克服覆舟之危，以成就大的事业。

第二十九章　坎（坎上坎下 ䷜）

【提要】坎为水，有下陷而险之性，因其卦形有一阳陷于二阴之中之象，即中满而上下皆险的卦形。

【原文】习坎，有孚维心，亨，行有尚。彖曰：习坎，重险也。水流而不盈，行险而不失其信，维心亨，乃以刚中也，行有尚，往有功也。天险不可升也，地险山川丘陵也，王公设险以守其国，险之时用大矣哉！象曰：水洊至[1]习坎，君子以常德行，习教事。

初六，习坎，入于坎窞[2]，凶。象曰：习坎入坎，失道凶也。九二，坎有险，求小得。象曰：求小得，未出中也。六三，来之坎坎，险且枕入于坎窞，勿用。象曰：来之坎坎，终无功也。六四，樽酒簋贰，用缶，纳约自牖[3]，终无咎。象曰：樽酒簋贰，刚柔济也。九五，坎不盈，祇既平，无咎。象曰：坎不盈，中未大也。上六，係用徽纆[4],寘于丛棘[5],三岁不得,凶。象曰:上六失道,凶三岁也。

【词解】[1]水洊至:洊(jiàn 见),通"荐",一次又一次;江河之水一浪接一浪,坎卦也两坎相重,故有再至之象,以喻学习不已,必成大贤。[2]习坎,入于坎窞:习,水流貌;窞,通"陷",水中旁入小洞穴。言溺水又陷入水中小洞穴而难出,喻人处患难中又遇上新的危险,当然处境不妙。[3]樽酒簋贰,用缶,纳约自牖;簋,音 guǐ(轨);牖,窗户。樽是装酒的,簋是盛饭的,瓦缶是盛汤菜的,并从窗户送入室内,礼节是太简慢了,故曰"纳约"。但君臣在患难中,其诚挚之情,也可理解。[4]係用徽纆:徽,三股之绳;纆(mò 墨),两股之绳。即言用绳来捆缚。[5]寘于丛棘:寘,"置"的异体字,囚禁之意;丛棘,监狱围墙上设置的防止犯人逃离的障碍物。

【语译】两坎相重,若有诚信而坚持其信念,必得亨通,因不被利害祸福所动摇,洞察时势合理始动,必能取得出险之功。象辞说:两坎相重,指陷于重重险难之中,但流水不满坑陷不会溢出,要相信行于险难中,到一定时间自会有出险之机,只有坚持信念才能通达,刚毅不屈才能正确思考问题,合于时势而动,动必取得成功。天险指无形之险难以跃越,地险指有形之险如山川丘陵阻隔,为政者法之依地势险阻以防守其国,可见险阻也有很大的实用价值呀!象辞说:水是一浪高过一浪,因两坎相重,君子取法此象蓄德不已必成大贤,勤学不已必成大器。

初六爻说:两坎相重,水波一浪高过一浪,而被陷入水中旁入之小洞穴,这是极危险的凶兆。象辞说:溺于水又陷入水中洞穴而难出,已无出险之道,其凶可知。九二爻说:九二处重重险难之中,虽奋发出险也只小有所得。象辞说:只求得极小的进展,说明还处于危险之中。六三爻说:六三处于前后皆险之境,溺于水而陷入水中之小洞穴,的确难办。象辞说:陷于前后皆险之境,很难取得出险之功。六四爻说:六四今用瓦器的樽、簋去装酒盛饭,从小窗户递给室内,于礼虽简,但患难见真情,

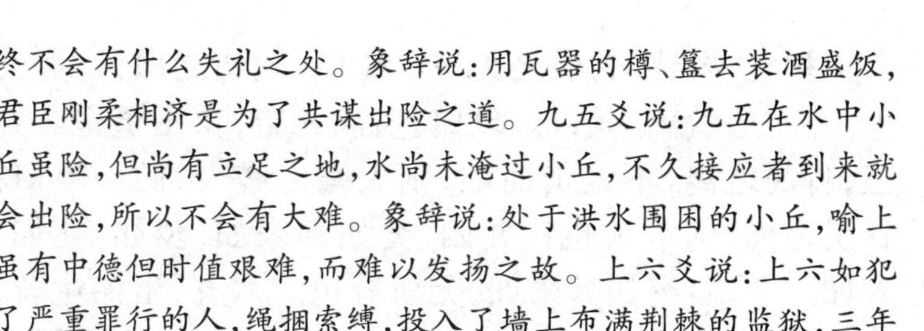
终不会有什么失礼之处。象辞说:用瓦器的樽、簋去装酒盛饭,君臣刚柔相济是为了共谋出险之道。九五爻说:九五在水中小丘虽险,但尚有立足之地,水尚未淹过小丘,不久接应者到来就会出险,所以不会有大难。象辞说:处于洪水围困的小丘,喻上虽有中德但时值艰难,而难以发扬之故。上六爻说:上六如犯了严重罪行的人,绳捆索缚,投入了墙上布满荆棘的监狱,三年尚不得释放,可见其祸之凶了。象辞说:上六失于正道,其凶是古法三年尚不能改者杀!

【按语】本卦初、上从地位了解信息,余从行为了解信息。坎有陷之义,两坎相重,则更危险,但卦象有孚于中,若能洞察时势,必能取得出险之道。

坎卦阐述了处险的方法和原则,指出处于险难之中,首先要坚定信心设法出险。但不可轻举妄动,否则会愈陷愈深,必运用智慧,把握时机以脱险。

坎,一阳陷于二阴之中必险,但本卦卦象柔中有刚,必能取得出险之道,故虽险反而亨通。又坎为水,水流不止而成大川,人法之,为学不已,必成大贤。

第三十章 离(离上 离下 ䷝)

【提要】离有光明的性质。离火无形,必附丽于物才能显出其光明来,所以离卦——阴爻在中,附丽于上下两阳而成就其光明。

【原文】离,贞,亨,畜牝牛,吉。彖曰:离,丽也,日月丽乎天,百谷草木亦丽乎土,重明以丽乎正,乃化成天下。柔丽乎中正,故亨,是以畜牝牛吉也。象曰:明两作,离,大人以继明照于四方。

初九，履错然，敬之无咎。象曰：履错之敬，以辟咎也。六二，黄离，元吉。象曰：黄离元吉，得中道也。九三，日昃之离，不鼓缶而歌，则大耋之嗟[1]，凶。象曰：日昃之离，何可久也？九四，突如其来如，焚如，死如，弃如。象曰：突如其来如，无所容也。六五，出涕沱若，戚嗟若吉。象曰：六五之吉，离王公也。上九，王用出征，有嘉折首，获匪其丑[2]，无咎。象曰：王用出征，以正邦也。

【词解】[1]大耋之嗟：耋（dié 迭），八十岁曰耋，因心有余而力不足，故为年龄老大的嗟叹。[2]获匪其丑：丑，指首恶之人。言王用上九出征，大败盗寇，擒住匪首而诛之。

【语译】离为火而上炎，正而亨通，宜蓄其德如雌性之牛的柔顺，方得吉祥。彖辞说：离，有附丽于物而明之象，日月附丽于天而成其光明之象，百谷草木因鲜艳光泽附丽于地而成其锦绣之纹，明君贤相皆中正之德，则可以移风易俗以教化天下。柔顺而中正，所以亨通，这就是蓄其柔顺之德如雌性之牛的驯服。象辞说：太阳今天如此光明，明天也如此光明，这就是离明之象，大人君子以日日革新光芒照临于天下四方。

初九爻说：离初爻如旭日东升，一天开始，纷繁之事错杂而至，必宁静专一而不过察或躁妄，方可避免发生错误。象辞说：使纷繁错杂者能宁静专一，是为了避免发生错误。六二爻说：柔顺中正，则无所处而不吉祥。象辞说：柔顺中正而得吉祥，以人事论，顺而中正必能匡救国家，以成教化。九三爻说：九三处两明交接，有日中则昃之象，不鼓缶而歌以自乐，晚年而居高位不让，必有老大之嗟叹，其象为凶。象辞说：偏西的太阳，怎么可以长久呢？九四爻说：灶突然起火焚烧，一切皆化为灰烬，必死而后已，弃而后了。象辞说：突如其来的火灾，类似野心勃勃

乘势作乱，这种举动必然导致无地容身。六五爻说：涕泪俱下忧惧之见于外，悲伤长叹忧惧之发于心，表现了六五之迫于上下两阳之挟持，知其处境危厉故言。象辞说：六五所以得吉祥，是因为忧惧谦恭，依靠上九王公之助而安邦定国。上九爻说：六五之君用上九出征盗寇乱邦，一战而讨伐有功，杀其首领，俘获其同党附从，所以处理恰当无误。象辞说：六五之君命上九出征，目的是安邦定国，不在诛杀。

【按语】本卦二、三爻从地位了解信息，余皆从行为了解信息。又有明的性质，但必附丽于物方能显示出来，如日月附丽于天，成就天之光明，花草鲜艳光泽，成就地的光明等。

离卦卦形中虚，表示离火无形，必附丽于物始明，故卦象一阴在中，附丽于上下两阳，以表示中虚而光明之象。结合人事，本离之别卦而提出“明两作”，这有两重意思：一是君臣上下皆有明德，则上下皆明。又前后继承优良政风，如文景之治、康乾之治，则前后皆明。永远如此，则民众皆安居乐业，国家可以兴旺了。

第三十一章 咸（兑上 艮下 ䷞）

【提要】咸有至诚感之之义。不曰感而命名曰咸，是说有心之感多出于私意，无心之感才出自至诚。本卦上兑为少女，下艮为少男，男女相感之诚莫若少者，故有咸象。

【原文】咸，亨，利贞，取女吉。彖曰：咸，感也。柔上而刚下，二气感应以相与。止而说，男下女，是以亨，利贞，取女吉也。天地感而万物化生，圣人感人心而天下和平，观其所感，而天地万物之情可见矣。象曰：山上有泽，咸，君子以虚受人[1]。

初六,咸其拇。象曰:咸其拇,志在外也。六二,咸其腓,凶,居吉。象曰:虽凶居吉,顺不害也。九三,咸其股,执其随,往吝。象曰:咸其股,亦不处也;志在随人,所执下也。九四,贞吉悔亡,憧憧往来[2],朋从尔思?象曰:贞吉悔亡,未感害也;憧憧往来,未光大也。九五,咸其脢,无悔。象曰:咸其脢,志末也。上六,咸其辅颊舌。象曰:咸其辅颊舌,滕口说也。

【词解】[1]以虚受人:易以山泽通气之象会意,因泽之润才有感于山,山之虚乃能吸收泽之润,所以在人事上必"虚以受人",闻一善言,见一善行,必虚心接受,则而行之,本山以虚而能受泽,所以心以虚乃能迁善改过。[2]憧憧往来:憧憧,忧心忡忡之貌,即言忧心忡忡,思虑往来不定。

【语译】咸以至诚相感,所以亨通,按正礼求婚乃有利,女守贞静而男先下之乃吉祥。彖辞说:咸,是至诚相感。本卦兑居上体而柔,艮居下体而刚,故有柔上而刚下之象,刚柔二气相感应。艮止而兑悦,男下于女,所以感而亨通,但利于正式求婚,娶妻乃吉祥。天地之气相感而万物化生,圣人以教化感人心而天下和平,所以观察感通之道,就可以了解天地万物的情况了。象辞说:本卦兑上为泽,艮下为山,山上有泽,这就是咸卦山泽通气之象,君子法此理用于人事则以谦虚待人接物,则能虚以受其润泽,以迁善改过,成就事业。

初六爻说:初六与九四相应,足拇趾受感而动。象辞说:足拇趾受感而动,已知初六的心志在外卦九四了。六二爻说:六二与九五相应,感而至于胫骨后之肉,但九五位尊不可妄动以感之,否则必凶。象辞说:虽凶但能静守以待上之求则吉祥,因顺应其求则不为害。九三爻说:九三如大腿,上六如足,若大腿受其感便随足而动,有如君子悦小人之富贵而与同流合污,往

必有羞吝。象辞说:大腿受感随足而动,有如不守正道以安处;志向在随小人而同流合污,这种抱负就太卑鄙了。九四爻说:若能固守其正则过错便可避免,何必思虑不定,只为了朋党之私利呢?象辞说:固守其正则过错便可避免,这样就不会被私感所害;思虑不定只考虑朋党的私利,当然做事就不能光明正大了。九五爻说:感而至于夹脊之肉,喻九五静而不动不能感物,但亦无悔。象辞说:感其夹脊之肉必不动,因九五本应二而比上,今志仅在末位之上六,故孤立无援。上六爻说:上六之感在口颊舌。象辞说:上六以舌动则辅应而颊从之,三者相须,有张口驰骋于语言以取悦于人,言而无实,故不足取。

【按语】本卦除上六从语言了解信息,余皆从行为来了解信息。咸有感之意,但无心之感,才出自至诚,而且虚心乃能迁善改过。

咸卦卦象,上兑下艮,兑为泽,艮为山,有"山泽通气"之象。因泽之润有益于山,山之虚又能受泽之润,山和泽这就相互通气了。

易经六十四卦,分上经下经,但各有分晓。上经首乾坤,欲其对立而分,故天地分而为乾坤两卦,所谓"天地定位"。下经首咸恒,欲其流行而合,故山泽合为一个咸卦,所谓"山泽通气"。因人伦社会建立的基本单位是从夫妇开始的,所以下经首卦用少男少女相感的咸卦来表示。

第三十二章 恒(震上巽下 ䷟)

【提要】恒有常久不变之意。本卦震为长男,巽为长女,长男长女百头偕老,亦常久不变之象。

【原文】恒亨,无咎,利贞,利有攸往。彖曰:恒,久也。刚上而柔下,雷风相与,巽而动,刚柔皆应,恒。恒亨,无咎,利贞,久于其道也。天地之道,恒久而不已也,利有攸往,终则有始也。日月得天而能久照,四时变化而能久成,圣人久于其道而天下化成。观其所恒,而天地万物之情可见矣。象曰:雷风恒,君子以立不易方[1]。

初六,浚恒,贞凶,无攸利。象曰:浚恒之凶,始求深也。九二,悔亡。象曰:九二,悔亡,能久中也。九三,不恒其德,或承之羞,贞吝。象曰:不恒其德,无所容也。九四,田无禽[2]。象曰:久非其位,安得禽也?六五,恒其德,贞,妇人吉,夫子凶。象曰:妇人贞吉,从一而终也,夫子制义,从妇凶也。上六,振恒,凶。象曰:振恒在上,大无功也。

【词解】[1]立不易方:古人观雷风各居其位而不易其方,至变中也有不变之理,可因时、因地、因人而权衡用之,但立身处事决不改变正确的方向,故曰"立不易方"。[2]田无禽:指本卦九四,以阳居阴,久不在本位,所以才在田猎中一无所获,应自反省乃可得禽。

【语译】人能常久其道,乃可亨通而无咎,但必宜于正,才往而有利。彖辞说:恒,常久之意。震上而刚,巽下为柔,雷动则风从,顺而动,刚柔相应,而不失其常。恒亨通而无咎,但必利于正,才往而有利,这就是恒久不变之道。天地运行之道,循环往复常久不已,利有攸往,终而复始。如日月得天常久之道而光明永照,四时得天常久之道而能成其岁功,圣人得天常久之道而能移风易俗教化天下。观其常久之道,则天地万物的规律都可认识清楚了。象辞说:雷动风应至变而不离其常

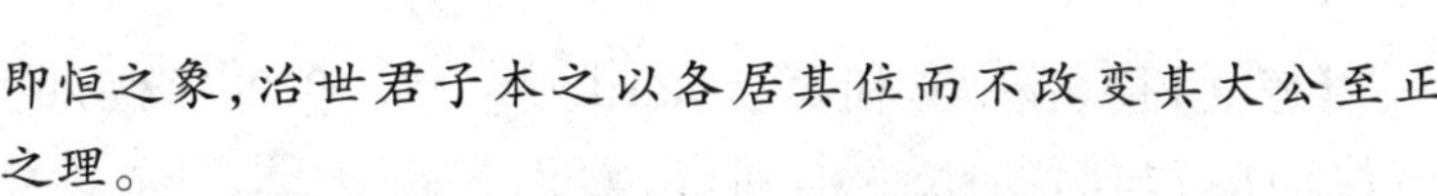
即恒之象，治世君子本之以各居其位而不改变其大公至正之理。

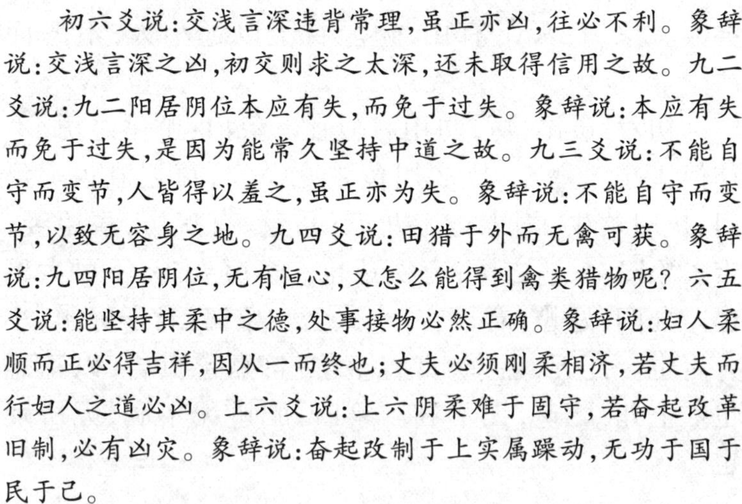
初六爻说：交浅言深违背常理，虽正亦凶，往必不利。象辞说：交浅言深之凶，初交则求之太深，还未取得信用之故。九二爻说：九二阳居阴位本应有失，而免于过失。象辞说：本应有失而免于过失，是因为能常久坚持中道之故。九三爻说：不能自守而变节，人皆得以羞之，虽正亦为失。象辞说：不能自守而变节，以致无容身之地。九四爻说：田猎于外而无禽可获。象辞说：九四阳居阴位，无有恒心，又怎么能得到禽类猎物呢？六五爻说：能坚持其柔中之德，处事接物必然正确。象辞说：妇人柔顺而正必得吉祥，因从一而终也；丈夫必须刚柔相济，若丈夫而行妇人之道必凶。上六爻说：上六阴柔难于固守，若奋起改革旧制，必有凶灾。象辞说：奋起改制于上实属躁动，无功于国于民于己。

【按语】本卦初爻从语言了解信息，四爻从地位了解信息，余皆从行为了解信息。至于恒卦有恒久之性，所以易道体验出至变之中也有不变之理，故曰“立不易方”。

从恒字来看，恒从心，从一日，有心如一日，常久不变之义。从恒卦卦象来看，上震下巽，虽巽动于内，震动于外，但在“雷风相搏”的至变中，也存在着不变之理。若人能坚持恒久不变之理法，才是事业成功之本，因人无恒不立，但必坚守正道，刚柔相济，通权达变，为坚持正义而至死不渝，这才能得吉。

第三十三章　遯（乾上艮下 ䷠）

【提要】遯（dùn 顿）有远避而去之义。本卦上乾为天象君子，下艮为山象隐居之地，言为了明哲保身，避祸山林。

【原文】遯,亨,小利贞。彖曰:遯,亨,遯而亨也,刚当位而应,与时行也。小利贞,浸而长也。遯之时义大矣哉。象曰:天下有山,遯。君子以远小人,不恶而严[1]。

初六,遯尾,厉,勿用有攸往。象曰:遯尾之厉,不往何灾也?六二,执之用黄牛之革[2],莫之胜说。象曰:执用黄牛,固志也。九三,系遯,有疾厉,畜臣妾,吉。象曰:系遯之厉,有疾惫也。畜臣妾吉,不可大事也。九四,好遯,君子吉,小人否。象曰:君子好遯,小人否也。九五,嘉遯,贞吉。象曰:嘉遯贞吉,以正志也。上九,肥遯,无不利。象曰:肥遯无不利,无所疑也。

【词解】[1]不恶而严:不恶,言君子远小人,不要在小人面前恶声厉色,否则必然遭祸。严者,以礼律身,使小人无可议之隙。[2]执之用黄牛之革:执,固结;革,牛皮绳。喻六二要结好九五使不脱离,有如用牛皮绳把他和自己拴起来一样的牢固。

【语译】遯而隐退,其道反而亨通,小人必改邪归正不要再危害君子方有利。彖辞说:隐退反而亨通,是因阳刚之爻当位而又应阴渐滋长,虽隐退也为了合于时势发展。但小人必须改邪归正,不断滋长必不利,而君子则当急流勇退才能合于时势变化这个大环境啊!象辞说:天下有山,这就是遯卦之象。君子本此理而隐退山林,但还要不表露也不要有失误以防小人迫害。

初六爻说:初爻在下为遯之尾,若初六越六二而进逼阳,必有凶厉,当不往进逼为好。象辞说:处于遯尾往逼有凶,若决定不去又有何灾祸呢?六二爻说:六二固结九五之心,有如用牛皮绳拴结起来,使之不得挣脱而去。象辞说:小人固结君子之

心，有如用牛皮绳拴住，志在固留君子为其所用。九三爻说：眷恋名利地位，不迅速隐退而去，必有灾祸之凶；若只限国君对太监、后妃之爱，不干预国政，亦得吉祥。象辞说：眷恋名利地位所以有凶，是因有灾祸潜伏；太监、后妃只限于得到国君之爱所以得吉祥，是因不让其干预国家大事。九四爻说：止其所好来选择隐不隐退，在君子则不贪恋名利地位，毅然隐退以洁身自好则得吉祥；若为小人贪恋名利地位，不能退避故必有凶。象辞说：君子遂其洁身之美而毅然隐退所以得吉，小人贪恋名利地位故有灾祸。九五爻说：九五若能嘉会六二之阴使之退避，守正而得吉祥；若六二之阴还进逼其阳，则当迅速退避。象辞说：九五若能嘉会六二之阴不再进逼于阳，则采取褒奖之法以成人之美。上九爻说：上九去柔最远，不顾虑二阴之消阳，心广体胖，所以无往而不利。象辞说：心广体胖而遯世无闷，是因远离二阴不顾虑阴之消阳。

【按语】本卦六爻皆从人处的地位来了解信息。至于“遯”字的意义，有远避而去之义，退只有后退之义。

遯卦卦象有两重意义：一是本卦上乾下艮，二阴在下，有小人之势渐渐滋长，很快成为否卦。君子在此时此境，若苟且眷恋禄位，必有凶灾，必须“急流勇退”。

又本卦上乾为天象君子，下艮为山象明哲保身、避祸山林。但退避并非消极逃亡，只是不愿和小人同流合污，故远避灾祸，不受小人加害而已。

第三十四章　大壮（震上乾下 ䷡）

【提要】大为阳，小为阴，大壮指阳气盛长之象。本卦上震为动，下乾为刚，有雷动于天、声威大壮之势。结合人事，刚则能威严果决，动则能奋必为之志，则什么大事业都可以成功。

【原文】大壮，利贞。彖曰：大壮，大者壮也，刚以动，故壮。大壮利贞，大者正也，正大而天地之情可见矣。象曰：雷在天上，大壮，君子以非礼弗履[1]。

初九，壮于趾，征凶有孚。象曰：壮于趾，其孚穷也。九二，贞吉。象曰：九二贞吉，以中也。九三，小人用壮，君子用罔。贞厉，羝羊触藩[2]，羸其角。象曰：小人用壮，君子罔也。九四，贞吉悔亡，藩决不羸，壮于大舆之輹[3]。象曰：藩决不羸，尚往也。六五，丧羊于易[4]，无悔。象曰：丧羊于易，位不当也。上六，羝羊触藩，不能退，不能遂，无攸利，艰则吉。象曰：不能退，不能遂，不详也；艰则吉，咎不长也。

【词解】[1]非礼弗履：履，有做、干、实践之义。言君子要威严果决，克制私欲，不做非礼之事，故曰"非礼弗履"。[2]羝羊触藩：藩，藩篱。言羊以角触藩篱而难返，喻轻率冒进以取困。[3]壮于大舆之輹：輹，大车之轴。言牢固地绑住大车。[4]丧羊于易：易，指田边之地。言在田边之地丧失了羊，故曰"丧羊于易"。

【语译】四阳盛长为大壮，但必利于正。彖辞说：大壮，指阳盛而壮，乾刚震动，故壮盛。大壮，必利于正，因大必以正，正大光明则天地生物之心已表露于外，人皆可窥见其真情了。象辞说：雷在天上，有声威大壮之势，君子本之以威严果决克制私欲，不做任何非礼之事。

初九爻说：初九阳刚处下有足趾行动之象，往必有凶，只有隐居山林自守其德乃能保全。象辞说：盲目妄动，不自守必在下无援而凶。九二爻说：守正乃得吉祥。象辞说：九二守正乃得吉祥，是因能守中而不过刚，不恃壮而妄进之故。九三爻说：

小人用壮逞血气之勇,君子切勿学小人之举,恃壮反得凶厉,有如羊以角触其藩篱,其角反出藩篱之外,为藩篱所困。象辞说:小人恃壮反得凶厉,君子切勿学小人之举。九四爻说:九四阳居阴位不恃其刚强之性,故凡事得正而吉故悔可亡失,前临之二阴藩篱已破不会再困其角,又像坚牢的皮革绑住大车车轴而不会断裂。象辞说:在藩篱已破的情况下,当然有利于行动。六五爻说:羊已在田边失落,有如本爻已丧失其大壮的地位无力前进,但也不再有冒进之事发生。象辞说:在田边失落了羊,这是六五所处地位不当所致。上六爻说:上六处壮终动极之地,有如羊角触其藩篱,不能后退,不能前进,所以往而无利,困于艰难之境而迫使其周密思考而得吉祥。象辞说:羊角触藩不能后退,不能前进,这是盲目妄进而不详审之故;处于困境反而得吉,是迫使其周密思考,虽有过错也会很快改正的。

【按语】本卦初、二、五从地位了解信息,三、四、上从行为了解信息。至于卦名大壮,是以四阳盛长而言。结合人事,本卦有上乾之刚,可胜人欲之私,下震之动,能奋必为之志,故可成功各种大事,但必壮而不恃其壮方可。

本卦主要阐述在大壮时如何善处之法,本物极必反之理,指出在大壮时决不要自负,决不要恃强任性,不要骄横放荡,而且必须坚持正义,不盲目冒进,乃可保其强大。

第三十五章 晋(离上坤下 ䷢)

【提要】晋,有进而益明之义。本卦上离为日,下坤为地,日在地上,所以进而益明。结合人事,进而益明,乃世道维新、治教修明之时,上有离明之君,下有坤顺之臣,君在恩结,臣以功进,故能昭明以治。

【原文】晋,康侯[1]用锡马藩庶,尽日三接。彖曰:晋,进也。明出地上,顺而丽乎大明,柔进而上行,是以康侯用锡马藩庶,尽日三接也。象曰:明出地上,晋,君子以自昭明德[2]。

初六,晋如摧如,贞吉,罔孚,裕无咎。象曰:晋如摧如,独行正也;裕无咎,未受命也。六二,恶如愁如,贞吉。受兹介福,于其王母。象曰:受兹介福,以中正也。六三,众允,悔亡。象曰:众允之志,上行也。九四,晋如鼫鼠,贞厉。象曰:鼫鼠贞厉[3],位不当也。六五,悔亡,失得勿恤,往吉无不利。象曰:失得勿恤,往有庆也。上九,晋其角,维用伐邑,厉吉无咎,贞吝。象曰:维用伐邑,道未光也。

【词解】[1]康侯:指一世康宁之侯,受赐良多。[2]自昭明德:至明莫如日,君子以自昭,保持清醒头脑而行其明德,故曰"自昭明德。"[3]鼫鼠贞厉:鼫(shí石),是一种最无能又贪食的大老鼠。喻那些尸位素餐无德无能的大臣,阻碍贤良上进,是危险的人物。

【语译】晋在此是指前进到天子面前的诸侯,是因使国家治理得安康,得到上面赐予很多马匹,一日而三接其礼。彖辞说:晋是前进,象征太阳升到地面上,顺势前进而愈光明,因离卦在上柔进居尊,所以有把自己国家治理得安康的诸侯晋见天子而得赐予多匹良马之喻,有一日而天子三次接见之隆重。象辞说:离明的太阳在地面上,所以进而益明,君子本之以自己的努力去其人欲之弊,而复其天性之明。

初六爻说:初六想投奔明君,为二、三、四之小人所阻,只有守正以委曲求进乃得吉祥。虽未得上之信任,但宽裕自处所以不会有过错。象辞说:求进受阻,只有自己坚守正道,宽裕自处

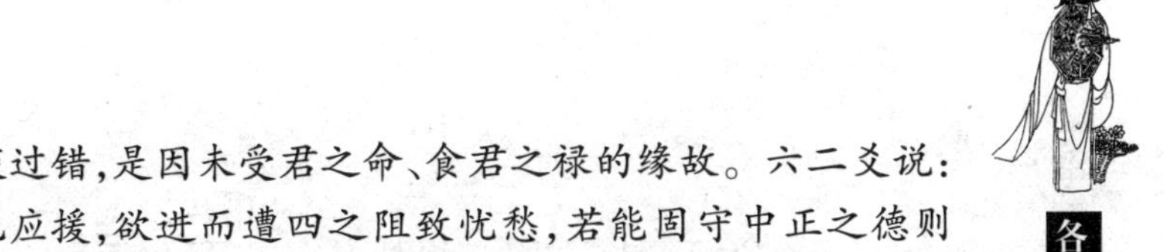

则不会获过错，是因未受君之命、食君之禄的缘故。六二爻说：六二上无应援，欲进而遭四之阻致忧愁，若能固守中正之德则得吉祥。久则必彰于上，而得六五之任用。象辞说：久则必彰于上，是因能坚持中正之德的原因。六三爻说：六三本不中正，上进多不得信而有悔，但有顺上向明之志，故得大众公允而悔亡。象辞说：公允其可是因有顺上向明的志向，所以得到了上面的信任。九四爻说：九四以刚居柔而不中正，近居君旁，贪食嫉贤，阻下柔顺之臣上进，虽正亦危。象辞说：如鼫鼠无德无能，搞阴谋诡计害人，虽正亦凶，何况其位不中不正啊！六五爻说：阴居阳位宜有悔，但大明在上，下皆顺从，所以悔亡。才柔又当进取之时，易生得失之心，当思想不累于得失，行为不计较功利，果断地做下去必有好结果。象辞说：不计较得失，只要正确就坚持做下去，必得吉祥而无往不利。上九爻说：上九若刚以上进必有悔吝之事，因此只去治理私邑故必然能治理好，所以得吉而无过错，但虽正亦属羞吝之事。象辞说：只去治理私邑，遗憾没有发挥治世的才能啊！

【**按语**】本卦初、三、上从地位了解信息，二、四、五从行为了解信息。晋，上离下坤，日出地上，有进而益明之象，喻上有明君能臣，实行昭明之治。

晋，有进而光明的性质。因日在地上为昼，昼日光明，万物始能遂其生长。结合人事，进而益明，乃世道维新、治教修明之时，上有离明之君，下有坤顺之臣，君以恩结，臣以功进，故能昭明以治。

晋卦阐述了进取的原则，但进取必动机纯正，坚持中正的原则，不顾一时之利害，才能取得成功。若一意孤行去搞事业，必然失败。

第三十六章 明夷(坤上离下 ䷣)

【提要】明夷,是光明受损之象。本卦坤地在上,离日在下,日入地中,光明当然受损,故曰"明夷"。

【原文】明夷,利艰贞。彖曰:明入地中,明夷。内文明而外柔顺,以蒙大难,文王以之;利艰贞,晦其明[1]也,内难而能正其志,箕子以之。象曰:明入地中,明夷,君子以莅众,用晦而明。

初九,明夷于飞,垂其翼,君子于行,三日不食。有攸往,主人有言。象曰:君子于行,义不食也。六二,明夷,夷于左股,用拯[2]马壮,吉。象曰:六二之吉,顺以则也。九三,明夷于南狩[3],得其大首,不可疾贞。象曰:南狩之志,乃大得也。六四,入于左腹,获明夷之心于出门庭。象曰:入于左腹,获心意也。六五,箕子之明夷,利贞。象曰:箕子之贞,明不可息也。上六,不明晦,初登于天,后入于地。象曰:初登于天,照四国也;后入于地,失则也。

【词解】[1]晦其明:明夷上坤下离,是日入地中,光明受损之时,所以必须把光明藏起来,到时间才可重见光明,文王和箕子做到了这一点,所谓"用晦而明。"[2]拯:拯救。[3]南狩:狩,有田间除害之意。南狩暗喻武王伐纣之事,必待其天命已绝,人心已失,乃可吊民伐罪,牧野一战而诛独夫。

【语译】在光明受到损伤的情况下,必须要在艰难中委曲求

全。象辞说：太阳入于地中，光明受损。内面保持文明之志而外面以恭顺对人，因遭受大难，文王采取了这个方法；有利于在困难环境中委曲求全，所以把光明藏起来，因处于患难中而能保持其中正之志，箕子采取了这个方法。象辞说：太阳入于地中，光明受到损伤，君子观此象以处理社会之事，采取把光明藏起来才能再度见到光明。

初九爻说：光明受到损伤之时，洞察其微，不待祸患发作而毅然远避，因受伤较轻故飞而垂翼。君子远避而去，如伯夷出逃，有三日不得其食之厄，而主人皆讶其来，有言语之讥讽。象辞说：君子这时的遭遇和远避的原因，都是合于义理而不食君之禄的。六二爻说：当光明受损之时，马仅伤及大腿后侧，因为强壮之马，故经速救而得吉祥。象辞说：六二为股肱之臣受伤，如文王囚羑里，只有力行柔顺而坚持中正之道才能逢凶化吉。九三爻说：九三欲为民除害，消灭上六这个元凶，但疾速则因名义不正而难消除，只有时机成熟才能一举歼灭民贼独夫，如武王伐纣。象辞说：要完成除恶去暴消灭元凶之务，必须大得民心才成。六四爻说：六四为上六心腹，完全知其暴虐之心，只有出其门庭而离去，否则必遭其害，如微子归周。象辞说：六四已为暴君心腹之臣，深知其暴虐之意，如不与同流合污就必须离去。六五爻说：箕子为纣身边重臣，以正道劝纣而被贬为奴，借以佯狂（装疯），把自己的聪明藏起来，所以有利于保持正义。象辞说：箕子固守正道把光明藏起来，才使光明永不停息。上六爻说：上六如殷纣为君，居坤之极而有日落不明之象。日在地上，如开初贵为天子，后日落不明，如身败名裂。象辞说：初登天子之位，威震四方，最后坠落入地下，是因为违背了正义的原则之故。

【按语】本卦六爻皆从人处的地位了解信息。古人还从明夷卦中体会出“用晦而明”之法，因见太阳虽明，但不能总用其明,太阳落入地中,就是要把光明藏起来,明天再见光明。若人处危难之中,也要把聪明才智藏起来,若显露必然遭祸,待摆脱困境,才可再度发挥其聪明才智的作用。

明夷是借日入地下、光明受损的自然现象,来说明殷纣昏君在上,明者见伤之事,如比干被杀、文王被囚等,并从卦中领悟到要“晦其明”,要巧妙地把自己的才智藏起来,才能再度见到光明,否则必然遭祸。明夷卦以不同爻位指出了不同的避祸方法:初爻远离控制,故伯夷出逃;二爻文王被囚,只有柔顺中正,乃可逢凶化吉;三爻时机成熟,有武王伐纣之举;四爻为纣身边之臣,有机会则逃离,故有“微子归周”;五爻则为纣心腹之臣箕子,借被纣罚而佯狂装疯;上六则为殷纣,虽初登于天,为所欲为,但一朝失势,则坠入地狱,万劫不复。

第三十七章 家人(巽上离下☲)

【提要】家人,指一家人善处之道,即齐家之道,家事以女子为主,因巽为长女,离为中女,故名其卦曰家人。

【原文】家人,利女贞。彖曰:家人,女正位乎内,男正位乎外,男女正,天地之大义也。家人有严焉,父母之谓也。父父子子,兄兄弟弟,夫夫妇妇而家道正,正家而天下定矣。象曰:风自火出,家人,君子以言有物而行有恒。

初九,闲有家,悔亡。象曰:闲有家,志未变也。六二,无攸遂,在中馈[1],贞吉。象曰:六二之吉,顺以巽也。九三,家人嗃嗃[2],悔厉吉;妇子嘻嘻,终吝。象曰:家人嗃嗃,未失也;妇子嘻嘻[3],失家节也。六

四，富家，大吉。象曰：富家大吉，顺在位也。九五，王假有家[4]，勿恤，吉。象曰：王假有家，交相爱也。上九，有孚，威如，终吉。象曰：威如之吉，反身之谓也。

【词解】[1]无攸遂，在中馈：攸，所也；遂，专也；中馈，主饮食设宴等。言不管其他，只主中馈。[2]嗃嗃：嗃（hè 鹤），嗃嗃，有苦于家法严厉之貌。[3]嘻嘻：嘻嘻指嘻叹之声。[4]王假有家：九五刚健中正，上下内外皆能相爱其德，举国皆以王者之家为楷模，此家正而天下正之意，故曰"王假有家"。

【语译】一家之人，利于女子为主。彖辞说：家人，强调了女人为主于内，男子为主于外，男女内外有别，这就体现了天地的自然规律。家人有尊严的长者，这就是父母。家道整肃，则父慈子孝，兄友弟恭，夫贤妇顺，各尽其道，家正则天下皆正。象辞说：本卦上巽为风，下离为火，风自火出，即家人之卦象，君子本此象以言有物而真实不假，行有恒而守常不变。

初九爻说：有了家则一开始就要实行家道，建立家规家法，防止闲邪之事发生，有错便可即时纠正。象辞说：有了家就当防止闲邪之事，要在发生之先而管教之，如已发生则伤恩薄厚也难挽回。六二爻说：六二柔顺中正，有女子为家庭主妇之象，凡事皆不专断而以顺从为尚，只主持家中饮食及设宴待客之事，故正而得吉祥。象辞说：六二所以得吉祥，是以柔顺为主之故。九三爻说：家人感到家法威严，未失治家之本，故虽内心抱怨家法威严，但终必得吉祥，若有威无爱，使妻室儿女不能忍受而悲怨嘻叹，则反失处家之节。象辞说：家人虽感到严厉，但还未失治家之道；若妻室儿女皆悲怨嘻叹不能忍受，这就反失处家之道了。六四爻说：六四如老母统率一家保其富有，所以大吉。象辞说：保持富有所以大吉，乃老母居于正位，聚子孙于一堂以成大业之故。九五爻说：九五刚健中正，有王者在上、齐家以治国之象,不需忧虑皆得吉祥。象辞说:帝王在上齐家以治国,是能使上下内外皆相和睦以爱其德的缘故。上九爻说:上九以刚居柔,以至诚之态连属一家之心而不离散,以严肃之风振奋一家之事而不败乱,所以终得吉祥。象辞说:以严肃而得吉祥,是因为能以身作则之故。

【按语】本卦初、三、上从行为了解信息,二、四、五从地位了解信息。家人一卦,讲一家善处之道,家事以女子为主,故以巽为长女,离为中女象之。

家人,上巽为风,下离为火,观风火之象,则知风化之本,自家及国,以身作则,守信、务实、坚持,言行相顾,则风化由此开始了。

家人主要强调治家的原则,要以身作则,要宽猛相济,使一家和睦富有。

第三十八章　睽(离上兑下 ䷥)

【提要】睽(kuí 逵)卦上离为火,下兑为泽,火炎上而泽润下,二体之动相违,故睽有分离或相异之义。

【原文】睽,小事吉。彖曰:睽,火动而上,泽动而下。二女同居,其志不同行。说而丽乎明,柔进而上行,得中而应乎刚,是以小事吉。天地睽而其事同也,男女睽而其志通也,万物睽而其事类也,睽之时用大矣哉。象曰:上火下泽,睽,君子以同而异[1]。

初九,悔亡,丧马勿逐自复,见恶人,无咎。象曰:见恶人,以辟咎也。九二,遇主于巷,无咎。象曰:遇主于巷,未失道也。六三,见舆曳,其牛掣,其人天且

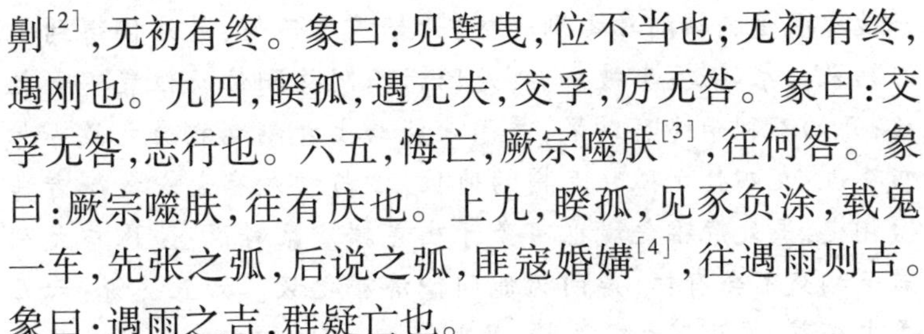

劓[2]，无初有终。象曰：见舆曳，位不当也；无初有终，遇刚也。九四，睽孤，遇元夫，交孚，厉无咎。象曰：交孚无咎，志行也。六五，悔亡，厥宗噬肤[3]，往何咎。象曰：厥宗噬肤，往有庆也。上九，睽孤，见豕负涂，载鬼一车，先张之弧，后说之弧，匪寇婚媾[4]，往遇雨则吉。象曰：遇雨之吉，群疑亡也。

【词解】[1]睽，君子以同而异；睽是上下两体相违，古人所以得出要善于“异中求同，同中求异”，充分阐述了离而合之之理。[2]天且劓：天，去发之刑；劓（yì 意），割鼻之刑。[3]厥宗噬肤：厥，其；宗，宗室之臣。喻上与宗室之臣会合，成功其事，如以自己牙齿去咬肌肤，伤痕最浅，最易愈合，此去相会，必能利济天下。[4]媾（gòu 构）：指婚媾，结成婚姻。

【语译】睽有相互对应之象，只于小事可得吉祥。彖辞说：睽卦，上离为火动于上而上炎，下兑为泽（湖泊）润于下而下润，是上下分离的；离为中女，兑为少女，二女同居而志向不同。但下兑有德之臣能依附上离英明之君，就可共担治国之事；五柔位尊，二刚在下，就能柔得中而刚相济，所以能合作完成一般之事业。天在上地在下是分离的，但通过阴升阳降而二气相感；男女性别不同，但结成婚姻而情感交融；万物形体各殊，但能相互感应而各从其类，由此可见异而同的伟大意义了。象辞说：上离为火而下泽为水，就是睽卦之象，君子本之发现了异事同理的规律。

初九爻说：初九阳刚得正故由凶趋吉，有失马勿追自还之象，合作之人听其自然，虽恶人也见，这样不会有错误。象辞说：恶人也接见，才能避免错误。九二爻说：见主上于逃亡的巷道之中，不会有错。象辞说：会见主上于逃亡的巷道中，虽不合常理，但也未失正道。六三爻说：六三可前行与上九相合，但九二拖住其车使之不能进，九四在前控制住牛头使之不能走，六三就像遭受刺额削鼻之刑一样,开始虽然不好,最终仍得到了好结果。象辞说:车被牵制,是因六三阴爻阳位而位置不当之故;开始不利而终有结果,是因为能与上九刚爻相会之故。九四爻说:九四处于孤立无援的地位,但与初九有大人之德者真诚相交,虽处危难之境也可免于出差错。象辞说:诚恳与大人君子相交不会有错,是因为能同德济难之故。六五爻说:六五柔中居尊,虚己下九二之贤,虽当睽乖之时,但双方如齿咬肤伤痕最浅,很快消除了隔阂,逢凶化吉,所以前往而相交不会有错。象辞说:只有如齿咬肤的浅伤痕,往必相互合作而有得辅佐之臣的庆幸。上九爻说:上九未与六三相合而孤独,所以猜疑,不知是由九二、九四的离间所致,因此认为六三可恶可恨,把六三看成同身上涂满污泥的猪,同一群恶鬼坐在车上,先想张弓来射自己,后来又松下了弦离去了,最终认清了六三并不是敌寇,故成就了婚姻,有如阴阳调和而霖雨时降之象,故吉祥。象辞说:以阴阳调和而降雨之吉祥,比喻上九关于对方的一切猜疑都消除了。

【按语】本卦三从地位了解信息,上从语言了解信息,余皆从行为了解信息。睽卦火炎上而泽润下,二体相违,因天下只有相同的义理,绝无相同的事物。现将本卦要点概括如下:

第一,从睽卦二体相离之象,得出天下只有相同的义理,而无绝对相同的事物,可见当于“异中求同,同中求异”。

第二,睽卦有分离、相异之特性,但并非坏事,如天地上下分离,但通过阴升阳降,二气交感而化生万物;男女性别不同,但结成婚姻,则情感交融而不可分割。

明代易学家来知德说:“同者理,异者事,天下无不同之理,而有不同之事,异其事而同其理,所以同而异。如禹、稷、颜回同道而出处异;微子、比干、箕子同仁而去生就死异也。”

第三十九章 蹇(坎上艮下 ䷦)

【提要】蹇(jiǎn 简),有险难之意。本卦上坎为险,下艮为止,止于险中,必然促使人设法出险。

【原文】蹇,利西南,不利东北。利见大人,贞吉。彖曰:蹇,利西南,往得中也,不利东北,其道穷也。利见大人,往有功也。当位贞吉,以正邦也,蹇之时用大矣哉。象曰:山上有水,蹇。君子以反身修德[1]。

初六,往蹇,来誉。象曰:往蹇来誉,宜待也。六二,王臣蹇蹇[2],匪躬之故。象曰:王臣蹇蹇,终无尤也。九三,往蹇来反。象曰:往蹇来反,内喜之也。六四,往蹇来连。象曰:往蹇来连,当位实也。九五,大蹇朋来。象曰:大蹇朋来,以中节也。上六,往蹇来硕,吉,利见大人。象曰:往蹇来硕,志在内也,利见大人,以从贵也。

【词解】[1]反身修德:反身,反躬自省;修德,充实自己的才德。[2]王臣蹇蹇:蹇蹇,言君主处于重重险难之中,大臣虽力不足挽狂澜,但可不计胜败利钝,鞠躬尽瘁,死而后已,虽力不胜任,但其志可嘉。

【语译】蹇属坤位,山中有水,后天八卦图坤位西南,故有利于西南,不利于东北。有利得见大人,故守正则得吉祥。彖辞说:蹇卦,有利于西南,因西南为坤位,往必得中;不利于东北,东北为艮位,有后退必止于险中难出之象;有利于见到大人,往必得其助以成济险之功;所处当位而守正得吉,这样则可济难正邦,可见处蹇之道是适应时势变化最实用的方法啊!象辞说:山上有水,这就是蹇卦卦象,君子本此卦象得出要济难出险,必须反躬自省,充实本身才德,才能有更大作为,济难出险,以正家邦。

初六爻说:初六德才位皆不足以济险,若冒险而往必陷于难,倘知难而止方有智者之誉。象辞说:知难而止并非永远不去济难,必须等待时机成熟方可济其险难。六二爻说:君主处于危难中,大臣才力不足以挽狂澜,只要能鞠躬尽瘁,死而后已就可以了。象辞说:不计成败利钝而以身殉国,这有什么不对呢?九三爻说:九三与九五非正应往而不得其用,反而见六二愿助其共济险难。象辞说:往不得用而返乃得用,是因内卦六二喜其才力相助之故。六四爻说:六四近君才柔不能济险,故下联合九三拨乱反正。象辞说:六四才柔而联合九三以济险,因九三阳刚之才足以共济险难。九五爻说:九五因大险难,应二以合三、四,众心一致共济大难。象辞说:合众以济大难,是因九五位尊而有中德以节制之的缘故。上六爻说:上六无才德济险,但得九三阳刚当位则可济险,必得吉祥,并有利见到九五大人之助。象辞说:往济险而得九三阳刚之佐,就是有内卦之助,因得九三即众皆乐从。有利于见九五之大人,是因位尊而贵,可名正言顺以号召天下了。

【按语】本卦初、上从地位了解信息,余皆从行为了解信息。又蹇有险难之性,切勿冲动盲目,进则必陷。

蹇卦主要阐述摆脱困境的方法和策略,指出处困境中要刚柔相济,既要有刚毅能坚持到底的决心,千万不可退缩,又不可冒险侥幸,要联合一切才德之士,设法共济险难。

第四十章　解(震上坎下 ䷧)

【提要】解卦有患难解除、紧张缓和之势。本卦上震为动,下坎为险,有坎险在内、震动在外、动而出险之象。

【原文】解,利西南,无所往,其来复,吉。有攸往,夙吉。彖曰:解,险以动,动而免乎险,解。解,利西南,往得众也;其来复,吉乃得中也;有攸往,夙吉,往有功也。天地解而雷雨作,雷雨作而百果草木皆甲拆,解之时大矣哉。象曰:雷雨作,解,君子以赦过宥罪[1]。

初六,无咎。象曰:刚柔之济,义无咎也。九二,田获三狐,得黄矢,贞吉。象曰:九二贞吉,得中道也。六三,负且乘,致寇至,贞吝。象曰,负且乘,亦可丑也,自我致戎,又谁咎也。九四,解而拇,朋至斯孚。象曰:解而拇,位未当也。六五,君子维有解,吉,有孚于小人。象曰:君子有解,小人退也。上六,公用射隼于高墉之上[2],获之无不利。象曰:公用射隼,以解悖也。

【词解】[1]赦过宥罪:赦,赦免;宥,宽宥,即减刑。过,无心之犯;罪,有心之犯。因解除万民之难,也包括解缓犯人罪过。[2]公用射隼于高墉之上:隼(sǔn 损),猛禽;高墉,高墙。指有凭依的猛禽,必准备充分,动而杀之,失手则难以除掉了。

【语译】解卦居后天八卦图的坤方,有利于西南方,难以解除不宜再有任何行动,应回到原来的地方休息,才会吉祥。应迅速解除弊端,越早越得吉祥。彖辞说:解,是险中行动,经过奋力行动而脱离险境,解除险难。解,所以利于西南,是因同体相求,可以得到众人之心;回到原来的地方休养生息,所以得吉祥,是因为这样才合乎中道。革除弊政而发奋有为,故越早进行越得吉祥,往必取得成功。春来天地解冻则雷雨交作,雷雨交作则百谷草木皆萌芽生长,由此可见解的造化之功的伟大了。象辞说:雷雨交作,乃解之象,君子本之效法自然,以赦免过失和宽宥罪犯。

初六爻说:初六当蹇难解除之初,休养生息就不会有差误。象辞说:初六与九四相应而刚柔相济,所以不会发生差错。九二爻说:九二阳刚得中,得上信任,操举大权,能除三狐之小人,而进忠直之君子,故得正而吉祥。象辞说:九二得正而吉,是因为掌握了没有偏私的中道。六三爻说:一个负荷劳役的人却乘坐贵族华丽之车,必然招来盗寇的袭击,非其才德而窃居高位,虽吉亦会转凶。象辞说:负荷劳役的人却乘坐贵族华丽之车,如无才德而窃居高位,必招群起而攻之,这确是一件不光彩的事;是自己处事不当,招来众人的袭击,这能说是别人的过错吗?九四爻说:四与二应而受三离间,必须解除小人之离间,则君子之朋自相信任。象辞说:解除小人离间,因小人六三不与同类(不当位)之故。六五爻说:六五之君为左右小人包围,但与九四、九二相互维系,贤人用事故吉祥,但却信任小人而被包围。象辞说:只有信任君子以解除险难,小人自然不敢妄动只能退而听命。上六爻说:上六乃高而无位的君子,若要射杀王宫高墙之上的猛禽,比喻要除去有凭依的奸人,必藏利器于身,待机而动,必能顺利取得成功。象辞说:公要射杀猛禽般的奸人,是为解决叛逆专权的缘故。

【按语】本卦初爻从地位了解信息,余皆从行为了解信息。又解乃排难脱险之举,所以卦有上震为动,下坎为险,故可动而出险、解除蹇难之象。

解卦还阐述了在解除险难后应采取的种种措施和方法。如要以怀柔之策争取人心拥护,要任用贤德之臣掌握政令,驱逐群小为患。要采取尧舜"宽法解难"之策,但尧舜不是一切政策皆宽,如当时四裔这四个家族,危害社会胜于洪水猛兽,舜称为四凶,将四凶家庭,诛其首领,余者全部流放,以威除暴,解除了民众疾苦,民怒也立刻平息了。

第四十一章 损(艮上兑下 ䷨)

【提要】损卦上艮下泽,有山高水深之象,故损有损其深而益其高的含义。

【原文】损,有孚,元吉,可贞,利有攸往。曷之用,二簋可用享。彖曰:损下益上,其道上行。损而有孚,元吉可贞,利有攸往;曷之用,二簋可用享,二簋应有时,损刚益柔有时,损益盈虚,与时偕行。象曰:山下有泽。损,君子以惩忿窒欲[1]。

初九,已事遄[2]往,无咎,酌损之。象曰:已事遄往,尚合志也。九二,利贞,征凶,弗损益之。象曰:九二利贞,中以为志也。六三,三人行则损一人,一人行则得其友。象曰:一人行,三则疑也。六四,损其疾,使遄有喜,无咎。象曰:损其疾,亦可喜也。六五,或益之,十朋之龟[3],弗克违,元吉。象曰:六五元吉,自上祐也。上九,弗损益之,无咎,贞吉,利有攸往,得臣无家。象曰:弗损益之,大得志也。

【词解】[1]惩忿窒欲:言君子观山之象以惩忿,因忿之来气涌如山,故惩忿如摧山;观泽之象以窒欲,欲如泽(湖泊)使人沉溺,故防止欲念萌生,当如陷于沼泽之险。[2]已事遄:已,竟,止;遄(chuán 传),迅速。初九、六四皆以遄为速。[3]十朋之龟:十朋之龟,即灵龟之类。

【语译】损所当损,要有诚信才得上上之吉祥,不仅没有过失,而且可传之万世而得正,可通行天下。如祭鬼神当用损时,虽二簋之薄享,只要出之至诚也无害于礼。象辞说:损下刚以益上柔,使柔进而上行,损而符合实际,就获吉祥而得正,利于通行天下。如祭鬼神当用损时,虽二簋之薄享,只要至诚也无害于礼。天地间的变化不外损益盈虚,都随着时间的变化而变化。象辞说:本卦上艮为山,下兑为泽,山下有泽,损其深而益其高,故有损之象。损之卦理,君子本之惩忿如摧山,制止欲念如防备陷入湖泊之危。

初九爻说:初九之刚宜速往益六四之柔,这不会错,当斟酌浅深不宜自损太过。象辞说:初九之刚宜速往益六四之柔,则志同道合,刚柔相济。九二爻说:九二当保持其正,若屈己之正以媚上,必遭大凶,勿损刚以益柔。象辞说:九二所以利于保持其正,这是以中道治国安民的志向所决定的。六三爻说:事物不外阴阳两端而已,若三人则杂而相疑故损一人,若一人难以成事故必得其友。象辞说:一人则难成事,三人则杂而相疑。六四爻说:六四要去其疾,使初九速往去之乃可喜之事,这当然没有什么不对的地方。象辞说:能因人而治其疾,这当然是一件可喜之事。六五爻说:六五当损之时,而得九二贤臣之助,使天下得益,有如得两大龟之灵异珍贵,而且不能不接受,故得上上之吉。象辞说:六五得上上之吉,是上应了天道的规律之故。上九爻说:上九反而损己益下,故无过失,所以得正而吉,有利于往而求贤,得三为臣以行仁政而无私家之心。象辞说:不损人利己,反损上益下,所以大得民心,实现其治国安邦之志向。

【按语】本卦二、三从地位了解信息,余皆从行为了解信息。又损卦有损其深以益其高之性,损虽为人所忧,但能损所当损,则也可为兴盛地开始了。

损卦阐述了损下益上和损上益下的利弊:若损下益上,剥削民膏民脂为上任意挥霍浪费,有如取墙基之土以增墙之高,则此墙定难稳固而立。所以对损益要反其道而行之,要损所当损,益所当益,则可变衰为盛了。

第四十二章 益(巽上震下 ䷩)

【提要】益有增益、助益之义。本卦上巽为风,下震为雷,有风雷激荡、交相助益之性,结合人事,又有增益其善的意思。

【原文】益,利有攸往,利涉大川。彖曰:益,损上益下,民说无疆;自上下下,其道大光;利有攸往,中正有庆;利涉大川,木道乃行[1]。益,动而巽,日进无疆。天施地生,其益无方,凡益之道,与时偕行。象曰:风雷益,君子以见善则迁,有过则改。

初九,利用为大作,元吉,无咎。象曰:元吉无咎,下不厚事也。六二,或益之,十朋之龟弗克违,永贞吉。王用享于帝,吉。象曰:或益之,自外来也。六三,益之用凶事,无咎。有孚中行,告公用圭[2]。象曰:益用凶事,固有之也。六四,中行,告公从,利用为依迁国。象曰:告公从,以益志也。九五,有孚惠心,勿问元吉;有孚惠我德。象曰:有孚惠心,勿问之矣;惠我德,大得志也。上九,莫益之,或击之,立心勿恒,凶。象曰:莫益之,偏辞也,或击之,自外来也。

【词解】[1]木道乃行:益卦上巽下震,震巽皆属木,有舟行之象,故曰"木道乃行"。[2]告公用圭:六四近君,有公象;下卦震为玉圭,圭乃达诚信于上之物,诚信达于上,凶事就可免除。

【语译】富强之益,有利于人们出而有所作为,有利于远涉大川之险阻。彖辞说:益卦有损上益下之举,再远的民众皆悦而乐从,因上面能下于基层为民众办好事,所以能与日月同光辉,有利于出而作为,而得中正之臣辅佐之庆,有利于大江大河涉险成功,如驾木船以通行水上。益卦,有雷动而风行之象,所以其功日进一日,天以阳施于下而地以阴生于上,相互资生之益不可限量,凡万物增益之道,都要合于时宜乃可发展。象辞说:风雷交相助益,君子本此精神,见有善行则迅速去做,见有过错则迅速改正。

初九爻说:初九得六之信任而担重任,所做之事皆考虑万全而有益民生,故获大吉而不会出差错。象辞说:获大吉而无差错,因恐有负于上而慎重其事。六二爻说:六二无求益之心而受上益,有如得两大龟之珍贵,而且不能不接受,故得上上之吉。象辞说:因其柔顺中正而常做益民之事,所受之益不仅来自九五,而且人皆乐而益之。六三爻说:六三当益下之时,但阴柔而不中正,上应上九穷极之地,则反有凶事,所以最后能免除过错,是因以内心诚信,感动于人。象辞说:有灾祸时以诚信求援于人,当然会得到援助的。六四爻说:六三以中道可行之事告六四,六四从其建议,利用上面作依靠以实现其益下之志,有如利用险阻以迁其国民于此以作屏障一样。象辞说:三告四而从其议,是为了实现四益民之志。九五爻说:信赖六四能体会自己益民之策,不必过问,自会施我之惠于民而得大吉,相信他能施我益下之政于民。象辞说:九五既然相信六四能体我惠民之心,就不必太多过问了;六四能施我之惠以益民,这就完全达到我的志愿了。上九爻说:上九反损下益上,民众反受其害,就会起而袭击之,存心不讲信义,所以是凶兆。象辞说:无益于民众而遭来袭击,而说成是没有人协助,这都是片面之词;遭来袭击,这完全是专利自益,苛求于人引起的外来反抗。

【按语】本卦二、三从地位了解信息,四从语言了解信息,初、五、六从行为了解信息。又益有增益之性,但当增益其善,

这是人性本有的，但人欲乃人性本无之物，所以人若去得一分人欲，便可存得一分天理。

益卦阐述了益人益己的原则，若损己益人，急公好义，就会得到人心，所以收到良好回报；若专利自益，苛求于人，就会遭外来的袭击和引起民众的反抗。

至于益己之道，在于“增益防损”，因益卦上巽为风，下震为雷，风雷激荡，则可在道德上更相助益。又巽以柔居上如地道，以一阳资于上；震以刚居下如天道，以一阳旋于下，如此则内震动而有奋发之志，外巽顺而有专一之心，就可促进事业日进一日地发展。“增益”就是增益为政者的德行，“防损”就是防止损公肥私、苛政坑民了。

第四十三章　夬（兑上乾下 ䷪）

【提要】夬（guài 怪），有决或分的意思，卦象为五阳决一阴。结合人事，有众君子联合去除小人之象。

【原文】夬，扬于王庭，孚号有厉，告自邑。不利即戎，利有攸往。彖曰：夬，决也，刚决柔也，健而说，决而和。扬于王庭，柔乘五刚也；孚号有厉，其危乃光也；告自邑，不利即戎，所尚乃穷也；利有攸往，刚长乃终也。象曰：泽上于天，夬，君子以施禄及下，居德则忌。

初九，壮于前趾，往不胜为咎。象曰：不胜而往，咎也。九二，惕号莫夜，有戎勿恤[1]。象曰：有戎勿恤，得中道也。九三，壮于頄[2]，有凶。君子夬夬，独行遇雨，若濡有愠，无咎。象曰：君子夬夬，终无咎也。九四，臀无肤，其行次且[3]，牵羊悔亡，闻言不信。象曰：其行次且,位不当也;闻言不信,聪不明也。九五,苋陆夬夬[4],中行无咎。象曰:中行无咎,中未光也。上六,无号,终有凶。象曰:无号之凶,终不可长也。

【词解】[1]惕号莫夜,有戎勿恤:惕,恤之象;号,乾为言之义;莫,暮也;戎,为戈兵之象;恤,惜也。言九二以刚居柔,又得中道,故能忧惕思虑以求万全,号召其众小心戒备,虽暮夜有兵戎之变,也在所不惜,如狄仁杰扶庐陵王反周为唐之例。[2]頄:頄(kuí 逵),指颧部。[3]次且:难于前进而止步之貌。[4]苋陆夬夬:苋,三月种之,取象夬为三月之卦。陆,高平之地,乃苋生之所。夬夬,决而又决之意。此以苋喻邪恶,强调必须决而又决将它斩草除根,方可得到安定。

【语译】夬就是分离、决裂,上六小人放肆于朝廷,加于五阳之上,号呼三为上应,三故危厉,而众君子合力,虽告于国人,但不采取兵戎相见的办法,而是前往清君侧的小人,故有成功之利。彖辞说:夬是决裂之意,以五刚之正决一柔之邪,刚健而不容其邪,和而不猛,才不致激其变。上六小人放肆于朝廷,以一柔而乘五刚;又号呼三为上应,三虽危但能从君子以决小人而保持其光辉;告之国人,但清君侧,不适于出兵征战,反而有行不通的情况发生;利于往而清君侧之小人,揭露小人罪恶,才能以君子刚正之气终止其乱。象辞说:湖泊之水都到了天上,这就是夬卦之象,君子本此精神施其利禄以泽及天下,自然万民拥护;若恃权敛财,以身殉物,最后必导致身败名裂,一无所有。

初九爻说:初九位卑,虽勇决前进,但往必不胜而反被小人所伤。象辞说,不能胜任而前往,是自取其咎。九二爻说:九二以刚居柔而得中道,忧惕思虑以求万全,号召其众小心戒备,虽暮夜有兵戎之变也无害。象辞说:暮夜有兵戎之变也无害,是因为所行之事皆符合中道。九三爻说:九三决心与上九小人决裂,但不能表露于面,否则必有凶灾。虽九三君子心中与小人

绝对决裂,但表面上似乎同流,如独行遇雨,打湿衣衫,使众人不了解而忿怒,此心可鉴不会有错。象辞说:君子与小人决而又决之心,终会使大家明白而消除误解的。九四爻说:臀无肤,不能行走前进,若能联合下之三阳,因人成事,则人们对前之误解也可消除,因以前三阳告之应与上九小人决裂,自己还不相信。象辞说:九四与坏人决裂之行动停滞不前,是由他位置不中正所致;下之三告之而终不能明其理,是不太聪明的缘故。九五爻说:应将所生之苋菜斩草除根,生苋菜之地使之不能再种植,以法处之乃可不犯错误。象辞说:以法处之只免于不发生差错,还未达到内心果决以对邪恶根除的目的。上六爻说:上六已孤立,无人与之相应,穷极必凶。象辞说:上六无人相应之凶,怎么能够长久啊!

【按语】本卦初、四从地位上了解信息,二、上从语言上了解信息,三、五从行为上了解信息。又夬有决和分的意思。

夬卦在此阐述了消除邪恶的原则与办法。除去恶势力首先要不动声色,把握时机,一举歼灭,斩草除根,但事前必须要有全面而充分的考虑,而且高度警惕,不可轻举妄动,否则必然失败。狄仁杰“反周为唐”即是一例,狄仁杰为了反武后的大周,恢复唐室庐陵王的位置,秘密联合五王举事,以清君侧的名义,终于达到了目的,这就体现了本卦夬决的威力。

第四十四章 姤(乾上巽下 ䷫)

【提要】姤(gòu 构)有相遇之义,本卦上乾为天,下巽为风,有风行天下,与万物相遇之义;又有一阴在下遇五阳,一柔在下遇五刚之象。

【原文】姤,女壮,勿用取女。彖曰:姤遇也,柔遇刚也。勿用取女,不可与长也。天地相遇,品物咸章也。刚遇中正,天下大行也。姤之时义大矣哉。象曰:天下有风,姤。后以施命诰四方。

初六,系于金柅[1],贞吉,有攸往,见凶,羸豕孚,蹢[2]。象曰:系于金柅,柔道牵也。九二,包有鱼,无咎,不利宾。象曰:包有鱼,义不及宾也。九三,臀无肤,其行次且,厉无大咎。象曰:其行次且,行未牵也。九四,包无鱼,起凶。象曰:无鱼之凶,远民也。九五,以杞包瓜,含章,有陨自天。象曰:九五含章,中正也;有陨自天,志不舍命也。上九,姤其角,吝无咎。象曰:姤其角,上穷吝也。

【词解】[1]金柅:柅(nǐ 你),柅在车下,可以制止车轮不动,金柅取其坚固。喻使阴柔小人勿轻犯阳。[2]羸豕孚,蹢:羸豕,小猪,为阴物;孚,相互孚契;蹢,躁动渐进以侵阳。此喻君子与小人相遇,戒小人勿轻举妄动以犯君子,亦戒君子勿与小人同流合污,提早预防。

【语译】姤有一阴在下遇五阳,有女子势力壮大之象,不能与之婚配。彖辞说:姤,是遇的意思,以一柔在下盛长而遇五刚,不能与之婚配,是不能与之长久相处的。但天地相遇而交,则品类众多之物得以繁衍;九二刚明之臣遇九五中正之君,则治国安邦之道自可实现,由此可见相逢的机遇是多么重要啊!象辞说:天下有风,这就有相遇之象,喻君后发布命令,为民兴利除害,以晓喻天下四方。

初六爻说:一阴初遇乎阳切勿侵阳,以静正自守为吉。若往而相侵,如小猪仔之相遇而孚契,躁动以相侵,必有凶灾。象辞说:静正自守,制止住阴柔之邪不要前进。九二爻说:二与初

遇本无过错，但九二缠绵乎初非正应，故有包鱼之象；姤乃五月之卦，包鱼必腐，不利于待宾客。象辞说：包鱼而腐臭，从道理上就不利于待宾客。九三爻说：九三有臀无肤，欲行不进，虽有危险但最终无大害。象辞说：九三心想下与初遇，但欲行又止，这是因为三和初没有任何关联之故。九四爻说：九四已失初六阴类之民，乃包无鱼之象，因初为二所包，四起与相争必凶。象辞说：无鱼所以是凶兆，是失掉民心之象。九五爻说：九五有杞包瓜之美，内含文明之光彩，虽不表露于外，但发布诰命，有如自天而降于四方之象。象辞说：九五内含文明之光彩，以其有中正之德；诰命自天而降，以表露利民之心志。上九爻说：上九高亢过刚，进而无遇但也无过失。象辞说：高亢过刚而无所遇，因其地位已穷尽之故。

【按语】本卦五从语言了解信息，上从地位了解信息，余皆从行为了解信息。又姤者遇也，柔遇刚也，乃小人得势、君子危难之时，因姤卦一阴在下渐长，五阳在上渐消，此小人道长、君子道消之象。

姤卦阐述了如何防止与邪恶相遇，若相遇当如何处理的原则。首先应尽量避免与邪恶相遇，若一旦相遇，切勿落入邪恶者的圈套而受伤害，当戒备于初，随时警惕，并围堵以防其势力扩大。

如果明君良臣相遇，则可治国安邦。如古代之尧遇舜、商汤遇伊尹、文王遇太公。到西汉末年，人心分离，主上处于危亡之秋，邓禹诸臣，遇光武于逃亡之野，终于平定了王莽之乱，建立了东汉政权。

第四十五章　萃（上兑下坤 ䷬）

【提要】萃（cuì）有会聚的意思。本卦上兑为泽，下坤为地，有湖泊中水润泽地面，则百谷草木皆遂其生长，而群聚以生。

【原文】萃，亨。王假有庙[1]，利见大人，享，利贞，用大牲吉，利有攸往。彖曰：萃，聚也，顺以说，刚中而应，故聚也。王假有庙，致孝享也；利见大人，亨，聚以正也；用大牲吉，利有攸往，顺天命也。观其所聚，而天地万物之情可见矣。象曰：泽上于地，萃，君子以除戎器，戒不虞。

初六，有孚不终，乃乱乃萃，若号，一握而笑，勿恤，往无咎。象曰：乃乱乃萃，其志乱也。六二，引吉，无咎，孚，乃利用禴[2]。象曰：引吉无咎，中未变也。六三，萃如嗟如，无攸利，往无咎，小吝。象曰：往无咎，上巽也。九四，大吉无咎。象曰：大吉无咎，位不当也。九五，萃有位，无咎，匪孚，元永贞，悔亡。象曰：萃有位，志未光也。上六，赍咨涕洟[3]，无咎。象曰：赍咨涕洟，未安上也。

【词解】[1]王假有庙：当萃聚之时，王者集中自己精神，入庙以聚祖考精神，如要遵循祖训，继续完成祖上未尽之德业等，故曰“王假有庙”。[2]禴：禴(yuè 月)，乃夏祭，仅以饭菜荐鬼神，礼简而心诚，故也得吉。[3]赍咨涕洟：赍，音 jī(机)；洟(tì 替)，同“涕”。赍咨，叹息之声；涕洟，鼻泪俱出。喻上六求萃聚而不可得，故咨嗟叹息，涕泪俱出，忧思谋虑而不安，危者使平，所以反而无咎。

【语译】萃有会聚之义，会聚所以得亨通。虔诚可以感动鬼神，可以见大人而得任用，故亨通。见大人必利于正道，祭先祖用大牲畜作祭礼，有利于往而成功事业。彖辞说：萃，有会聚之义。虔诚可以感动鬼神，致孝道以让祖先享受；利见大人而亨

通，是因集中精力以维持正道之故；用大牲畜祭神得吉祥，是鼓舞人心有利于往而成功事业，以合乎天理之自然。观其聚合之象，则可明白天地万物的普遍公理了。象辞说：湖泊上有地面，必然有利于万物萃聚生长，君子观此象想到了湖泊中水的大量聚积，必须筑堤以防水泛滥成灾，人的大量会聚一起，则当修整武器，以防不测的祸乱。

初六爻说：初六阴柔，舍正应之九四而与二、三相聚，自己搞乱了萃聚关系，若呼九四与之合作，虽遭二阴之笑，也无所顾虑，直往相聚则可免除过失。象辞说：自己乱了正应之九四而与二会聚，这是思想混乱之故。六二爻说：开弓射箭要心无偏斜才能射中，才不会有失误，只要有虔诚之心就是用饭菜敬鬼神也可聚其精诚。象辞说：专心一致开弓射箭而得吉祥，此信守中道与九五合作之故。六三爻说：六三小人欲萃聚于上下，但无应援而叹息；不会有利，若往从正应之上六则不会有过失，只有小的困难而已。象辞说：往从不会有失，因上六性情柔顺是会接受容纳的。九四爻说：九四近君有专权越分之嫌，必获大吉乃不会有过失。象辞说：必须大吉乃能无过失，是因九四以阳居阴，位置不中正所致。九五爻说：九五有萃聚之位，为天下人之主，本无过失，但九四分其权不得取信于下，若能长久坚持至善的德行，就能挽回民心。象辞说：有萃聚之位，但尚未实现其利民之志。上六爻说：上六处萃卦之终，欲萃聚众心而不可得，故叹息不已，涕泪俱出，但不是他的错。象辞说：叹息不已，涕泪俱出，是忧思谋虑而不能安于上的缘故。

【**按语**】本卦四从地位了解信息，上从语言了解信息，余皆从行为了解信息。又萃有聚之义，但聚有正与不正的区别，如天地聚而万物生，明君良臣聚而大业成，此聚之正者；水聚而泛滥成灾，人聚而多为盗贼，此则为聚之不正者。

萃卦主要阐述了合作的原则,当合则合,不当合则不合,不能盲目或勉强,否则必有害。

研究萃聚的精神,不能只看到地上有泽,百谷草木皆遂其生长的一面,还要看到聚和散是相互转化的,天下大势合久必分,所以治勿忘乱,安勿忘危,聚勿忘散,必然注意聚散的相互转化,才能预见治乱之由。

第四十六章　升(坤上巽下 ䷭)

【提要】升有顺其自然上升之义。本卦上坤为地,下巽为木,有木生地中、长而益高之象。木顺其生可成高大之形,人能顺自然而升可成伟大事业。

【原文】升,元亨,利见大人,勿恤,南征吉。彖曰:柔以时升,巽而顺,刚中而应,是以大亨。用见大人,勿恤,有庆也;南征吉,志行也。象曰:地中生木,升,君子以顺德,积小以高大。

初六,允升大吉[1]。象曰:允升大吉,上合志也。九二,孚乃利用禴,无咎。象曰:九二之孚,有喜也。九三,升虚邑。象曰:升虚邑,无所疑也。六四,王用享于岐山,吉无咎。象曰:王用享用岐山,顺事也。六五,贞吉升阶[2]。象曰:贞吉升阶,大得志也。上六,冥升,利于不息之贞。象曰:冥升在上,消不富也。

【词解】[1]允升大吉:允,信也。言初六得六四的信任,因皆坤体,故上升而大吉。[2]贞吉升阶:六五以柔居尊,本不正,但能任用九二刚中之贤以辅佐,故贞吉,九二由此便上进升阶了。古代宾主相见,有三揖三让才登阶的礼节,所以将升迁又称为升阶。

【语译】升，有上升而大得亨通之象，如九二之臣得到六五之任用，不要有所顾虑，后天八卦图巽坤乃南方之卦，预示南征必取得胜利。彖辞说：顺乎客观条件，合乎事物情理，九二以刚中之德应六五之君，所以大得亨通。为大人任用，自己又去除顾虑，这当然值得庆幸；南征取胜而获大吉，实现了九二的志向。象辞说：地中生出树木，必然日渐上升，君子观此象，顺以从容待时，故可从点滴积累而成高大之材。

初六爻说：初得四之信任，同为坤体，故上升而大吉。象辞说：初得四之信任而上升大吉，是因为能志同道合之故。九二爻说：九二与六五至诚相感，虽薄祭也可通神，所以不会有失误。象辞说：九二与六五至诚相感，必有升迁之喜。九三爻说：九三以阳刚之才，为立功任事之臣，升迁必得国邑。象辞说：升迁必得国邑，这是毫无疑问的。六四爻说：文王三分天下有其二，仍只祭祀祖先于境内之岐山，而不称王祭天，所以吉祥而无过失。象辞说：文王只祭祀祖先于境内之岐山，这是顺应形势而不过升之故。六五爻说：六五守正乃得吉祥，下任九二刚中之贤，实行三让之礼，乃登上台阶就坐。象辞说：守正任贤而三让乃登阶就坐，二五刚柔相应，就可遂其治理天下的志向了。上六爻说：上六昏于升而不知满足，无止境地追求富贵而不守正道。象辞说：昏于升而不知满足，反使富有之业败亡。

【按语】本卦初、三、五从行为了解信息，二、四、六从地位了解信息。升卦上坤下巽也有“顺”之性，所以树木积累上升，可成高大之形，人若从容待时以升，必成伟大之业。

升卦讲述了上升、晋升及助升的原则。指出升迁必合天意人心，才能顺利以升，应有诚意才能得到支持。而掌握升迁者，也必任用贤能，济世救民，振兴邦国，消除灾祸。再从历史上看，高人助升之例不胜枚举，如商汤之得伊尹，文王之得姜尚，刘邦之得张良，李世明之得魏征、李靖、房玄龄等。

第四十七章 困(兑上坎下 ䷮)

【提要】困有穷困不振之义。本卦上兑为泽,下坎为水,水在泽下,则穷困无水,万物得不到润泽而困之象。

【原文】困,享,贞,大人吉,无咎,有言不信。彖曰:困,刚揜也[1]。险以说,困而不失其所亨,其唯君子乎。贞大人吉,以刚中也。有言不信,尚口乃穷也。象曰:泽无水,困,君子以致命遂志。

初六,臀困于株木,入于幽谷,三岁不觌[2]。象曰:入于幽谷,幽不明也。九二,困于酒食,朱绂方来[3],利用亨祀,征凶,无咎。象曰:困于酒食,中有庆也。六三,困于石,据于蒺藜,入于其宫,不见其妻,凶。象曰:据于蒺藜,乘刚也,入于其宫,不见其妻,不祥也。九四,来徐徐,困于金车,吝有终。象曰:来徐徐,志在下也;虽不当位,有与也。九五,劓刖[4],困于赤绂,乃徐有说,利用祭祀。象曰:劓刖,志未得也;乃徐有说,以中直也;得用祭祀,受福也。上六,困于葛藟[5],于臲卼[6],曰动悔,有悔,征吉。象曰:困于葛藟未当也,动悔有悔,吉行也。

【词解】[1]困,刚揜也:揜(yǎn 掩),言穷困是因刚健被掩。[2]三岁不觌:觌(dí 敌),见,相见。言三岁没有相见。[3]朱绂方来:绂(fú 服),朱色官服,上面刚肠与。[4]劓刖:劓(yì 意),割劓之刑;刖(yuè 月),去足之刑。[5]葛藟:藟,音 lěi(垒)。葛藟指蔓草缠束。[6]臲卼:臲 niè(臬);卼 wù(勿)。指行于高山蹊径而危惧之貌。

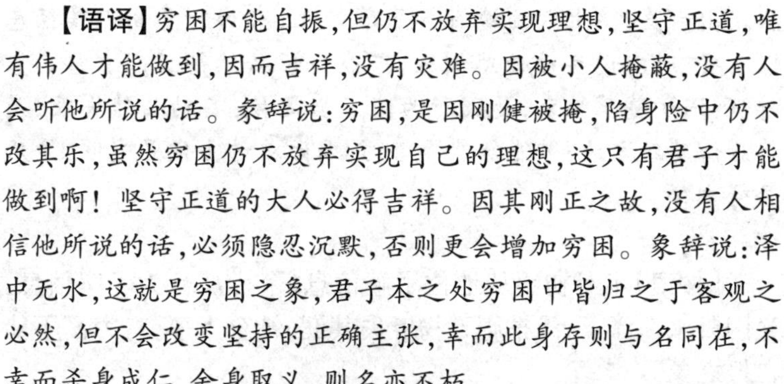

【语译】穷困不能自振，但仍不放弃实现理想，坚守正道，唯有伟人才能做到，因而吉祥，没有灾难。因被小人掩蔽，没有人会听他所说的话。彖辞说：穷困，是因刚健被掩，陷身险中仍不改其乐，虽然穷困仍不放弃实现自己的理想，这只有君子才能做到啊！坚守正道的大人必得吉祥。因其刚正之故，没有人相信他所说的话，必须隐忍沉默，否则更会增加穷困。象辞说：泽中无水，这就是穷困之象，君子本之处穷困中皆归之于客观之必然，但不会改变坚持的正确主张，幸而此身存则与名同在，不幸而杀身成仁，舍身取义，则名亦不朽。

初六爻说：初六坐困于木根之上，入于深谷之中，三岁不见。象辞说：入于深谷中，喻初六昏暗不明而致祸之故。九二爻说：九二有刚中之德，处于生活困难中，因人举用而上赐予朱色官服，应其诚恳相求而往，受命于危难中为之死而后已，这种义举是没有错的。象辞说：九二初虽处于生活困难中，但有刚中之德，终能担当大任，有造福于民之吉庆。六三爻说：六三阴柔而不中正，处于巨石挡于前，蒺藜阻于后，只好据守本位，已困于这种危险处境，家且不保，怎么能见其妻室子女，当然是大凶之兆。象辞说：困于遍布蒺藜之境，是因以六三之柔去困九二之刚的缘故；据守本位，不能再见到妻室子女，这是身陷绝境、家已不保的不祥之兆。九四爻说：九四欲与初会，但其来迟缓，是因九二被乘金车之贵人相阻，虽遭遇艰难，最终还是达到了愿望。象辞说：六三其来迟缓，志在与初会，只因九二之阻所致；六三虽处于不适当的地位，但有好人相助，最后仍得到了与初相会的好结果。九五爻说：九五居君位，但上掩于六，下困于初，如上截鼻而下去足，困于下衣朱色赤绂的奸党，只有慢慢等待时机以除奸党才能得到喜悦，方法是用感动鬼神之诚信以得到人心。象辞说：上截鼻而下去足，是主威不振，大权旁落之象，要待时而动才能成功，是指有中正之德的英明之主，必能摆脱困境以取得成功，以感动鬼神之诚信对人，定能济困而得福庆。上六爻说：上六处境有如蔓草缠束，有如行于高山蹊径危惧不安，所以说妄动必然倒霉，若能悔悟必然得正而吉祥。象辞说：困于蔓草缠束，是因行为不正当之故；妄动必然失败，是将后悔莫及之故；若能翻然悔悟，是因困难过去便是光明，最后必得吉祥。

【按语】本卦初爻从地位了解信息，余皆从行为了解信息。又困卦水在泽下，泽枯则万物皆失其润，结合人事，有穷困不能自振之象。

困卦主要研究在困境中如何摆脱险难的方法。指出要摆脱困境，必须坚持中正的原则而不动摇，冷静地思考观察找出脱险之法，既不可悲观失望，也不可操之过急。

古代为政者居君位，若大权旁落，要取得胜利，也只好困而行之，如秦皇除吕览、康熙诛鳌拜等皆是。

第四十八章　井（坎上巽下 ䷯）

【提要】井卦上坎为水，下巽为木，有挂木桶入井，打水后提水出井之象。在古代井水有利人济物之功，结合人事，井卦有互相利济、各得其养之义。

【原文】井，改邑不改井，无丧无得，往来井井，汔至[1]，亦未繘井[2]羸其瓶[3]，凶。彖曰：巽乎水而上水，井，井养而不穷也。井，改邑不改井，乃以刚中也，汔至亦未繘井，未有功也。羸其瓶，是以凶也。象曰：木上有水，井，君子以劳民劝相[4]。

初六，井泥不食，旧井无禽。象曰：井泥不食，下也；旧井无禽，时舍也。九二，井谷射鲋，瓮敝漏[5]。象

曰:井谷射鲋,无与也。九三,井渫不食[6],为我心恻,可用汲,王明并受其福。象曰:井渫不食,行恻也;求王明,受福也。六四,井甃[7],无咎。象曰:井甃无咎,修井也。九五,井冽[8],寒泉食。象曰:寒泉之食,中正也。上六,井收勿幕,有孚元吉。象曰:元吉在上,大成也。

【词解】[1]汔至:汔(qì 汽),指水涸。[2]繘井:繘(jú 菊),指井索。亦未繘井,言井索太短,未达汲水深度,皆不汲到水。[3]羸其瓶:羸,弱也;瓶,中空之具。此言力弱不能胜其汲水之器而坠落井中,故曰"羸其瓶"。[4]劳民劝相:相,互助;劝,劝勉。即领导民众勤劳互助,以济人利物,皆法井养之功。[5]井谷射鲋,甕弊漏:井谷,井旁小洞穴;鲋(fù 付),小鱼;射,养;甕弊漏,言此井如破瓦缸,只宜养小鱼。[6]井渫不食:渫(xiè 泄),甘泉。言不汲甘泉以为人食用。[7]井甃:甃(zhòu 昼),即修井。[8]井冽:冽(liè 列),洁也,言清洁之井有好水。

【语译】井以出泉,市邑可以搬迁而井不会移动,所以井泉无丧无得,古往今来用之无穷。若井水枯少,汲水之绳索太短,绳索断裂将木桶坠落井中,都得不到水,则其象为凶。彖辞说:本卦下巽为木指木桶入于水,而上坎指提水出井,这就是古人井中汲水之象,可见井泉济人利物之功无穷无尽。井之象,是市邑可以搬迁而井是不可以移动的,因井卦三个刚爻都在中间的缘故;井水枯少或绳索太短,都会汲水无功;如果将木桶坠落井中,更是得不到水的凶象。象辞说:以木桶汲水而上,这就是井之象,君子观此象认为民众如水而治世者如汲水之器,当领导民众辛勤劳动又互劝互勉以达到济人利物各得其养之功。

初六爻说:初六阴柔在下,有井淤泥未淘不能供水食用,因是口旧井,再也没有生物去光顾了。象辞说:井淤积而不能供水食用,是因下之水泉堵塞;旧井无泉已无生物光顾,所以大家舍弃了它。九二爻说：九二如井水不能上汲，只从旁穴下注养小鱼而已，又如破缸漏水。象辞说：九二刚中有才德足以济世，但如井水旁注，破缸漏水，上与九五无应援，下受初爻小人牵制，谋事必然不成。九三爻说：九三与上六相应，上六阴柔不能用九三，有如不能汲取甘泉之水以济人利物，过路之人皆为之心痛，只有求于九五阳明之君，汲清泉以成井养之功，王者及天下皆受其福。象辞说：不能汲甘泉与人食用，人皆心痛；有求于明主，是为了天下皆受其福。六四爻说：把井的内壁修理好以成井养之功，这有什么不对呢？象辞说：修好井壁便于取水所以不会错，是因修好井便于汲取甘泉以成井养之功的缘故。九五爻说：井泉清洁，有大量清冷甘泉供人食用。象辞说：有大量清冷泉水供人食用，比喻九五有中正之德行，能普遍施恩于民众之故。上六爻说：此井之水既能源源不绝供应于人，就勿盖上井盖，因有利于人可得最大吉祥。象辞说：得上上大吉，才能成其井养之功。

【按语】本卦初、二、五从地位了解信息，三、四、上从行为上了解信息。又井道以济人利物为功，故必水泉通达为主。

本卦借井泉能济人利物，阐述君主用贤之道。若贤能之材被遗弃不用，也如井淤不修，不能汲清泉以成井养之功。由此可见，井道利济，可以取之不尽，用之不竭。为政者也当取法井道利济，为民众兴利除害，更开源节流，则财货充足，受用无穷。

第四十九章　革（兑上离下 ䷰）

【提要】革有变革之义。革卦上兑为泽、为少女，下离为火、为中女。泽中有火，亦水火不相容之象；又二女同居而志不同，必以出嫁成家而告终。

【原文】革，已日乃孚，元亨利贞，悔亡。彖曰：革，水火相息，二女同居，其志不相得，曰革。已日乃孚，革而信之；文明以说，大亨以正；革而当，其悔乃亡。天地革而四时成，汤武革命，顺乎天而应乎人，革之时大矣哉！象曰：泽中有火，革，君子以治历明时[1]。

初九，巩用黄牛之革。象曰：巩用黄牛，不可以有为也。六二，已日乃革之，征吉，无咎。象曰：已日革[2]之，行有嘉也。九三，征凶贞厉，革言三就，有孚。象曰：革言三就，又何之矣。九四，悔亡，有孚改命，吉。象曰：改命之吉，信志也。九五，大人虎变[3]，未占有孚。象曰：大人虎变，其文炳也。上六，君子豹变[4]，小人革面，征凶，居贞吉。象曰：君子豹变，其文蔚也；小人革面，顺以从君也。

【词解】[1]治历明时：水火不相容即革象，治世者取象历法，因时而革，故曰“治历明时”。[2]已日革之：喻上得君心，下得民心，革乃成功。[3]大人虎变：喻讨伐之威，革命后必整顿政纲，使政绩昭著。[4]君子豹变：言变革成功，文臣武将，列爵分土，故以豹变之纹次于虎为喻。

【语译】革，必须人心信我之时乃可变革，开始就须利于正乃能亨通，这样才不会失败。彖辞说：革卦之象，是水火互不相容，有二女同居，但其志向不同之状，必变革才能解决问题。已日乃孚，是说人心信我之时乃可变革；改革者应法本卦下离文明之德性使民众悦服，改革之举才能亨通而步入正道；改革的方式必须正常，方可避免失误。天地由变革而形成四季变化，商汤王、周武王起而革命，是上顺天时而下应民心，由此可见变革的伟大现实意义了！象辞说：湖泊中有火，水火互不相容就是变革之象，治世的君子法之，故取象于历法因时而改变。

初九爻说:要变革成功,必具有用黄牛皮绳捆绑那样牢固。象辞说:所以要具有用黄牛皮绳捆绑那样牢固,才可以变革成功而不至于失误。六二爻说:六二文明中正上应九五,众人都尊重信仰,时机已经成熟,若往而变革必然成功,故得正而吉祥,不会有失的。象辞说:时机成熟往而变革,必然会取得成功而庆幸。九三爻说:九三以刚居刚,自恃刚明以急于变革,必有凶灾,虽做得正确,结果仍不堪设想,必须详审利害至于再三,大家都相信了然后行动。象辞说:详审利害至于再三,就不致陷于个人冒险行动了。九四爻说:九四处变革之时,具备了变革之才,虽有难办之事也可克服,这是得到上下信任所以能改革旧制,而得吉祥。象辞说:改革旧制而得吉祥,这是因为上下皆信任之故。九五爻说:君子征伐之威如虎之变,更换新毛花纹更为光泽,就不施威也得到民众拥护。象辞说:掌握政权进行变革之大人,整顿政纲,令人瞩目,有如虎换新毛花纹更为光泽。上六爻说:变革成功大臣列爵分土,就像豹的斑纹随时改变;百姓们对暴政面从心不从,今则革其表面之伪而心悦诚服,若不守改革之命而他往必有凶灾,顺从新政则吉祥。象辞说:君子改革有如豹之斑纹随时改变,密纹中隐见其文采;小人当革除表面之伪,心悦诚服以从新政则顺利。

【按语】本卦初爻从地位了解信息,余皆从行为了解信息。又革言变革,必在一定条件下乃能行动,必以一方消亡而告终,非胆大心细者难成。

革卦主要阐述变革的原则和变革的条件。若条件未具备,绝不可妄动,条件必上合天意,下顺民心,在变革前还要极度谨慎,不可急功近利,盲目行动。时不可革,不可先时而革;时反当年,不可后时而草。《尚书》武王革命的简短记载,现录如后:“既戊牛,师逾孟津。癸亥,陈于商郊,俟天休命;甲子昧爽,受

率其旅如林,会于牧野,罔有敌于我师,前途倒戈,攻于后以北,血流漂杵,一戎衣,天下大定。乃反商政,释箕子囚,封比干墓……发矩桥之粟,大贵于四海,而万姓悦服。”以上就是武王推翻暴政、推出新政的情况。

第五十章 鼎(离上巽下 ䷱)

【提要】鼎(dǐng 顶)为古代帝王盛宴宾客时的烹饪之器,使生物变熟,故有变更之义。又历代帝王登基时都要铸鼎,后世便以鼎作为政权的象征。

【原文】鼎,元吉,亨。彖曰:鼎,象也。以木巽火,亨饪也。圣人亨以享上帝,而大亨以养圣贤。巽而耳目聪明,柔进而上行,得中而应乎刚,是以元亨。象曰:木上有火,鼎,君子以正位凝命[1]。

初六,鼎颠趾[2],利出否,得妾以其子,无咎。象曰:鼎颠趾,未悖也;利出否,得妾以其子,以从贵也。九二,鼎有实,我仇有疾,不能我即,吉。象曰:鼎有实,慎所之也;我仇有疾,终无尤也。九三,鼎耳革,其行塞,雉膏不食[3],方雨亏悔,终吉。象曰:鼎耳革,失其义也。九四,鼎折足,覆公𫗧,其形渥,凶[4]。象曰:覆公𫗧,信如何也。六五,鼎黄耳,金铉[5],利贞。象曰:鼎黄耳,中以为实也。上九,鼎玉铉,大吉,无不利。象曰:玉铉在上,刚柔节也。

【词解】[1]正位凝命:正位,是名正言顺,居其所当居之位。凝命,是巩固其所秉受的天命,即所继承的政权。[2]鼎颠趾:即颠倒鼎足,倾出鼎中污浊之物而得用。[3]雉膏不食,方雨亏悔:言鼎中之物沸腾,耳亦炽热,不可举移,鼎中虽有雉膏之美也不得食。必下雨,使沸腾炽热之势顿减,就可得食雉膏了。[4]鼎折足,覆公悚,其形渥,凶:悚(sù 速),鼎中的食物;渥 wò(握)。言九四鼎折一足,祭天养贤之品尽倾,悚之象。必受重罚,形渥之象,故必有凶灾。[5]金铉:铉(xuàn 旋),鼎耳。金铉即黄色鼎耳。

【语译】鼎可改变食物风味,以祭祀和宴宾客,故得大吉而亨通。彖辞说:鼎,是象征烹饪之事,以木柴生火,烹饪食物。古代圣人为了亨通,烹饪食物以祭祀上帝;为了大大亨通,烹饪食物以养圣贤辅佐治理国家。圣人内而谦逊下人,外而于天下之事而耳聪目明,柔爻占据了至尊之位,而成为中正之君,应乎九二刚爻以辅佐治理,所以大大亨通。象辞说:本卦上离为火,下巽为木,木下有火,这就是鼎之象,君子法鼎代表政权之义,认定必须居其正位才能受命为君。

初六爻说:初六居下,正洗鼎之时,颠倒鼎足以倾出鼎中污浊之物而得用,如妾本位低而因她生子得宠,母以子贵而悖上下之序以爱之,这不会有大过错。象辞说:颠倒鼎以倾出污浊之物,不算悖逆;利于倾出污物,有如娶妾生子,母以子贵一样。九二爻说:九二阳刚为实,鼎中已有实物,只能上交九五,故避免了与初六小人相交,因此才得吉祥。象辞说:九二能守阳刚之实德,自能择善而交;已知不能失身于阴党,所以最终还是避免了差错。九三爻说:烹饪之木火不可太过,否则鼎耳亦炽热不能移动,虽有雉膏之美也不得食,只有如雨水下降而热势顿减方可得食,故终得吉祥。象辞说:鼎耳有炽热之变,喻九三不应五而应上,有失君臣之义而未得任用之故。九四爻说:鼎折一足,将鼎中帝王祭天养贤之品尽倾,必受重罚,乃凶之象。象辞说:将帝王祭天养贤之品尽倾,这不是信任与否,而是有无才能足以胜任的问题。六五爻说:黄色鼎耳,用金属之杠抬之以享帝养贤,但必利于正。象辞说:黄耳之鼎中有美味食物,喻六

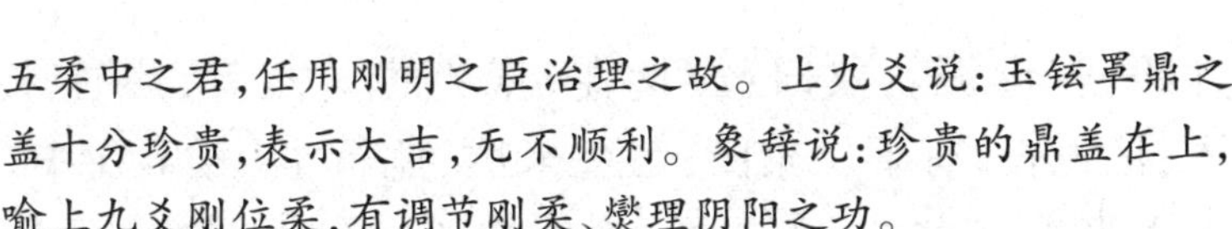

五柔中之君，任用刚明之臣治理之故。上九爻说：玉铉罩鼎之盖十分珍贵，表示大吉，无不顺利。象辞说：珍贵的鼎盖在上，喻上九爻刚位柔，有调节刚柔、燮理阴阳之功。

【按语】本卦四、上从地位了解信息，余皆从行为了解信息。又革是去故，鼎是更新，因用鼎煮食物，不仅变生为熟，而且可改变风味，古人借此以喻革命后必会有彻底更新的面貌。

易取卦象鼎，以初六柔爻在下象鼎足，二、三、四刚爻象鼎腹，五柔爻对峙于上象鼎耳，上为刚爻横亘于上象鼎盖。

鼎可使食物变生为熟，改变风味，又历代帝王登基皆要铸鼎，故以鼎代表政权更新，所谓“鼎取新也”。古代开国皆要铸鼎，就像今天建国都要立纪念碑一样，用以表示新纪元的开始。

第五十一章　震（震上 震下 ䷲）

【提要】震卦有一阳在下，排二阴而上，故有动之象。又阴出于阳，发声为雷。

【原文】震，亨。震来虩虩，笑言哑哑[1]，震惊百里，不丧匕鬯[2]。彖曰：震，亨。震来虩虩，恐致福也，笑言哑哑，后有则也。震惊百里，惊远而惧迩也，出可以守宗庙社稷，以为祭主也。象曰：洊雷震，君子以恐惧修省[3]。

初九，震来虩虩，后笑言哑哑，吉。象曰：震来虩虩，恐致福也，笑言哑哑，后有则也。六二，震来厉，亿丧贝，跻于九陵，勿逐七日得。象曰：震来厉，乘刚也。六三，震苏苏[4]，震行无眚。象曰：震苏苏，位不当也。

九四，震遂泥。象曰：震遂泥，未光也。六五，震往来厉，亿无丧，有事。象曰：震往来厉，危行也，其事在中，大无丧也。上六，震索索，视矍矍[5]，征凶。震不于其躬于其邻，无咎。婚媾有言。象曰：震索索，中未得也；虽凶无咎，畏邻戒也。

【词解】[1]震来虩虩，笑言哑哑：虩虩（xì 细），恐惧貌；哑哑 è（恶），笑声。[2]不丧匕鬯：匕（bǐ 比），长二尺之刀，荐神举鼎中之食。鬯（chàng 畅），用郁金草酿黑黍而成的香酒，用以灌地降神。[3]恐惧修省：惟心有恐惧，行为乃得修省。修，指克制之功；省，即审察之力。[4]震苏苏：苏苏，极端震恐之貌，因本爻处二震之间之故。[5]震索索，视矍矍：索索，有所求而极度不安之状；矍矍（jué 决），瞻视彷徨之貌。形容意志薄弱之人，听见风吹草动，就左顾右盼，吓得神魂不定而想逃跑。

【语译】震有动之象，故亨通。震发声为雷而万物惊恐，生于忧患乃得笑声不已之悦，知其所惧才不会违背原则，虽轰雷震惊百里，亦不失所守之正。彖辞说：震动，故亨通。震发声为雷而万物惊恐，生于忧患乃可致福，方可得笑声不已之悦，知所惧才不会违背原则。雷声震惊百里，使远近惊恐，但仍精诚专于宗庙社稷，一心祭神灵而继王位。象辞说：雷声不断，君子观此象，使心有警惕而修身以合于道。

初九爻说：震雷使万物震恐，然后得笑声不断之庆，故得吉祥。象辞说：震雷使万物震恐，生于忧患反而致福：笑声不断，知恐惧才不会违背准则。六二爻说：震雷之来猛厉莫御，使大丧其财币，乃避于山陵高处，未去追查，不期七日自还。象辞说：震雷之来猛厉莫御，六二不能以柔乘刚自取灭亡。六三爻说：六三处于极端震恐之中，若能因震恐而加强道德修养便无灾祸。象辞说，六三处于极端震恐之中，是六三所处位置不中不正之故。九四爻说：九四以刚居柔而不中正，震惧而不

能自守。象辞说：震惧而不能自守，再也无能去恢复光辉的事业了。六五爻说：六五以柔居尊，处于进退危厉之境，但有中德，还不致有大的丧失，若能奋起还可成功其事业。象辞说：六五虽处进退危厉之境，危厉中尚有可行之路，但具中德，还不致有大的丧失。上六爻说：上六居震之极而失中德，如意志薄弱的人听到风吹草动就惊吓不已，左顾右盼而想逃跑，行必有失故有凶灾。祸虽未殃及自己但已殃及邻居，若预为戒备，亦可免除祸患。因婚姻之亲皆有异言，则疏远者就不谈了，这全在自己临危不惧。象辞说：闻风而惊吓不已，这是未有中德之故；虽处境险恶但可避免灾祸，是看邻居受殃而预为戒备之故。

【按语】本卦初、三、四从行为了解信息，三、五、上从地位了解信息。又震有一阳排二阴而上之象，因一阳在下，故主动，其雷动之音，可以震惊万物，故曰震。

震为雷，有如惊世之音，使人警惕，能随时思患而预防之。但意态薄弱之人，闻雷则恐，不能在处境危险之中坚持镇定，甚则惶恐失措，则必有凶灾。所以震卦爻辞说：闻风惊吓不已，这是未有中德之故。

第五十二章 艮（艮上 艮下 ䷳）

【提要】艮（gèn 茛）有止的特性，本卦一阳止于二阴之上，其象为山，上止下静。

【原文】艮其背，不获其身，行其庭，不见其人，无咎。彖曰：艮，止也。时止则止，时行则行，动静不失其时，其道光明。艮其止，止其所也。上下敌应，不相与也，是以不获其身,行其庭,不见其人,无咎也。象曰:兼山艮,君子以思不出其位[1]。

初六,艮其趾,无咎,利永贞。象曰:艮其趾,未失正也。六二,艮其腓,不拯其随,其心不快。象曰:不拯其随,未退听也。九三,艮其限,列其夤[2],厉熏心。象曰:艮其限,厉熏心也。六四,艮其身,无咎。象曰:艮其身,止诸躬也。六五,艮其辅,言有序,悔亡。象曰:艮其辅,以中正也。上九,敦艮,吉。象曰:敦艮之吉,以厚终也。

【词解】[1]思不出其位:思不出位,就是止所当止,因艮为止;若思出其位,就是越理犯分了。[2]列其夤:列,绝也;夤(yín 寅),属也。当行反止,则上下失其连属,如腰脊中强,则不能屈伸转动。

【语译】艮象背一样静止不动,想动不能动,喻内心宁静不为外物所动;由于内心宁静,走过庭院,也不觉得有人存在,知止而止就不会有失误。彖辞说:艮,有停止的意思,当止则止,当行则行,动静都不失其时势,自然光明著见。艮有止之性,而且止于恰当地方,上下卦之爻互相敌对,不能相应,所以其身只有静止不动,就走过庭院,也觉得是一个无人之境,由于思想这样的宁静,就不会出差错了。象辞说:两山相并就是艮的别卦之象,君子观此象则思想止所当止,不出其君臣父子夫妇之位了。

初六爻说:初六在下象足趾,若能止其足趾于妄动之初,就不会有错,但必利于坚守其正。象辞说:其趾之动能慎始慎终,则不会脱离正道了。六二爻说:六二之正,有小腿欲止之象,但不能劝阻大腿之行只好随之,而内心是不乐意相从的。象辞说:不能劝阻大腿停止行动而随之,是大腿不听其劝阻而退让之故。九三爻说:九三当上下卦之交如人之腰部,若当行反止

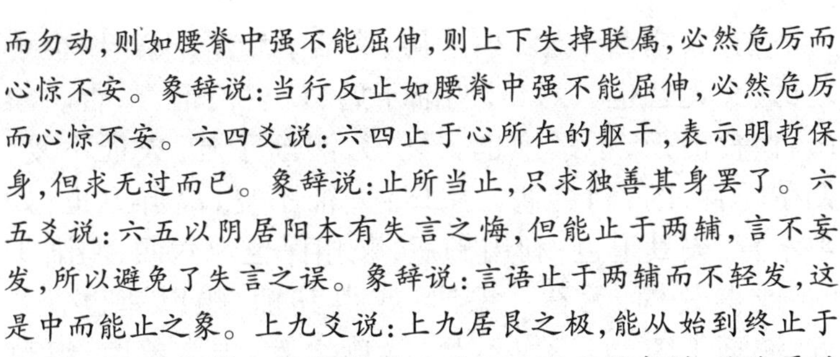
而勿动，则如腰脊中强不能屈伸，则上下失掉联属，必然危厉而心惊不安。象辞说：当行反止如腰脊中强不能屈伸，必然危厉而心惊不安。六四爻说：六四止于心所在的躯干，表示明哲保身，但求无过而已。象辞说：止所当止，只求独善其身罢了。六五爻说：六五以阴居阳本有失言之悔，但能止于两辅，言不妄发，所以避免了失言之误。象辞说：言语止于两辅而不轻发，这是中而能止之象。上九爻说：上九居艮之极，能从始到终止于理而不变，故吉祥。象辞说：能止于理不变而得吉祥，是能厚道以终其事之故。

【按语】本卦初、三、四、上从行为了解信息，二从地位了解信息，五从语言了解信息。又艮有止之性，在自然界以山象止，在人以背象止。

艮卦阐述了“知止不殆”之哲理。有行动必有停止，但如何自我节制，才不会失误呢？结合人事，就必须思想言行皆不能超越本分，止所当止，不得越理犯分就行了。倘若强梁横行，关塞无人把守，那又必须建城堡以防坏人随便出入，巩固边塞，以防异族入侵。

第五十三章　渐（巽上艮下 ䷴）

【提要】渐有渐进之意，本卦上巽为木，下艮为山，山中古木，皆变化缓慢，渐长而来。

【原文】渐，女归吉，利贞。彖曰：渐之时也，女归吉也。进得位，往有功也，进以正，可以正邦也。其位刚得中也，止而巽动不穷也。象曰：山上有木，渐。君子以居贤德善俗[1]。

初六，鸿渐于干，小子厉，有言，无咎。象曰：小子之厉，义无咎也。六二，鸿渐于磐，饮食衎衎[2]，吉。象曰：饮食衎衎，不素饱也。九三，鸿渐于陆，夫征不复，妇孕不育，凶，利御寇。象曰：夫征不复，离群丑也；妇孕不育，失其道也；利用御寇，顺相保也。六四，鸿渐于木，或得其桷，无咎。象曰：或得其桷，顺以巽也。九五，鸿渐于陵，妇三岁不孕，终莫之胜，吉。象曰：终莫之胜，吉，得所愿也。上九，鸿渐于陆，其羽可用为仪，吉。象曰：其羽可用为仪，吉，不可乱也。

【词解】[1]居贤德善俗：君子法渐近之象，以习俗移人，择善而居，耳濡目染，渐而自成其道。[2]鸿渐于磐，饮食衎衎：磐，大石；衎衎（kàn坎），和乐之貌。形容渐近于远离岸边的大石，饮食宴乐，安稳自得。

【语译】渐乃渐长而来，有如古代女子出嫁，必六礼备而后成婚，故得吉祥，但必利于正。彖辞说：渐如树木年长月久才能长大，像女子出嫁，必六礼备而后成婚乃吉祥。渐下卦兑上得九五中正之位，则往必有功，若女子嫁而得正，则夫妇之道正，而天下之道皆正了。由于渐之九五刚健而得中正之位，艮止于内而不妄进，巽顺以行而不躁动，顺乎自然而渐动，故其功不穷。象辞说：山上古木，皆渐长而成，君子法之择居贤德善俗之地，耳濡目染以渐成其道。

初六爻说：初六以阴居下，当进之始，如鸿雁离水渐到岸边之象，鸿飞长幼有序，幼者在后恐离群而号呼，以言呼叫长者缓行，如少年新进而自感危厉，号呼应援，这不算什么过错。象辞说：小子感危厉而号呼应援，在情理上是没有什么过错的。六二爻说：六二柔顺中正，渐进于远离岸边的大石上，饮食宴乐而自得，故吉祥。象辞说：饮食宴乐自得，不是白吃，而是他事人之事后应得的享受。九三爻说：九三过刚，如鸿雁渐走上陆地

与六四之阴结成婚姻，以致丈夫往而不返，妇人有孕也怕人知晓，这是凶兆，只有明确九三与六四是敌寇，不能结成婚姻才行。象辞说：丈夫出征而不还，是因为依附于阴类群丑之故；妇人有孕也不敢承认，是因为这种婚姻关系是不正常的。只有明确彼此是敌寇而预防侵袭，才能顺势自保。六四爻说：六四由陆地渐进于树木之上，得到了黄桷安身之处，便不会有所失了。象辞说：黄桷枝横而平，可以顺势以供鸿雁栖息了。九五爻说：鸿雁渐至于高阜之上，与六二相应结成夫妇，但为三、四阻挠，至三年也不得见，三、四最终仍未阻挠住，五与二结成了夫妇而得吉祥。象辞说：三、四终未能阻挠住，五、二得到吉祥，就如愿以偿了。上九爻说：鸿雁渐进于四通八达的道路，它的羽毛可以做典礼中的装饰品，这是吉祥的象征。象辞说：羽毛可做典礼中的装饰，而得吉祥，如隐士德行可作社会表率一样，是不可贬低的。

【按语】本卦初爻从语言了解信息，四爻从地位了解信息，余皆从行为了解信息。又渐有渐近、渐长等义，结合人事，学以渐进而成，德以渐进而积。择邻而处，移风易俗，也是取耳濡目染、积渐而成其材。

渐卦还本渐近之礼，举鸿雁为喻，提示了凡事都顺乎自然，循序渐进，乃得吉祥，若盲目冒进反而失败。

政治家本渐之理，反其道而行之，提出“防微杜渐”之策，只要发现一点点坏苗头，就迅速杜绝和制止。

第五十四章　归妹（震上兑下 ䷵）

【提要】　归妹卦上震为动，下兑为悦，有动而相悦之象，但必慎之于始，此以少女出嫁为喻，必六礼备始成婚为喻说明之。

【原文】归妹，征凶，无攸利。象曰：归妹，天地之大义也。天地不交，万物不兴，归妹，人之终始也。说以动，所归妹也，征凶，位不当也；无攸利，柔乘刚也。象曰：泽上有雷，归妹，君子以永终知敝[1]。

初九，归妹以娣，跛能履[2]，征吉。象曰：归妹以娣，以恒也；跛能履吉，相承也。九二，眇能视[3]，利幽人之贞。象曰：利幽人之贞，未变常也。六三，归妹以须，反归以娣。象曰：归妹以须，未当也。九四，归妹愆期[4]，迟归有时。象曰：愆期之志，有待而行也。六五，帝乙归妹，其君之袂，不如其娣之袂良。月几望，吉。象曰：帝乙归妹，不如其娣之袂良也，其位在中，以贵行也。上六，女承筐无实，士刲羊无血[5]，无攸利。象曰：上六无实，承虚筐也。

【词解】[1]永终知敝：永对暂言，终对始言，凡以德交合者，则久久愈善，此永终无弊也。若以势相合，势尽则情疏，终痛悼其后。[2]归妹以娣，跛能履：跛，跛子；娣，偏房，但有能力帮助治家。喻有才德之人虽处下位仍能发挥治世之力。[3]眇能视：言眇一目而能视，是喻治世之才，所遇非良，不得任用，但仍不改其常。[4]归妹愆期：愆（qiān 千），延。本句言成婚延期之意。[5]女承筐无实，士刲羊无血：筐，竹编之器；刲（kuī 葵），屠宰。古新婚夫妇祭祀，女提竹筐采苹蘩之类，男宰羊盛于鼎俎，今筐中空空无物，宰羊无血，空筐死羊，意味着夫妇之礼不成。

【语译】归妹，以少女嫁长男，这种婚姻是不正常的，一定有灾祸，往必不利。象辞说：女子出嫁成婚，本来是天地间正常的事，天地之气若不相交，则万物就不会生生不息，女子出嫁成家，也是人生成始成终的事。若相悦而动心，于是就出嫁从之，必有凶灾，这是位置没有摆正、恣情妄动的缘故；往必不利，这是以少女之柔而从长男之刚的缘故。象辞说：雷震泽上，水气

随之而升，君子观此象，想到夫妇合之不正，必然不能永久相处，而发生最后分离之弊。

初九爻说：初九居下，如从姐出嫁之妹处于偏房，但有才德助正室以治家，故大吉而祥。象辞说：虽从嫁为妾，这只是名分而已；地位虽低但有才德，可发挥其治家的能力。九二爻说：以眇一目而能视，喻有才德而生不逢时，只有抱道自守。象辞说：抱道自守，是固守其正而不改变常态之故。六三爻说：以六三喻女子不守本分，被男方休退而卑贱，只好以妾的身份嫁出去。象辞说：嫁出被休退而卑贱，这是德不称位造成的。九四爻说：九四以贤女不轻从人，推迟婚期以利选择为喻。象辞说：推迟婚期之喻，如良臣将择主而事，待时相从之意。六五爻说：帝女下嫁，装饰还不如赔嫁之妹的好，有如日月东西相对但光未盈满，故吉祥。象辞说：帝女下嫁，装饰还不如赔嫁之妹的好，这是帝女有中正之位和崇尚德行之故。上六爻说：女提竹筐采苹而空空无物，男子宰羊死而无血，空筐死羊婚礼必然不成。象辞说：上六有名无实，就像空筐死羊之状。

【按语】本卦二、五从地位了解信息，余皆从行为了解信息。又归妹借少女出嫁为喻，强调婚姻要慎之于始。古代六礼备始成婚，若动一时之情欲，终至失身败德。

归妹卦借女子出嫁为喻，阐述做事要慎之于始。指出选择对象应首重德行，不要只看外表。明代易学家来知德说："以势合者，势尽则情疏，以色合者，色衰而爱弛，垝垣复关之望……其弊如此。"垝垣、复关，出《诗经·卫风·氓》。垝垣，指倒塌的墙垣；复关，指丈夫氓所处的地方。因我现在的容貌已如落地的桑叶，萎黄衰败已失去他的爱了。这就是不慎之于始所造成的痛苦。

第五十五章　丰(震上离下 ䷶)

【提要】丰有丰富盛大之象。本卦上震为动,下离为日,以日照当空,动而上行,乃其状极其盛大之象。

【原文】丰,亨,王假之,勿忧,宜日中。彖曰:丰,大也,明以动,故丰。王假之,尚大也。勿忧宜日中,宜照天下也。日中则昃,月盈则食,天地盈虚,与时消息[1],而况于人乎,况于鬼神乎。象曰:雷电皆至,丰,君子以折狱致刑[2]。

初九,遇其配主,虽旬无咎,往有尚。象曰:虽旬无咎,过旬灾也。六二,丰其蔀,日中见斗[3],往得疑疾,有孚发若,吉。象曰:有孚发若,信以发志也。九三,丰其沛,日中见沬,折其右肱,无咎。象曰:丰其沛,不可大事也;折其右肱,终不可用也。九四,丰其蔀,日中见斗,遇其夷主,吉。象曰:丰其蔀,位不当也;日中见斗,幽不明也;遇其夷主,吉行也。六五,来章,有庆誉,吉。象曰:六五之吉,有庆也。上六,丰其屋,蔀其家,阒其户[4],阒[5]其无人,三岁不觌[6],凶。象曰:丰其屋,天际翔也;阒其户,阒其无人,自藏也。

【词解】[1]天地盈虚,与时消息:消息,此消彼长的信息。天地也有盈有虚,随时间的变化而消长,故曰"与时消息"。[2]折狱致刑:本卦上震为雷,下离为电,此法电之明以判案,法雷之威以行刑,故曰"折狱致刑"。[3]半其蔀,日中见斗:蔀(bù 部),草类;斗,指北斗。言中午突然昏暗,不见天日,反而见到北斗星。喻才能超过君主,这样黑暗之地不可

去。[4]阒:窥的异体字。[5]闃:闃(qù 去),寂静也。[6]觌:觌(dí 敌),见,相见。

【语译】丰卦光明盛大,有亨通之象,只有王者才当之,无所顾虑,如离日当空。彖辞说:丰卦,盛大,光明日进,故丰盛;王者当之,以其德业盛大,勿忧日中之盛。日中可普照天下,但要善于守中乃可保大,因日中就要西斜,月圆就要亏缺,天地也有盈有虚,随时间以消长,都不能超越这个规律,何况于人啊!况于从始到终的变化啊!象辞说:雷电皆至乃丰之象,君子本之,法电之明以判断案情,法雷之威以严格行刑。

初九爻说:初以四为配主共辅五以保其丰,虽有满而亏之虑,但不会有灾难,往必受到重视。象辞说:未到满而亏之时,前往不会有错,若过时而往必有灾难。六二爻说:二应五之柔暗,如在太阳当顶之时,只见星斗,往而从之,必遭疑忌,只有以诚信感动启发,才能得到吉祥。象辞说:诚信感动启发,使君主的心志与己相应才能收到好结果。九三爻说:九三以明遇上六之暗,中午也不见天日只见细雨濛濛,九三有才不能见用,有如折断右臂一样,人不见用于己有什么过错呢?象辞说:上面昏暗,不可能成功大事;折断右臂的比喻,是说九三不会得到任用。九四爻说:六五君主昏庸,就像在太阳当顶时,却只见星斗那样黑暗,如果九四与同样刚正之初九同心协力行动,就可得到吉祥。象辞说:处昏君之下,由于九四阳居阴位难以成事;当此日中而见北斗星,这是最黑暗的时期不可盲动;必须寻求志同道合的人,一起采取行动,才会得到吉祥。六五爻说:六五能屈己下贤,以召九二之来而章其用,则福庆集于己而闻于人,故吉祥。象辞说:六五所以得吉祥,是福庆集于己而闻于人之故。上六爻说:上六本富润其屋,今则荒草长满其家,窥其门庭中,则见其寂静无人,至于三年之久,可见其凶灾了。象辞说:富润于屋之时,像鸟飞翔于天际之象;窥其门庭中,则见其寂静无人,昔日之光焰自然掩藏了。

【按语】本卦除三从地位了解信息外,余皆从人的行为了解信息。又丰如日照当空,动而上行,有极其盛大之象。但月圆则缺,古人提出“守中”方可“保大”,还本丰卦雷电至丰之理,还民众法制之公。

古人借丰卦阐述了盛衰无常之理,知盛极必衰,当居安思危,诚信刚正,任用贤能,守中以保其丰。但良臣虽应辅国,若主上过于昏暗,不纳忠谏,献良策反而遭害。历朝昏君都认为自己聪明,如唐德宗,以刻薄为强,刚愎自用,不能辨卢杞之奸,识延龄、公辅、肖复、陆贽之忠,岂有不败之理。这也是“亲小人,远贤臣”之失。

第五十六章　旅(离上 艮下 ䷷)

【提要】旅以人在旅途为喻,本卦上离为火,下艮为山,山止于下而不动,有旅栈之象,火动于上而不止,有旅客之象。

【原文】旅,小亨,旅贞吉。彖曰:旅,小亨,柔得中乎外而顺乎刚,止而丽乎明,是以小亨旅贞吉也,旅之时义大矣哉。象曰:山上有火,旅。君子以明慎用刑,而不留狱。

初六,旅琐琐[1],斯其所取灾。象曰:旅琐琐,志穷灾也。六二,旅即次,怀其资,得童仆,贞。象曰:得童仆贞,终无由也。九三,旅焚其次,丧其童仆,贞厉。象曰:旅焚其次,亦以丧也;以旅与下,其义丧也。九四,旅于处,得其资斧,我心不快。象曰:旅于处,未得位也;得其资斧,心未快也。六五,射雉,一矢亡,终以誉命[2]。象曰:终以誉命,上逮也。上九,鸟焚其巢,旅人

先笑后号咷，丧牛于易，凶。象曰：以旅在上，其义焚也；丧牛于易，终莫之闻也。

【词解】[1]旅琐琐：琐琐，细屑之貌。初六阴柔居下，处旅途而身穷志短，又斤斤计较，使人讨厌，而遭来忌恨，被人欺侮，乃自取其咎。[2]射雉，一矢亡，终以誉命：六五阴柔，射雉而雉飞矢亡。但因文明得中，顺四应二，故终得誉命之吉，即言得到了至尊之位而声誉外著，号令天下了。

【语译】旅途少亲寡友，仅得小的亨通，旅途不可苟且，守正乃得吉祥。彖辞说：旅途，亨通之事必微小。本卦六五柔爻得外卦离之中位，处两刚爻之间而顺之，此即旅途之人当有柔顺之德，并得强援之助，乃法艮之止和法离之明，所以在旅途得小的亨通及守正而得吉祥，由此可见旅卦启发人的意义之大了。象辞说：山上有火，是旅卦之象，君子法之，效离之明以衡其罪之轻重，效艮之止以慎其刑之出入，使有冤者得伸，而不留于狱中。

初六爻说：初六阴柔居下，斤斤计较一些细小之事，以致在旅途中被人轻侮，乃自取灾祸。象辞说：过度计较细小之事，这是身穷志短招来的灾祸。六二爻说：六二在旅途柔顺中正，又有充裕的旅费，忠实的童仆。象辞说：有忠实的童仆相随，就一切都放心了。九三爻说：九三对人过于严厉，旅途中投宿的旅舍失火，随身的童仆也逃亡，这是大凶之兆。象辞说：旅舍被焚，损失也够大了；又加上傲慢对待下人，必然都一轰而散了。九四爻说：旅途得到住处为安，住宿时有携带的钱财，露宿时有斧头砍除荆棘，但旅途乃暂时栖身之处，故心里不会快活。象辞说：九四近君，虽有才能，并没有得到职位以发挥他的才能；虽然得到一点生活照顾，但不能实现他的抱负，心里怎么能愉快呢？六五爻说：六五阴柔，射雉而飞，一矢落地，雉飞矢亡喻天子奔于旅途，但最终恢复了名位，又发号施令于天下了。象辞说：最终恢复了名位，又发号施令于天下，这是上面又重新掌握了政权之故。上九爻说：上九好强傲慢，以致如鸟焚其巢无处安身一样，因在旅途中开始得意洋洋，后失其住所，弄得号啕大哭，这是丧失了柔顺的德性，也如田边丢失了牛一样，故有凶灾。象辞说：在旅途中过于傲慢，必然如鸟焚其巢失掉住所；田边丢失了牛，喻欲归又失掉了路费，这就进退不得了。

【按语】本卦初、三、五从行为了解信息，二、四、六从地位了解信息。又人在旅途，少亲寡友，要止不妄动，明而识时，才不致取辱。

旅卦重点阐述了在旅途中处事的原则。人在旅途先求安定，不可斤斤计较细节，切忌对人傲慢无礼，凡事要策划周全乃可行动。现举王者在旅之例为证。晋文公出奔，见秦伯则拜，见野人也拜，至楚宴请，至秦而穆公女妻之，文而有礼，十九年始返国，成为一代雄霸天下之主。鲁昭公流亡，至齐只以大夫之礼待之，不满，将入晋，子加谏其随境而安，不听，晋国拒之入境，以致无容身之地。

第五十七章　巽(巽上巽下 ䷸)

【提要】巽(xùn 迅)有柔顺善入之性，本卦一阴伏于二阳之下而动，风与风相随而万物也随之而动之象。

【原文】巽，小亨。利有攸往，利见大人。彖曰：重巽以申命。刚巽乎中正而志行，柔皆顺乎刚，是以小亨，利有攸往，利见大人。象曰：随风，巽。君子以申命行事[1]。

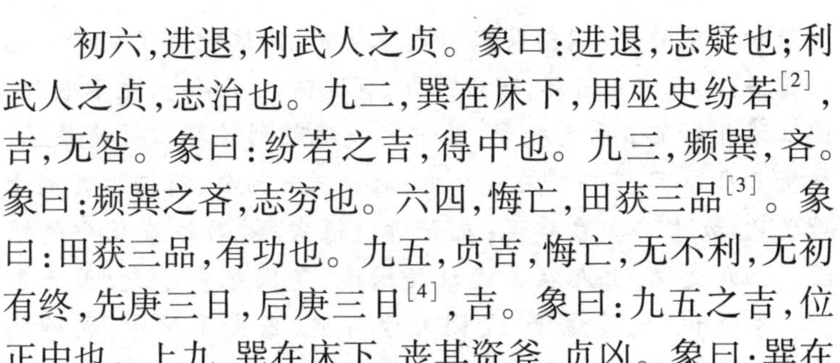

初六，进退，利武人之贞。象曰：进退，志疑也；利武人之贞，志治也。九二，巽在床下，用巫史纷若[2]，吉，无咎。象曰：纷若之吉，得中也。九三，频巽，吝。象曰：频巽之吝，志穷也。六四，悔亡，田获三品[3]。象曰：田获三品，有功也。九五，贞吉，悔亡，无不利，无初有终，先庚三日，后庚三日[4]，吉。象曰：九五之吉，位正中也。上九，巽在床下，丧其资斧，贞凶。象曰：巽在床下，上穷也；丧其资斧，正乎凶也。

【词解】[1]申命行事：申命，就是申其禁令于行事之先；行事，即按所申之命去行动。[2]巫史纷若：巫史，古代神职人员；纷若，形容巫史往来频繁传达人神之意志。喻二受三、四阻隔，必反复呈辞，才能获得五对二诚意的了解，而获得吉、无咎的好结果。[3]田获三品：三品指田猎所获的鸡、羊、雉。[4]先庚三日，后庚三日：先庚三日为丁，言申张法令，叮咛在先；后庚三日为癸，有揆度其刑在后之义。

【语译】巽有顺之意，故得小小亨通，往必有利，利见大德之人。彖辞说：使顺从法令而三令五申，本着刚毅中正的原则制定政策，下皆顺乎上之令而行，所以小有亨通，往必有利，利见大德之人任用。象辞说：风与风相随而吹拂，君子观此象于行事之先以申其禁令，使人人知晓而易于推行。

初六爻说：初六阴柔，进退不决，必如武将以刚济柔之决断乃正而有利。象辞说：徘徊不定，是其心多疑之故；如武将之果断，乃心有定见之故。九二爻说：二居臣位，屈从拜五于床下，但被三、四离间，只有如巫要不厌其繁地祈祷以达己意，才能获得吉祥，而无过错。象辞说：不断祈祷疏通关系而得吉祥，才能符合不卑不亢的中道。九三爻说：屡屡反复，是羞吝无耻之徒。象辞说：九三屡屡反复羞吝无耻，是思想上无法改造之徒。六四爻说：六四居上而能下，不仅没有愧疚，而且田猎获鸡、羊、雉等猎物。象辞说：田猎获鸡、羊、雉等猎物，这就有了功劳。九五爻说：九五中正居尊，守正得吉，有过错也可消失，无不顺利。因改革开始都不乐意接受，若一旦成功获利就都心悦诚服了。先庚三日为丁，有叮咛在先之意；后庚三日为癸，有揆度其刑于后之意，故吉祥。象辞说：九五所以得吉祥，乃位置正中的缘故。上九爻说：上九在旅途过度谦逊，是因旅费尽失，虽正也凶。象辞说：过度谦逊，是因处于穷途；丧失了旅费，也确实凶险。

【按语】本卦除四从地位了解信息外，余皆从行为了解信息。又巽有顺势而入之象，因巽风柔顺善入之故。得吉祥，是因心存诚信之故。

巽卦主要阐述巽顺善入之理及其原则。虽巽顺能深得人心，但必为了正义，择善而从才可。

孙子兵法本巽顺善入之理，便把它作为用间的最高准则，用柔顺手段打入敌营中，搜集军事机密，或相机离间、破坏或扰乱。《孙子兵法·用间篇》说："用间有五……因间者，因其乡人而用之；内间者，因其官人而用之；反间者，因其敌间而用之；死间者，为诳事于外，令吾谍知之，而传之于敌间也；生间者，反报也。"

第五十八章　兑（兑上兑下 ䷹）

【提要】兑为泽，泽即湖泊，其水能润泽万物，故万物皆悦。别卦两泽相连，有交相滋益之象。

【原文】兑，亨，利贞。彖曰：兑，说也。刚中而柔外，说以利贞，是以顺乎天而应乎人。说以先民，民忘其

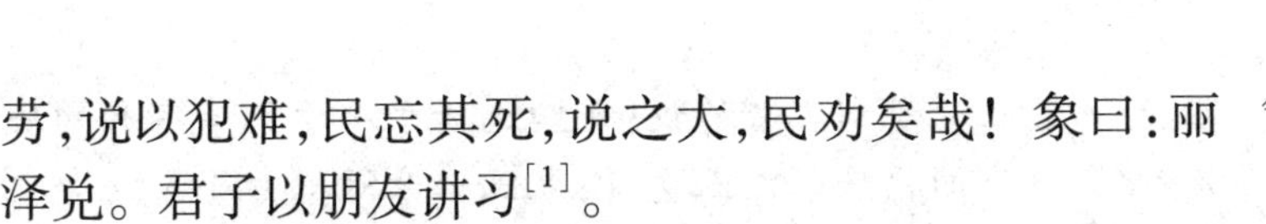

劳,说以犯难,民忘其死,说之大,民劝矣哉! 象曰:丽泽兑。君子以朋友讲习[1]。

初九,和兑吉。象曰:和兑之吉,行未疑也。九二,孚兑吉,悔亡。象曰:孚兑之吉,信志也。六三,来兑凶。象曰:来兑之凶,位不当也。九四,商兑未宁[2],介疾有喜。象曰:九四之喜,有庆也。九五,孚于剥,有厉。象曰:孚于剥,位正当也。上六,引兑。象曰:上六引兑,未光也。

【词解】[1]朋友讲习:兑有两泽互滋之义,朋友讲习也有双方互滋之象。讲其所未明,习其所未熟,则心与理相涵,则所知益精;身与事相安,则所能益固。[2]商兑未宁:商兑未宁,有商度未定之象,何去何从,未有定论,此因兑有不果的性质。

【语译】兑为湖泊滋润万物,如喜悦见于外,受人欢迎的态度,故亨通,但必利于正。彖辞说:兑,是喜悦见于外,乃刚中而柔外,悦非笑里藏刀乃利于正,发自内心的喜悦所以能顺天应人。悦可成为民众的信仰,民众可为之忘其劳累;悦可鼓励民众克服困难,为之冒死奋斗;悦是一种伟大追求,劝导民众劳而无怨,死而无悔。象辞说:两个湖泊相连,就是兑卦交相润泽之象,君子观此象提出朋友之间多讨论未明之事,温习未熟之学,则可交相助益。

初九爻说:初九和而能悦,故吉祥。象辞说:和而能悦所以吉祥,是行为皆无疑虑之故。九二爻说:诚信和悦故吉祥,虽有小人巧言令色,也可坚守而不会有失。象辞说:诚信和悦而得吉祥,是因心存诚信之故。六三爻说:六三以阴柔求悦,初、二刚正岂能相从,悦之不以其道,故有凶灾。象辞说:以阴柔求悦刚正必有凶灾,是因六三位不中正之故。九四爻说:九四从三从五,一时商度未定,终于选择了从五之公而舍三之私交的界限,于人于己皆有利。象辞说:九四选择于人于己皆有利的决定,这是大家的福庆。九五爻说:九五若亲近上六小人就会把你腐蚀掉,这必有凶灾。象辞说:九五亲近上六小人就会把你腐蚀掉,因九五正是上六小人要拉的领导对象。上六爻说:上六阴柔,专以媚悦之术取信九五。象辞说:上六专以媚悦之术取信九五,这不会有好事,但结果如何,就看九五的定力了。

【按语】本卦除二从地位了解信息外,余皆从行为了解信息。又兑卦一阴进于二阳之上,乃喜悦见于外之象,故受人欢迎,乃亨通之道。

兑卦阐述了和悦的原则。使人喜悦就可搞好人际关系,使民众喜悦,就可人心归顺。倘若巧言令色,笑里藏刀,专以阿谀谄媚取悦于人,则为邪恶卑鄙。

如果在政治上能使民众悦从,忘劳忘死,奔赴大难,则为政者必身体力行,为民表率,才能达到劝导大家的目的。

第五十九章　涣(巽上坎下 ䷺)

【提要】涣有涣散或离散之义,本卦上巽为风,下巽为水,有风行水上将迅速涣散之象。结合人事,乃社会人心涣散必将灭亡之兆。

【原文】涣,亨,王假有庙,利涉大川,利贞。彖曰:涣亨,刚来而不穷,柔得位乎外而上同。王假有庙,王乃在中也。利涉大川,乘木有功也。象曰:风行水上,涣。先王以亨于帝,立庙。

初六,用拯马壮,吉。象曰:初六之吉,顺也。九二,涣奔其机[1],悔亡。象曰:涣奔其机,得愿也。六

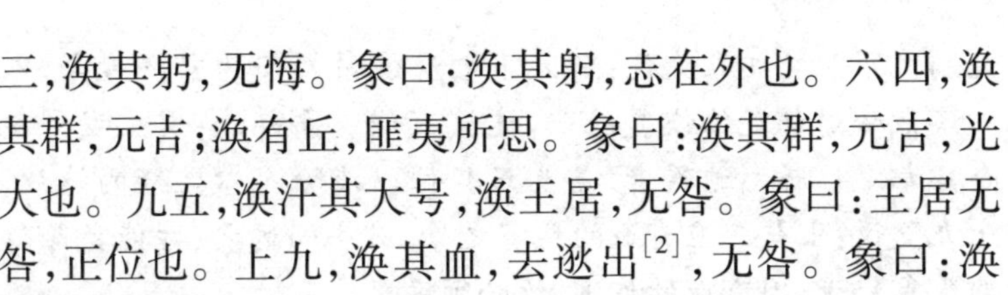

三,涣其躬,无悔。象曰:涣其躬,志在外也。六四,涣其群,元吉;涣有丘,匪夷所思。象曰:涣其群,元吉,光大也。九五,涣汗其大号,涣王居,无咎。象曰:王居无咎,正位也。上九,涣其血,去逖出[2],无咎。象曰:涣其血,远害也。

【词解】[1]涣奔其机:机(wù 勿),为木凳。言九二本有难不足济涣,但能脱险出奔,以就九五之君,君臣同德,悔亡而愿遂,如郭子仪之赴朔方,扶肃宗以平定安史之乱。[2]去逖出:逖(tì 惕),远离之义。言上必远三乃无害,免致九五之疑,今九五已迁居正位,远离回归了,故无咎。

【语译】涣卦风在水上,风吹水动故亨通。圣王有如庙中神灵以聚天下人之心,有利于涉大川之险,有利于正。彖辞说:涣有亨通之象,因涣节相综,涣卦刚爻在下卦之中,故不穷困,柔爻从三上四以辅佐五。九五居尊乃王假有庙之象,在上卦中爻故曰王者在中;利涉大川之险,因乘木船渡水取得成功。象辞说:风行水上,乃涣之象,先王观此象,祭祀于郊以聚天人涣散之精神于一坛,立宫于庙以聚人鬼涣散之精神于一室,本此义以至诚聚天下涣散之人心。

初六爻说:初六乃人心涣散之始,喻当速往救其受伤之壮马,就可转散为聚。象辞说:初六之所以得吉祥,是因顺从九三,借其力以成其事。九二爻说:九二能脱险出奔九五,则有如坐于凳上之安,则危难尽皆清除。象辞说:九二能投奔九五,不仅险难可解,而志愿也可实现。六三爻说:六三阴柔,但奋不顾身救援上应之九,亡身以济天下之涣,故无愧疚。象辞说:奋不顾身亲自济涣,是因六三和上九志同道合之故。六四爻说:六四能涣散朋党之私而成天下之公,故得大善之吉祥;使涣散之心聚集如山地来拥护,这真是平常人难以想象的壮举。象辞说:能去其朋党之私而成天下之公,故得大善之吉祥,这是非常光明之事业。九五爻说：解天下之涣使聚而安为君之号令，人心涣散必建都定位恢复统一，这没有错。象辞说：君主发号施令建都定位而无过错者，是要正其位以消除人心之疑的缘故。上九爻说：上与三应有血的伤害之象，必去而远之，才能免除过错。象辞说：因有血的伤害，故必须远离。

【按语】本卦除五从语言了解信息外，余皆从行为了解信息。又涣有离散之性，古人祭神，其用意也在于以至诚复聚社会涣散之人心而已！

涣卦介绍了挽救人心涣散之法，以神灵和君主的威信来聚其涣。但在政治上要挽救人心涣散，必须领导人公而忘私，革除弊政，为民造福。西汉末，众将拥光武称帝定都，光武谦让不肯。耿纯建议说：天下士大夫“从大王于矢石之间者，其计固望攀龙鳞，附凤翼，以成其志耳。今大王建时逆从，不正号位，恐士人绝望志穷，有去归之思，无为恐自苦也”。于是光武乃定都洛阳，诰命四方。

第六十章　节(坎上兑下 ䷻)

【提要】节有节制、约束、不越标准等义。因本卦上坎为水，下兑为泽，水在泽中为有节制之象，既无干枯也无洪水横溢之患。

【原文】节，亨。苦节不可贞。彖曰：节亨，刚柔分而刚得中。苦节不可贞，其道穷也。说以行险，当位以节，中正以通。天地节而四时成。节以制度，不伤财，不害民。象曰：泽上有水，节。君子以制度数，议德行[1]。

初九，不出户庭，无咎。象曰：不出户庭，知通塞也。九二，不出户庭，凶。象曰：不出户庭，凶，失时极也。六三，不节若，则嗟若[2]，无咎。象曰：不节之嗟，又谁咎也。六四，安节，亨。象曰：安节之亨，承上道也。九五，甘节，吉，往有尚。象曰：甘节之吉，居位中也。上六，苦节，贞凶，悔亡。象曰：苦节贞凶，其道穷也。

【词解】[1]制度数，议德行：节，上坎下兑，水在泽中，则无枯涸、横溢之患。君子观此，故"制度数"，有了数字则可准确度量，使勿太过不及。又"议德行"，古以得于中为德，发于外为行，议就是商度其修养是否合于中道。[2]不节若，则嗟若：六三阴柔不中正，恣情纵欲，此"不节若"之象。不节而自取穷困，故有"则嗟若"之叹。

【语译】节而有度，乃亨通之道，如甘为中，而过度上炎为苦节则不正了。彖辞说：节而有度则亨通，因本卦刚爻柔爻各半而二、五皆刚爻居中；苦节所以不正就是节制过度而吃苦，这是走入了极端。喜悦无节则必陷于险，节而能合于其位，居中得正必能亨通。天地有节制则春夏秋冬四季分明，制度有节，则可量财出入，不影响民众生活。象辞说：湖泊中有水，乃节之象，君子法之则按数字来使制度有节，商度人之修养是否符合道德标准。

初九爻说：初九不出户庭，喻言语不要轻出，这就不会招来祸患。象辞说：言语不要轻出，因时有通塞而不可强行其说。九二爻说：九二不出户庭是节之太过，时至而不出与九五同德以建功立业，必有凶灾。象辞说：不出户庭是节之太过，故有凶灾，因时至而不知变通之故。六三爻说：六三当节不节，伤财纵欲，最后自嗟自叹，咎由自取。象辞说：不节制自嗟叹，又去归咎于谁呢？六四爻说：六四顺君之志而行事有节，故亨通。象辞说：顺君之志而行事有节，乃上承九五节制之道。九五爻说：九五中正，为节之甘美者，所以吉祥，往而行之则有嘉尚之功。象辞说：其节甘美而得吉，是因九五居位中正之故。上六爻说：上六位极过中，有苦节之象，虽正亦凶，若知悔改则灾祸可免。象辞说：过中的苦节，虽正亦凶，这因节之过分是行不通的。

【按语】本卦初、三从语言了解信息，五从地位了解信息，余从行为了解信息。又节有节制、约束、不越标准等义。结合人事，则财用有节，量入为出，德行有节，则皆合于道，只有节才能治其涣。

节卦阐述了节制的原则。节必适中，不可太过和不及，若矫枉过正，都将造成民众的痛苦。再从政治上来说，无节则乱，节之所赅者广，天地有节，财年月日时分秒不差，旱涝灾害也不会发生；政令合节，则国泰民安，财用充足。来知德说：节之“所败者广：在为学为含章，在处事为囊括，在言语为简默，在财用为简约，在立身为隐居，在战阵为壁垒”。

第六十一章　中孚（巽上兑下 ䷼）

【提要】中孚有内心诚信之意。本卦二柔爻在中，上下皆二刚爻在外，以表示内心诚信之象，因虚则内无私欲，实则不受外诱。

【原文】中孚，豚鱼吉，利涉大川，利贞。彖曰：中孚，柔在内而刚得中，说而巽，孚乃化邦也。豚鱼吉，信及豚鱼[1]也。利涉大川，乘木舟虚也。象曰：泽上有风，中孚。君子以议狱缓死。

初九，虞吉，有他不燕。象曰：初九虞吉，志未变也。九二，鸣鹤在阴，其子和之，我有好爵，吾与尔靡之。象曰：其子和之，心中愿也。六三，得敌，或鼓或罢，或泣或歌。象曰：或鼓或罢，位不当也。六四，月几望，马匹亡[2]，无咎。象曰：马匹亡，绝类上也。九五，有孚挛如，无咎。象曰：有孚挛如，位正当也。上九，翰音登于天[3]，贞凶。象曰：翰音登于天，何可长也。

【词解】[1]信及豚鱼：豚鱼即江豚，江泽起风则浮出水面，南风则口向南拜，北风则口向北拜，从不失信，易学故用以喻诚信之至。[2]月几望，马匹亡：几望，指月亮将望而未望之时，故曰“几望”。四与初对，后初与四私党绝交，上从九五明君，故曰“马匹亡”。匹，指四与初两马相匹。[3]翰音登于天：鸡振翅高唱称为翰音，鸡非能飞之物，其音闻于天，岂非弄虚作假。

【语译】中孚有内心诚信之意，如江中豚鱼，风起时则浮出江面从不失信，只有诚信者才有利于渡过大江之险，才有利于坚持正义。彖辞说：中孚表示内心诚信，是因两柔爻在内，四刚爻皆在外之故。下兑为悦，而上巽为风，以此诚信来移风易俗。豚鱼之象所以吉祥，是因豚鱼遇风则浮出江面，从不失信的缘故，这有利于渡过大江大河，是因巽木之舟中虚可浮于兑泽之湖泊上的缘故。象辞说：湖泊上有风，君子法此象推广至诚恻隐之心，判死罪前也要细为斟酌，死狱中有无冤屈之情，或用刑过重当缓其死刑者。

初九爻说：初九比九二而应六四，初交应择善而从乃得吉，若认为有六四正应而不疑则错了。象辞说：初九择善而从比于九二而得吉，其诚信的初衷并没有改变。九二爻说：有个老白鹤在树荫里叫唤，小白鹤应声而至，老白鹤说我有好吃的东西，我和大家一起享用吧！象辞说：其子应声而至，是因为老白鹤给小白鹤带来了利益，大家都内心愿意听从他的。六三爻说：六三与上九可相匹敌，三为悦之极，上为信之穷，故或鼓或罢而作止不定，或泣或歌而哀乐无常，失于中孚之诚信。象辞说：或鼓或罢作止不定者，是六三位置不正所决定的。六四爻说：六四如月，欲得日光而未到望时，六四本与初九相应，而不与之相匹，故无过失。象辞说：六四不与初九同类的私党相匹，绝其交以应上之九五明君，故正确。九五爻说：九五刚正居尊，下与九二同德固结，所以不会有失。象辞说：九五与九二同德固结，是因九五的地位中正之故。上九爻说：上九居天位，鸡鸣之声登于天，虽正亦凶。象辞说：鸡非能登天之禽，鸡声闻于天是弄虚作假，是不可能长久掩盖的。

【按语】本卦三从地位了解信息，初、四、五从行为了解信息，二、上从语言了解信息。又中孚上巽下兑，二柔在中为虚，四刚在外为实，卦有内心诚信之象。

中孚卦阐述诚信的原则，为君子立身之本。诚信是人与人交往的基础，都必须遵守，当然在交往中，既不能盲目相信，也不能怀疑一切。古代“原退之令”、“息壤之盟”就是政治上讲诚信的典范。

第六十二章　小过（震上艮下 ䷽）

【提要】小过即小有所过之意。因阳爻少、阴爻多之故，柔过中而小有所过，小有所过则易于纠正。

【原文】小过，亨，利贞。可小事，不可大事。飞鸟遗之音[1]，不宜上，宜下，大吉。彖曰：小过，小者过而亨者也。过与利贞，与时行也。柔得中，是以小事吉也。

刚失位而不中,是以不可大事也。有飞鸟之象焉,飞鸟遗之音,不宜上,宜下,大吉,上逆而下顺也。象曰:天上有雷,小过。君子以行过乎恭,丧过乎哀,用过乎俭。

初六,飞鸟以凶。象曰:飞鸟以凶,不可如何也。六二,过其祖,遇其妣[2],不及其君,遇其臣,无咎。象曰:不及其君,臣不可过也。九三,弗过,防之,从或戕之[3],凶。象曰:从或戕之,凶如何也。九四,无咎,弗过遇之,往厉必戒,勿用永贞。象曰:弗过遇之,位不当也;往厉必戒,终不可长也。六五,密云不雨,自我西郊,公弋取彼在穴[4]。象曰:密云不雨,已上也。上六,弗遇过之,飞鸟离之,凶,是谓灾眚。象曰:弗遇过之,已亢也。

【词解】[1]飞鸟遗之音:言飞鸟已过,微有遗音可闻,喻有小过也,当改,不可忽视之意。[2]过其祖,遇其妣:六二以三为父,四为祖,五居尊为母,故称妣。六二越过四而与五遇,非越分,是偶逢,故无咎。[3]从或戕之:戕,杀。言九三当防众阴,若从之必遭杀害。[4]公弋取彼在穴:弋在此指弓箭,公指九五,九五不正,要射杀巢中小鸟也未成功,这皆宜下不宜上的卦象决定。

【语译】小有所过则利于改正,故亨通而利于正。但小事可以,而大事不行,如飞鸟已过微有遗音可闻,不宜于上行,只宜于下行,乃获大吉。彖辞说:小过,是小有所过易于改正,所以亨通,有所过则利于从正以齐一之,乃合时宜。本卦柔爻处二、五中位,所以小事获吉,刚爻失位而不中,所以不宜于大事。本卦大象离有飞鸟之象,但如鸟已飞过只微闻遗音,不宜上行,而宜于下行,而得大吉者,因上行为逆而下行为顺也。象辞说:天上有雷,乃小过之象,如治世的君子品行过于恭顺,丧事过于悲哀,用度过于节俭。

初六爻说：初六从九四而动如飞鸟只能上，喻小人攀权贵因而致祸。象辞说：小人攀权贵而自取其祸，这是无法解救的。六二爻说：六二越过四之祖，而与五之母相遇；不敢越过五之君，而下与初之臣相遇，虽过中而能返归故无过失。象辞说：不能越过其君以犯分，故下与其臣相遇则过而不过了。九三爻说：九三阳不胜阴，应当防备，反从之必受伤害，会有凶灾。象辞说：反从之受其伤害，这个凶灾就可想而知了。九四爻说：九四本无过错，但因仍处于阳不胜阴之地动而上行，往从必有凶险当深戒勿去，当然也不要长久固执己见。象辞说：九四阳不胜阴而与初六相逢，这是地位不当之故；往从必有凶险，当戒之勿去，初六小人不可能长久而不败露的。六五爻说：六五以阴居尊，有如密云自西来，阴盛而阳弱，又如鸟不动而在巢，公射之也难，皆不能成小过之事。象辞说：密云不雨之象，都是由宜下不宜上的卦性决定的。上六爻说：上六阴过高亢不能与阳相遇，乃鸟已高飞不闻其音之象，必凶，有天灾人祸并至之兆。象辞说：上六阴极不能与阳相遇，是因过于高亢之故。

【按语】本卦除上从地位了解信息外，余皆从行为了解信息。又小过的卦性是小有所过，如过恭、过俭之类，故易于纠正。

小过卦介绍人若小有所过如何处理之法，当严于律己，切勿过度苛求于人，否则必遭灾祸。从政治上说，可法小过卦以建立良好制度，如法本卦上震之威，使内有所恐惧，外有所振奋；法艮之止，一面展开治理整顿，一面惩治贪赃枉法。

第六十三章　既济（坎上离下 ䷾）

【提要】既济卦上坎为水，下离为火，水有润下之性，火有上炎之功，水火上下相交，则成坎离既济了。

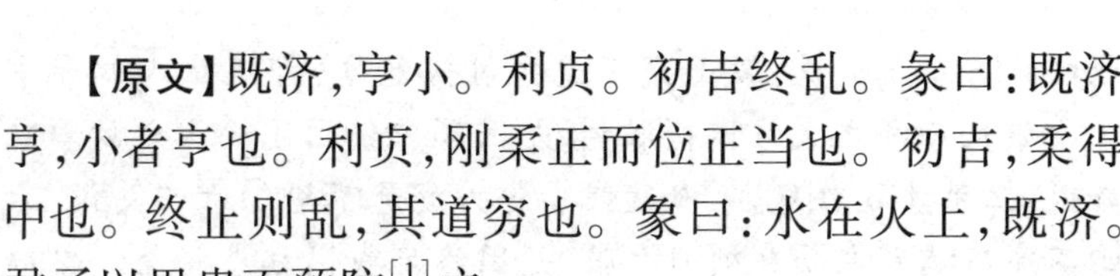

【原文】既济,亨小。利贞。初吉终乱。彖曰:既济亨,小者亨也。利贞,刚柔正而位正当也。初吉,柔得中也。终止则乱,其道穷也。象曰:水在火上,既济。君子以思患而预防[1]之。

初九,曳其轮,濡其尾,无咎。象曰:曳其轮,义无咎也。六二,妇丧其茀[2],勿逐,七日得。象曰:七日得,以中道也。九三,高宗伐鬼方,三年克之,小人勿用。象曰:三年克之,惫也。六四,濡有衣袽[3],终日戒。象曰:终日戒,有所宜也。九五,东邻杀牛,不如西邻之禴祭,实受其福。象曰:东邻杀牛,不如西邻之时也,实受其福,吉大来也。上六,濡其首,厉。象曰:濡其首厉,何可久也。

【词解】[1]思患而预防:思以心言,预以事言,因水火不相容,相交中又有相害,故当思其患而预防之。[2]茀:茀(fú 弗),即车前后遮蔽之物。[3]袽:袽(rú 如),即破旧衣服。

【语译】既济乃历尽艰险取得成功,故亨通,但其势甚小,必利于正,内三爻有既济之象,故初吉,外三爻渐入未济,故终乱。彖辞说:既济亨通,但只于小事亨通;利于正,指本卦六爻刚柔各得正位。初期得吉,指下卦离柔爻得中。终止则乱,指成功则怠慢而穷困。象辞说:本卦水在火上,水下交而火上炎成既济之象,君子观此象当警惕祸乱之发生而预防之。

初九爻说:牵引其轮则车难前进,濡湿其尾则狐难速渡,这不是过错。象辞说:牵引其轮使车难前进,喻做事不要冒进,则没有过错。六二爻说:妇人丧失车前后遮蔽之物而不能成行,不必追逐,七日自还,喻有才德不能上应九五之君,不必急于追求,时至则治世之才自得其用。象辞说:七日自还,是因合于数理之故。九三爻说：殷王武丁出兵讨伐鬼方（即汉代匈奴等少数民族），三年之久方取得胜利，是因军中任用了小人之故。象辞说：三年才战胜鬼方，以致耗资费力疲惫不堪。六四爻说：六四不穿帛襦新衣而穿破旧之服，是因终日戒惧祸患将至。象辞说；终日戒惧不安，是疑虑祸患之将至。九五爻说：东邻杀牛盛祭，反不如西邻薄祭，而实受其福。象辞说：东邻杀牛盛祭，奢侈太过，当此终乱之时则更增其乱，不如西邻薄祭合于时势，诚则亨通而实受其福，必有大吉。上六爻说：上六处终乱之时，如狐过河头已没入水中，危厉可知。象辞说：狐过河头已没入水中，这怎么能长久呢？

【按语】本卦初、三、五从行为了解信息，二、四、六从地位了解信息。又既济卦象，是水火相互为用，六爻刚柔各得其位。

既济是事业取得成功，但在本卦中强调了成功后不可得意忘形。因物极必反，盛极必衰，当思患预防，不可过度自信，不可骄横，否则是会加速崩溃的。

政治上思患预防，重在“厚下安宅”，使民众安居乐业，更通过教育，移风易俗，还要加强武备，以防内外侵扰。

第六十四章　未济（离上坎下 ䷿）

【提要】未济，乃水火互不相济之象，本卦上离为火，下坎为水，火上炎而水下流，互相不能相济。

【原文】未济，亨。小狐汔济[1]，濡其尾，无攸利。象曰：未济，亨，柔得中也。小狐汔济，未出中也。濡其尾无攸利，不续终也。虽不当位，刚柔应也。象曰：火在水上，未济。君子以慎辨物居方[2]。

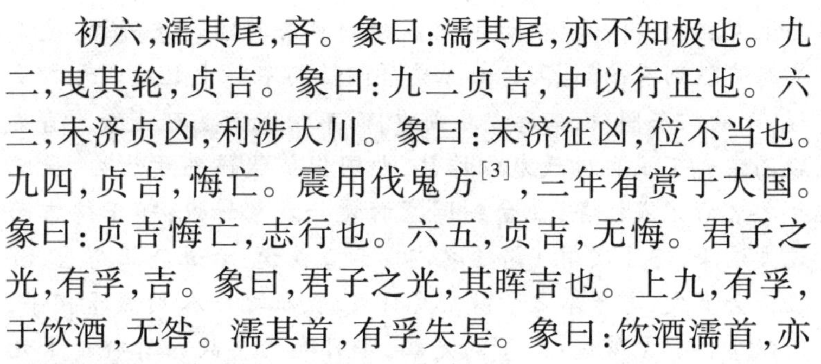

初六，濡其尾，吝。象曰：濡其尾，亦不知极也。九二，曳其轮，贞吉。象曰：九二贞吉，中以行正也。六三，未济贞凶，利涉大川。象曰：未济征凶，位不当也。九四，贞吉，悔亡。震用伐鬼方[3]，三年有赏于大国。象曰：贞吉悔亡，志行也。六五，贞吉，无悔。君子之光，有孚，吉。象曰，君子之光，其晖吉也。上九，有孚，于饮酒，无咎。濡其首，有孚失是。象曰：饮酒濡首，亦不知节也。

【词解】[1]小狐汔济：汔（qì 汽），水边浅处。言小狐见水边浅处以为可渡，及至水中深处尾巴便浸到水里，难以游到对岸了。济，即游到对岸之意。[2]辨物居方：辨物，使物以群分；居方，使方以类聚。如此，则变未济为既济了。[3]震用伐鬼方：鬼方，塞外强悍之族。九四不正，临事而惧，但上承六五，三年乃实现其济险之志。

【语译】未济是互不相济，最后会取得成功，故亨通。但不可莽撞坏事，如小狐不量水之浅深以渡河，及至水深处尾巴便浸到水中，不能游往对岸了。彖辞说：未济终必有济，故亨通，这是本卦六五阴居阳位而得中之故。如小狐勇于渡水，莽撞从事而难出险难之中，润湿其尾而难游往对岸，最终还是达不到目的。爻皆不当位，但二与五刚柔相应。象辞说：火在水上，乃未济卦之象，君子法之以慎于辨别万物群分之性以异中求同，察其方以类聚以同中求异。

初六爻说：初六以阴居下而不具备可济条件，如小狐渡江，尾巴浸在水里游不动了，这是不好的象征。象辞说：小狐尾巴浸在水里游不动了，这是自不量力的缘故。九二爻说：拖住车轮不使前进，有如九二能度其才力不轻于冒险，以守正而得吉祥。象辞说：九二守正而得吉祥，因九二居下体中位而行正不妄动之故。六三爻说：六三处于未济之时，直往必有凶，但六三与上九相应，有如能依赖木船以渡则可济其险。象辞说：处未济时直往则有凶，是因为六三柔居阳位而不得中之故。九四爻说：九四阳居阴位，若勉以正则吉，而不利因素也可消除。有如殷高宗武丁派兵讨伐鬼方作乱，大国出征诸侯易于为力，虽三年之久才完成任务，但受到国家的褒扬。象辞说：守正得吉而过失消除，终于实现了济险之志。六五爻说：六五守正得吉，济险不会有失，君子本之于身则光辉发越，征之于人则诚意相孚，所以吉祥。象辞说：君子的光辉，如日光之盛故而吉祥。上九爻说：上九有诚信于六五而成克济之功，当饮酒宴乐以庆升平，这有什么不对。若沉溺于饮酒宴乐，则有灭顶之灾，成功也会失败。象辞说：沉溺于酒而遭灭顶之灾，这是不知道节制的缘故。

【按语】本卦除五从地位了解信息外，余皆从行为了解信息。又未济是阴阳异位，互不相济，火炎上而水流下，互不相关，必变未济为既济，才能交相为用。

未济卦阐述了对事业如何终结和如何开始的原理，指出终结和开始阶段都是处于危机四伏的环境里，决不可忽视，否则会功亏一篑，还要胆大心细，积极稳重，否则必败。

古代治国之道，处事之法，非常强调阴阳学说。唐太宗问许敬宗说：“朕观众臣之中，惟卿最贤，人有言卿之非者何也?”敬宗对曰：“春雨如膏，农夫喜其润泽，行者恶其泥泞。秋月如镜，佳人喜其玩赏，盗贼恶其光辉。天地之大，人犹憾焉，何况臣乎!”因为阴阳有相对的一面，你占了阴面，就占不了阳面，如果苛求，就会“求全之毁”。所以月有阴晴圆缺，人有悲欢离合，这是不可改变的客观规律。